U0915692

云南省高质量发展之路

黎晟沅　汪燕　耿凯　著

民族出版社

序　言

云南省科学技术发展研究院承担了云南省科技计划项目“2022年科技发展战略与政策研究稳定支持项目”（202204AL030005），围绕国家和云南省重大创新战略开展前瞻性、储备性、持续性研究，对创新政策执行情况进行调查与跟踪评价，并针对管理创新与开放创新重大问题开展研究。本书是项目的研究成果之一，在研究报告的基础上，梳理形成了书稿内容。

党的十八大以来，以习近平同志为核心的党中央把科技创新摆在国家发展全局的核心位置，坚持创新是引领发展的第一动力，坚定不移走中国特色自主创新道路，全面实施创新驱动发展战略，创新驱动发展的经济社会格局和崇尚创新的社会文化氛围基本形成。习近平总书记2015年考察云南时强调，要在提高创新能力上下工夫；2020年考察云南时再次强调，要强化创新引领，希望云南主动服务和融入国家发展战略，闯出一条跨越式发展的路子来。习近平总书记的重要讲话精神，深刻阐明了科技创新在新时代云南高质量发展中的重要作用。党的二十大报告指出，“教育、科技、人才是全面建设社会主义现代化国家的基础性、战略性支撑。必须坚持科技是第一生产力、人才是第一资源、创新是第一动力，深入实施科教兴国战略、人才强国战略、创新驱动发展战略，开辟发展新领域新赛道，不断塑造发展新动能新优势”。云南作为西部民族地区，与沿海发达地区相比，在知识创造能力、人才资源、支撑条件、成果产出水平、创新氛围等方面都相对不足，创新能力与高质量发展的要求还不相适应，如何聚重点、补短板、强弱项、锻长板，加快推动全省自主创新能力提升，是本书重点探讨的内容。

本书以云南高质量发展为主题，总结回顾云南全面落实创新驱动发展战略和习近平总书记考察云南重要讲话精神的重大举措和取得的成效，深入分析云南迈向高质量发展之路的背景、内涵、路径及政策取向，描述云南经济由快速增长转向高质量发展的历史轨迹，并进行案例分析，对回答云南高质量发展问题进行充分探索。

书稿分为五个部分内容。

第一章“贯彻新发展理念”，阐述云南确立科技创新在云南现代化建设全局中的核心地位，深入实施科教兴滇战略、人才强省战略和创新驱动发展战略的具体行动，以及全面支撑把云南建设成为我国民族团结进步示范区、生态文明建设排头兵、面向南亚东南亚辐射中心的战略目标。

第二章“构建新发展格局”，阐述坚持内外统筹、双向开放，有效服务我国面向南亚东南亚辐射中心建设，把云南建设成为国内大市场与南亚东南亚国际市场之间的战略纽带、“大循环、双循环”重要支撑的举措。

第三章“建设产业强省”，阐述科技创新坚持面向经济主战场的重点举措和布局，研究提出云南在突破产业关键核心技术、重塑支柱产业新优势、培育壮大战略性新兴产业、谋划布局未来产业方面的具体新思路和新方向。

第四章“协调区域发展”，研究科技创新在全省生产力布局中的重点方向和突破口，例如强化滇中地区在全省科技创新中的“领头羊”作用，培育大理、文山、曲靖、红河等创新增长极，引导创新资源流动和聚集，构建形成联动创新的区域发展新格局。

第五章“优化创新生态”，围绕新一轮科技体制改革，以提升创新体系整体效能为目标，以优化科技创新政策体系为主线，以激发科研人员和创新主体积极性、创造性为着力点，研究提出完善科技项目管理和资源配置机制、提升科技创新治理体系和治理能力现代化水平的主要举措。

本书是“2022 年科技发展战略与政策研究稳定支持项目”成果的转化与应用，笔者希望能够对关注地方经济发展和区域创新能力提升的读者有所启发。在此也对所有关心和帮助本项研究得以完成的机构和人员表示衷心感谢！

最后，由于时间、精力和水平有限，书中难免有错漏，敬请读者不吝批评指正。

云南省科学技术发展研究院课题组

2023 年 10 月

目　录

第一章　贯彻新发展理念

2015 年 10 月，习近平总书记在党的十八届五中全会上提出新发展理念，即创新、协调、绿色、开放、共享的发展理念。新发展理念是针对我国经济发展进入新常态、世界经济复苏低迷形势提出的治本之策。进入新发展阶段，经济发展由高速增长转入高质量发展，必须贯彻新发展理念，这二者是有机统一的。[①] 新发展理念关系着我国发展全局，创新发展解决的是动力问题，协调发展解决的是发展平衡问题，绿色发展解决的是人与自然和谐问题，开放发展解决的是内外联动问题，共享发展解决的是社会公平正义问题。云南是欠发达的西部省份，要实现高质量发展，必须把握好、运用好区位优势、资源优势、生态优势和民族文化优势，把得天独厚的优势作为加快发展、后来居上的基础和支撑。2022 年 3 月 31 日云南省委书记王宁在省委理论学习中心组举行集中学习时强调，要深入学习领会习近平总书记关于完整、准确、全面贯彻新发展理念的重要论述，学习贯彻习近平总书记考察云南重要讲话精神，不断开创全省高质量跨越式发展新局面。

第一节　科技支撑“三个定位”建设

习近平总书记考察云南时，要求把云南建设成为民族团结进步示范区、生态文明建设排头兵和面向南亚东南亚辐射中心（“三个定位”），为云南发展指明了方向。习近平总书记还强调，云南要在提高创新能力上下工夫，强化创新引领。

① 张堉斌、陈锋：《全面贯彻新发展理念　推动经济高质量发展》，载《经济研究导刊》，2022（33）：1–3。

学习贯彻习近平总书记考察云南重要讲话精神要与贯彻新发展理念结合起来，坚持走创新引领、生态优先、绿色发展、城乡统筹、区域协调、扩大开放、全民共享的高质量发展新路子。[1] 按照中共云南省委、云南省人民政府的决策部署，未来一段时期，云南省将通过深入实施科教兴滇战略、人才强省战略和创新驱动发展战略，以推动云南高质量发展为主题，以支撑我国民族团结进步示范区、生态文明建设排头兵、面向南亚东南亚辐射中心建设为主线，为推动新时代云南高质量发展提供新动能。

一、科技支撑民族团结进步示范区建设

云南建设民族团结进步示范区，就要坚持“各民族都是一家人，一家人都要过上好日子”的信念，坚持民族因素与区域因素相结合，推动政策、资金和项目更多向民族、边境和贫困地区倾斜，分类指导，因地制宜，因族施策，更好地满足各民族群众对美好生活的新需要。科技支撑民族团结进步示范区建设，就是要以增强各族人民的获得感、幸福感、安全感为目标，通过科技支撑乡村振兴、平安云南和健康云南建设，让先进科技成果更多、更公平惠及各族人民，加快民族地区创新驱动发展，推进民族团结进步。

（一）科技支撑民族地区乡村振兴

习近平总书记指出：“产业振兴是乡村振兴的重中之重，要坚持精准发力，立足特色资源，关注市场需求，发展优势产业，促进一、二、三产业融合发展，更多更好惠及农村农民。”这一重要论述，为新发展阶段深入实施乡村振兴战略、加快农业农村现代化指明了主攻方向、明确了方法路径、提供了工作遵循。云南建设民族团结进步示范区，就要创新“民族团结进步＋乡村振兴”模式，构建全面支撑农业农村现代化的科技创新和服务体系，优先提升民族县乡科技成果转化能力，强化农业农村科技创新供给，从产业、人才、文化、生态、组织等方

① 伍学龙：《深入学习贯彻总书记对云南发展的“三个定位”》，载《社会主义论坛》，2021（2）：33–34。

面多点发力，巩固拓展脱贫攻坚成果同乡村振兴有效衔接，实现民族团结进步与乡村振兴同向发力。

1. 乡村产业振兴

多年来，我国乡村产业发展取得积极成效，但还存在规模小、布局散、链条短、质量效益和市场竞争力有待提升等问题。推动乡村产业发展壮大，应当依托各地多元的乡村资源禀赋，在突出优势特色、拓展产业链条、丰富产业体系等方面下工夫[①]。我国农业基本经营制度已经确立，创造乡村发展新动能主要取决于三个方面创新：一是发展机制的创新。必须紧紧依靠市场需求，创建市场决定产业发展的机制，推动乡村产业发展；二是发展手段的创新，必须推动多元与多业融合，通过实现融合创新来实现乡村发展；三是转型升级的创新，必须紧跟市场变化，紧紧依靠资源创新、科技创新、运营创新来实现乡村发展。

“十三五”期间，云南省农业增加值年均增速达 5.9%，高于全国平均增速 2.5 个百分点，全国位次上升到第 9 位，占全国的比重由 2015 年的 3.56% 上升到 2020 年的 4.63%。粮食产量稳居全国第 14 位，猪牛羊禽肉产量全国位次上升到第 6 位，鲜切花、天然橡胶、咖啡、烤烟、核桃、澳洲坚果、中药材种植面积和产量均保持全国第 1 位，糖料蔗面积、产量保持全国第 2 位，茶叶面积、产量跃居全国第 1 位。但乡村产业发展基础还不够稳固，全省高标准农田面积占耕地总面积低于全国平均水平 11 个百分点，农田有效灌溉率低于全国平均水平近 17 个百分点，农田水利基础设施建设仍然滞后。农业机械、农产品加工等设施装备仍不能完全满足产业发展需求，主要农作物耕种收综合机械化率低于全国平均水平 21 个百分点；农产品加工业与农业总产值之比仅为 1.68∶1，低于全国 2.4∶1 的平均水平。新型农业经营主体“小散弱”仍是提高农业质量效益的瓶颈，国家级农业龙头企业数量仅占全国总数的 2.5%、销售收入仅占全国的 2.2%，农民专业合作社数量仅占全国的 2.6%，产业发展底子薄、基础弱的问题仍未得到根本性改变。[②]

① 周萃：《乡村产业振兴应抓住哪些关键点》，载《金融时报》，2023 2 2（12）。

② 数据来源：《云南省“十四五”农业农村现代发展规划》。

在巩固拓展脱贫攻坚成果同乡村振兴有效衔接的过程中，云南省贯彻落实乡村振兴战略，明确了“产业兴旺、生态宜居、乡风文明、治理有效、生活富裕”的总体要求。在民族聚居区域，聚焦乡村产业提档升级、人居环境改善、人才队伍建设、文化繁荣和治理手段现代化，把科技特派员制度作为科技创新人才服务乡村振兴的重要工作进一步抓实抓好，加快构建全面支撑农业农村现代化的科技创新和服务体系，优先提升民族县乡科技成果转化能力，强化农业农村科技创新供给，让脱贫群众过上更加美好的生活，逐步走上共同富裕的道路，促进农业高质高效、乡村宜居宜业、农民富裕富足。全国共有 30 个少数民族自治州，云南就占 8 个，少数民族人口约占云南总人口的 33%，大多居住在边疆和山区。少数民族地区要实现脱贫致富，就需要通过科技创新培育特色农业发展新动能。

解决种业问题，是推动民族地区产业发展的关键问题。云南拥有从热带到寒带的不同生态系统类型，从 70 多米到 6740 米的海拔高差，适合不同生境作物生长。全国能够种植的作物云南省内均有其适宜种植的区域，是最适宜评价作物资源、创制新种质的区域，让云南不同季节都有作物生长，但种业发展面临不少障碍。数据显示，全省 10 余万份农作物种质资源表型鉴定、精准鉴定比例仅为 13.2%、2.6%，畜禽、水产遗传资源鉴定尚处于起步阶段。同时，种业育种创新能力不强，实现产业化推广的品种比例较低，部分种源“卡脖子”现象仍然突出。以农作物为例，主要农作物通过国家审定的品种仅占全国的 1.2%，主要蔬菜品种对国外、省外的种源依赖度约为 60%，主流花卉 85% 以上使用国外品种。[①] 业内专家认为，特色作物种业发展不足，一定程度上制约了重点产业的发展，尤其是民族地区的特色农业产业。

特色农业发展还存在农业科技成果转化不足的问题。云南省育种科技力量主要集中在科研院所和高等院校，但科研院所的研究方向及成果是以职称评审和通过审定为导向的，与企业产业化目标存在偏差，企业与科研机构、政府等的政产学研合作较为松散，对产业的支撑与贡献度不够。如何更好实现产学研相结合，育繁推一体化，解决好创新主体错位问题，融合协同好各方创新要素，是民族地

① 王淑娟：《云南如何打好种业翻身仗》，载《云南日报》，2022-07-25。

区特色农业发展的重要课题。

此外，还需要重点关注特色农产品低附加值问题和产业融合问题，很多产业都还处于初级加工阶段，深加工水平较低。除了烟草这样的优势产业外，其他如甘蔗、土豆、玉米大都只是在产量上占优势，而蔬菜就算出口额很高但利润微薄，附加值太低，对推动云南经济发展来说是杯水车薪，起不到太大作用。云南省大部分地区农业产业融合发展尚处于初级阶段，休闲、旅游、农家乐餐饮、民宿等配套设施不足，农民收入仍主要依靠农业初级产品。

科技支撑民族地区乡村产业振兴，是云南巩固拓展脱贫攻坚成果同乡村振兴有效衔接的重要方向。按照规划，将重点围绕“一县一业”“一村一品”重点产业科技需求，培育一批具有科技示范带动作用的农业龙头企业和农民专业合作社、家庭农场、种养殖大户等新型农业经营主体，加快转化应用一批新品种、新技术、新产品等先进适用科技成果，建设一批乡村特色产业科技引领示范县、乡镇、村，提升农业生产能力、产业发展效率和效益，提高农产品附加值，打造知名品牌，促进乡村产业发展。推进一、二、三产业融合，发展绿色农业、生态农业、循环农业。做大做强生物种业。加快主要粮食作物良种繁育关键核心技术攻关，创制培育新品种。开展主要经济作物基因挖掘、生物技术育种攻关，开展畜禽、水产遗传资源挖掘利用、良种繁育攻关与品种改良。

2. 乡村人才振兴

习近平总书记指出，发展是第一要务，人才是第一资源，人才是事业发展的基础，是维持组织竞争优势的唯一资源。人才振兴是助力乡村振兴发展的核心灵魂，乡村振兴需以人才为先。乡村振兴战略的发展离不开强有力的人才支撑，人才振兴是乡村振兴的基础和关键。乡村振兴必须发现用好现有人才，特别是需要培养本地乡土人才，打造符合民族地区发展需求的本地人才队伍。

近年来，在政府政策的指导和扶持下，招商引资有序进行，农民生活得到改善，越来越多的农资企业参与技术指导，返乡创业的人数逐步增长，农村人才数量逐步增长，中央财政支持培育了 1600 多万高素质农民，但随着人口老龄化的加重，农村实用人才总量不足的情况依然存在。要想吸引更多的人才，需要有效的机制体制作为保证[①]。通过培养本地人才，发挥本地人才的作用，为乡村振兴提供强有力的人才支撑和不竭动力。要通过“传帮带”“走出去、请进来”等各种方式方法，大力培养种植、养殖、科技、电商、建设等各种本地人才，让各种人才为乡村振兴聚力。

乡村振兴必须招揽四海人才。“泰山不让土壤，故能成其大；河海不择细流，故能成其深。”乡村振兴需要各式各样的人才，需要从外面招揽、引进人才，要优化人才引进条件，让城市人才认识到农村发展的广阔前景与机遇，将人才从城市引进到农村。要为人才成长提供良好的土壤、环境，为他们搭建干事的广阔舞台，打造人才聚集的洼地和热土，让人才进得来、留得住、干得好。

吸引人才更要留住人才。留住人才必须创设良好的发展环境，完善的公共基础设施和工作制度、充足的发展空间和工作环境是城市招揽人才的先天条件。实施乡村振兴的人才战略，必须推进农村发展，提高农村基础设施水平，改善乡村生产生活环境；通过缩小城乡差距，为人才创造良好的乡村创业机遇与发展空间，吸引更多的社会人才关注乡村发展，构建乡村人才振兴的可持续发展机制，让人才在乡村大有作为。

2012 年以来，云南省州（市）县三级科技部门形成合力，调动全社会科技资源，动员组织全省科技工作者投身服务脱贫攻坚主战场，形成了具有云南特色的科技扶贫模式。深入推行科技特派员制度，实现科技特派员对全省 8502 个贫困村科技服务和创业带动全覆盖，“澜沧模式”“会泽模式”成为全省科技扶贫样板。通过强化科技支撑，夯实产业科技扶贫基础，打造科技入滇大平台，为科技扶贫注入新动能，涌现了一批以“时代楷模”朱有勇院士为代表的科技扶贫先进典型。

如何推动科技支撑乡村人才振兴，是今后一段时间乡村振兴的重点任务。在当前乡村全面振兴背景下，驻村发展的青年数量逐渐增多，驻村青年具备群体特

① 梁佳:《乡村振兴背景下农村人才队伍建设研究》，载《现代农业装备》，2023（2）：76-79。

性，其参与乡村文化振兴具有重要价值意涵[①]。云南省在推动乡村人才振兴过程中，将充分发挥“万名人才兴万村”行动的带动力推动更多的青年人才驻村，鼓励和支持科技人才服务基层。培养引进农业农村创新创业人才，加强农业企业科技人才培养，支持创新创业人才落户农业科技园区。培养农业农村科技推广人才，引导高等学校、科研院所开展专家服务基层活动，派驻研究生深入农村开展实用技术研究和推广服务。建立符合云南省高原特色现代农业发展科技服务需求、“横向到边、纵向到底”的科技特派员服务体系，鼓励和支持科技特派员面向农业特色产业、新型农业经营主体，开展科技创新创业和服务。壮大科技特派员（团）队伍，选派科技特派团服务“一县一业”、科技特派员服务“一村一品”，鼓励州（市）、县建立各级科技特派员队伍，形成多层次、多渠道的科技特派员选派机制。

3. 乡村文化振兴

乡村文化振兴，产业兴旺是重点。乡村振兴能否实现，取决于乡村的经济基础和生产力的发展好坏，取决于乡村一、二、三产业是否兴旺发达。产业兴旺需要有高素质的人才作为支撑，文化的发展振兴可以提高农民的科技文化水平和生产技能，培养造就有文化、懂技术、会经营的新型农民，为产业兴旺提供智力支持。同时，具有鲜明区域特点和民族特色的乡村文化本身就是重要的文化资源，是乡村振兴的文化生产力，通过对乡村独特文化资源的开发和市场运作，可以形成独具特色的创意农业和特色文化产业，有利于构建农村一、二、三产业融合发展体系，为实现产业兴旺提供重要支撑。随着农村信息基础设施的完善、智能移动终端的普及，乡村生产消费网络化、信息化和智能化程度不断提高。当相关企业和农民群众把农副产品销售阵地转移到网上、云端，城市消费者可以轻松在线上观看“云演播”，一睹乡村好物、下单乡村非遗产品。云端带货、网络直播迭代创新，不仅为“远在深山人未识”的优质农副产品和乡村文创作品找到了新销路，也搭建起乡村就业新平台，进一步推动了乡村电子商务发展。

---

① 王晶晶、黄生成：《乡村全面振兴视域下乡村文化振兴路径探究》，载《现代农机》，2023（1）：44–49。

乡村文化振兴，生态宜居是关键。良好的生态环境和整洁的村容村貌，既直观反映乡村的文明程度，也是美丽乡村的外在表现。实现生态宜居，需要通过强化新技术新产品在乡村建设中的应用，形成环境友好型的生产方式和低碳的生活方式，树立尊重自然、顺应自然、保护自然的生态文明价值观，做到与自然和谐相处，实现独特的乡村文化已经与村落布局、特色地标、建筑形式融为一体。当前乡村文化建设存在诸多困境，具体表现为主体意识淡薄、乡村文化振兴重视程度不足、资源供需矛盾等问题，成为制约乡村文化振兴的不利因素①。

党的十八大报告和十九大报告多次指出，要促进文化和科技融合，发展新型文化业态，完善文化经济政策，培育新型文化业态。2019 年 8 月，科技部等六部门又专门出台了《关于促进文化和科技深度融合的指导意见》，进一步彰显了文化与科技深度融合双重协同的重要性。云南境内共有 26 个民族，其中白族、哈尼族、傣族、傈僳族、佤族、拉祜族、纳西族、景颇族等 15 个民族为云南省独有，各民族在漫长的发展过程中也创造了独具特色的民族文化。科技支撑乡村文化振兴，就是要充分利用新技术、新工艺，开发独具特色的民族文化，利用科技、设计带动民族文化创新发展，集成应用信息化采集技术，民族文化资源与开发技术、遗产保护修复技术、传承创新技术、“科技 + 设计”技术，实施民族文化艺术展演展陈虚拟化、协同化、数字化工程，推进数字民族文化艺术档案、文化数字博物馆建设，推动少数民族传统文化的传承、保护与弘扬。探索科技、设计与民族文化融合发展的新机制，有效推动民族文化传承与开发。

4. 乡村生态振兴

深入实施乡村振兴战略，加快推进乡村振兴，生态振兴居于关键地位，承担着支撑乡村振兴的重要功能。在近年来的农村经济社会发展中，随着生态文明与绿色发展理念深入人心，农业清洁生产、农村人居环境整治和山水林田湖草沙系统共治的全面实施，农村生态环境有了较大程度的改善。但由于生态环境问题的累积性和复杂性，要全面实现乡村生态振兴，仍需通过全方位努力，

① 王晶晶、黄生成：《乡村全面振兴视域下乡村文化振兴路径探究》，载《现代农机》，2023（1）：44-49。

科学选择可行路径并合理制定有效措施，稳扎稳打全面建设和务实推进。调查显示，农业生态环境处理方法的科学性不够，没有系统的规范，是当前主要存在的问题。其中，在处理乡村污水时单纯地把城区污水处理的管网技术模式照搬到乡村，没有顾及乡村生产废水的特殊性和乡村集体经济情况。另外，对于某些特殊地区来说，农业生态系统管理科技的不足，是由于在引进科学技术后未能充分考虑到区域气候、地理状况，以及在社会文化、民族风情等领域的特殊性，而造成了农业生态环境管理技术的“土壤不服”①。

乡村生态振兴是一个大系统，环节繁多、内容复杂，涉及农业农村生产和农村居民生活的方方面面。要推动乡村产业兴旺、生态宜居和生活富裕，就要立足培育和建设农村生态产业，加强科技创新供给。一方面，农村生态产品开发的科技创新供给还不足，就需要强化对农村生态环境的保护与资源开发，在产业生态化和生态产业化的有机互动中，促使环境保护与资源开发充分融合，不断强化生态服务、开发生态产品和实现价值转化，切实拓展农村生态产业发展空间。另一方面，农业碳汇产业发展的科技创新供给还不足。农业具有多功能性，生态功能是农业多功能性的重要组成部分。在社会主义市场经济条件下，农业的生态功能亦可以物化成生态产品，通过市场机制来实现其经济价值。尤其是在全球气候变暖和应对全球气候挑战的背景下，更应关注农业的生态功能属性，切实服务于我国提出的“3060”双碳战略目标。基于植物的光合作用原理，在农业（主要指种植业、草业和林业）生产和植物生长过程中，形成了大量的碳汇物质，呈现出强大的碳汇功能，这就意味着农业在应对气候变化和推进双碳目标实现的过程中，将发挥重要的作用。为此，在未来的农业发展中，需要强化科技创新，推进和发展农业碳汇产业，不断增强农业生态功能，助推实现农业生态功能价值。

民族地区的生态环境问题是民族社会学研究的一个重要领域。目前，这一问题已成为云南民族地区可持续发展的难点和制约因素。针对云南民族地区生态环境恶化的现状，必须增强生态环境意识，树立科学发展观，坚持做到控制人口

① 李熙彤：《乡村振兴背景下农村生态系统管理现代化路径研究》，载《智慧农业导刊》，2023（5）：46–49。

增长与生态环境保护相协调，走可持续发展的生态环境建设路子。近代科技应用到各项开发中，既加速了开发的速度及力度，也加速了生态环境变迁及破坏的速度。全球化时期，经济及资源开发依旧是社会发展的主动脉，交通的发展尤其是国际化的进程促动了橡胶、桉树及咖啡、可可等外来经济作物的大量引种，导致了诸如物种入侵、生物灭绝、水域污染及生态退化等环境问题[①]。

科技支撑民族地区乡村生态振兴，就是要通过科技手段提升乡村的生态环境保护和治理能力。以乡村人居环境改善为重点，开展农村厕所粪污无害化处理、除臭杀菌、回收利用技术研究，畜禽养殖废弃物减量化、无害化、资源化技术研究，农村生活垃圾处置利用技术研究，以及农村生活污水预处理、生物处理、生态处理工艺集成应用和推广。促进新一代信息技术与农村水利、公路、电力、冷链物流、农业生产加工全面深度融合应用，探索数字农业技术集成应用解决方案。依托互联网、大数据、人工智能等技术，深化信息惠民服务。

5. 乡村组织振兴

打赢脱贫攻坚战、实施乡村振兴战略，组织是保障。组织振兴是乡村振兴的“第一工程”，是新时代党领导农业农村工作的重大任务。在脱贫攻坚战和乡村振兴战略的交汇期，形成脱贫攻坚和乡村振兴战略相互支撑、相互配合、有机衔接的良性互动格局，助力打赢脱贫攻坚战，更好地实施乡村振兴战略，推动“两个一百年”奋斗目标顺利实现。加强党的领导，推动组织振兴，是凝心聚力，应对各种困难和挑战，如期打赢脱贫攻坚战，实现乡村振兴的关键和根本保障。

夯实村集体经济是引擎。农村集体经济是实现乡村振兴目标的重要物质基础和关键环节。要把壮大村集体经济组织作为重要抓手，激发集体经济在乡村振兴中的活力，为实现乡村振兴提供坚实的物质基础[②]。实现乡村振兴，必须大力发展农村集体经济，增强集体经济发展活力。围绕持续推进巩固拓展脱贫攻坚成果同乡村振兴有效衔接，建立县区村集体经济项目库，将村集体经济项目按照项

① 周琼:《云南生态文明建设的历史回顾与经验启示》，载《昆明理工大学学报》(社会科学版)，2016(4)：22–36。

② 李然:《试论组织振兴助力乡村振兴的实现路径》，载《中国农村科技》，2022(7)：35–37。

目产业类型分类建档，指导乡镇党委提前储备项目。注重能人引领和借助“外脑”“外力”持续拉动，充分发挥优秀村党组织书记、第一书记、农村致富带头人、能人大户引领作用，探索引进第三方村集体经济发展规划咨询公司，实现全县各村集体经济发展顾问全覆盖。深入推广培植和发展“乡贤参事会”，建立“幸福乡村党建基金”，集聚人才和资源要素，邀请专家、学者对项目进行现场指导，更好地带动村集体经济高质量发展。

科技扶贫为接续推进乡村振兴打下坚实基础。截至2019年，云南省累计认定派出各类科技特派员14130人次，辐射带动农户94余万人；累计推广1000余项先进适用技术成果；2018—2019年，全省组织实施科技扶贫示范项目近600项，累计建立科技示范基地301个，覆盖贫困村587个，带动贫困户9592户；累计建设国家级农业科技园区11家，省级农业科技园区38个；备案国家级星创天地51家，认定省级星创天地84家；建设科技成果转化示范县33个，县级科技成果转化中心124个；连续举办四届科技入滇对接活动，实现签约项目2500余项，引进408位院士专家团队，累计突破杂交水稻、柠檬产业等重点领域关键核心技术435项，开发新产品338个，科技扶贫成效明显。

科技支撑民族地区乡村组织振兴，就是要推动农业科技社会化服务体系建设。以提高农业科技服务效能为目标，构建以农技推广机构、高等学校、科研院所和企业等市场化社会化科技服务力量为依托的农业科技社会化服务体系。建设一批农业科技园区、星创天地等平台，提升县域科技成果转化中心服务能力，引导各类创新要素在县域集聚。加强不同科技服务主体相互协作与融通，构建开放协同高效的农业科技社会化服务网络。

推进农村创新主体与科技服务体系建设。加大对农业龙头企业和农民专业合作社、家庭农场、种养殖大户、新农人等新型农业经营主体的倾斜支持力度，建立乡村科技创新型企业培育库。布局一批定位高、组织运行开放、创新资源集聚的科技创新基地，支撑技术创新与集成示范。建立完善乡村产业社会化科技服务体系，强化观光农业、体验农业、创意农业、森林康养、家庭牧场等新业态发展的科技支撑。

强化基层创新能力建设。开展县域科技创新监测评价，支持县域科技成果转化中心市场化发展，开展科技示范建设，启动实施科技特派员“百团万人”行动，大力推进乡村振兴科技服务人才队伍建设。

（二）科技护航民族地区平安发展

党的十八大以来，习近平总书记对平安中国建设提出一系列具有开创性、引领性的新理念新论断，为推进平安云南建设指明了前进方向、提供了根本遵循。围绕平安云南建设战略需求，开展公共安全、防灾减灾、安全生产、社会治理等领域关键技术研究和应用示范，是增强经济社会发展安全保障能力，促进民族团结进步、社会平安和谐的重点领域。科技创新为新冠肺炎疫情防控和经济社会发展作出重大贡献，成功建立新冠病毒非人灵长类动物感染模型，为全国新冠病毒疫苗和药物的研发提供必不可少的关键支撑。中国医学科学院医学生物学研究所自主研发的科维福新冠灭活疫苗获批纳入国家紧急使用清单。发热人群快速筛查系统、云南抗疫情码在云南疫情防控中发挥了重要作用。国产首个、全球第二个十三价肺炎疫苗和二价脊灰减毒疫苗等 3 种疫苗获批上市，云南疫苗企业批签发量居全国第一。国家禁毒大数据云南中心为平安云南建设发挥了重要作用。围绕平安云南建设需求，科技可从支撑公共安全、防灾减灾、安全生产、社会治理等领域发力，推动关键技术持续创新，提升突发事件应急能力和自然灾害防御水平，增强经济社会发展安全保障能力，促进民族团结进步、社会平安和谐。

1. 生物安全

云南边境线长 4060 公里，与越南、老挝、缅甸等国家毗邻，与周边国家山水相连，是我国西南生态安全屏障，承担着维护区域、国家乃至国际生态安全的战略任务和重大职责。云南中缅、中老边境动物及相关产品非法交易活动活跃，存在外来物种入侵、动物疫病等生物安全隐患，面临的形势严峻复杂。

云南野生动物及其生存环境的多样性使其携带的病原体极其复杂，形成一个庞大的天然病原体库，如寄生虫、细菌、衣原体、病毒等。因此，云南特殊的地理区位及丰富的野生动物资源，导致其一直是我国动物疫病较严重的地区之一，其监测工作具有“线长、点多、面广”3 大特点，监测形势异常严峻。

云南省的重点科研院所和高校已形成植物学、动物学、微生物学等在全国有影响力的优势特色学科。植物资源、动物基因与灵长类生命科学、生物多样性等领域的人才团队和科研水平位居国内一流。科研团队经过数十年的科学考察和研究，已基本摸清云南省生物资源现状。国家重大科技基础设施——中国西南野生生物种质资源库 2009 年已投入使用，在植物化学、生物安全、天然药物、生物育种等领域建成了一批高水平的科学设施、标本馆和创新平台。全省范围建有畜禽品种资源保护基地、保种场和药材种植（养殖）基地。

云南可依托国家重大科研平台建设，开展涉及生物安全的生物检材检测专项工作和综合应用实验，建立系统化、智能化的生物安全鉴定、检测、通信、监控及预警网络体系。开发生物安全监测网络集成平台，整合传染病监测系统、动物疫病监测系统、出入境监测系统、野生动物监测系统等数据资源。借鉴上海的做法，建立生物安全大数据超算平台，研发多元数据协同的生物安全监测预警技术，提升病毒解析及公共卫生事件预防分析的计算能力。建立多部门协同的生物安全评估机制，基于国家生物安全指数评估云南省的生物安全形势。

2. 公共安全

科技是实现社会治理现代化的必要条件，要积极发展、创造和引进适宜推进云南社会治理现代化的科学技术，通过社会治理方法、手段的现代化来提高社会治理效能。伴随着新型工业化、城市化的快速推进，公共安全科技支撑保障力不足的问题日益突出。比如，系统化的公共安全科技创新体系还没有形成；公共安全科技人才储备严重不足，尤其复合型公共安全科技人才缺乏；自主创新研发基地与平台缺少；跨行业的共建共享联合创新机制还没有完全形成，导致各领域科研力量相对孤立，没有形成合力；公共安全学科建设还不够健全，侧重于工程应用研究较多，公共安全科学基础理论研发能力不足；关键技术攻关能力不够；联防联控与综合应急处置技术还不成熟；成果转化率低，公共安全产业链还没有完全形成；公共安全科技投入不足，相关财税政策还有待完善；公共安全的大数据建设和信息共建共享机制还没有完全形成；公共安全科技布局与决策机制尚不健全；公共突发事件的分类统计上报制度还没有建立等[①]。

近年来，云南省开展了“三社联动”社会治理新模式，为心理、行为上有缺失的人员提供专业化的服务试点，通过引入专业化社会工作力量，有效整合各类社会资源，积极搭建社区综合服务平台，构建社会保护与支持网络等，满足了群众的多样性需求，有效化解了基层社会矛盾，形成了政府与社会之间互联、互动、互补的社会治理新格局。全省 16 个州市结合各地实际推行网格化服务管理的基层社会治理模式，基本构建了党政主导、各方参与、全面覆盖、上下联动的网格管理服务体系。

当前，我国正处在社会转型的关键时期，各种风险不断涌现，尤其是城市公共安全问题。随着我国城市化进程的加快，如何有效地防范和处理城市治安隐患，为市民提供优质的公共安全服务，已经成为各相关部门面临的主要问题。针对云南边疆治理的复杂性与艰巨性，为落实习近平总书记关于增强边疆治理能力的要求，云南省高度重视现代科技在边疆治理能力建设中的重要作用，明确要建设智慧边境，并确定了具体的建设举措。通过在“25 个边境县全面部署人脸识别摄像头、‘鹰眼’、小型雷达、无人机、红外人体探测仪等新型技防装备，统一推进边境检查站新建（迁建）及智能查验系统建设，实现入滇人车的智能化采集核验，开展入境境外人员的智能报警、动态轨迹、分级处置等，建设包含应急通信、应急指挥、多级联动能力的边境管理智慧调度体系”，来全面实现云南边境数字化管控，进而从整体上提升云南社会治理的现代化水平。

云南在国民经济与社会发展“十四五”规划中，明确提出了关于建设“数字云南”的要求，进一步培育治理整体生态防范系统性风险，以数字治理为载体不断提升社会治理能力，审慎采用叠加算法推进社会治理的智能化水平，提升人才队伍的“数治”素养与技能，加快建设数字经济、数字社会、数字政府，以数字化转型整体驱动治理方式变革，实现市域社会治理现代化的总体目标。科技解决公共安全和社会治理问题，主要是综合运用大数据、人工智能、区块链等技术手

① 门阅、陶春雨、李蓉华等:《我国公共安全科技支撑保障体系探讨》，载《现代职业安全》，2021（5）：83–84。

段，推动新一代信息技术与社会治理深度融合，构建信息化、智能化的社会治理数据采集和分析平台，打造数据驱动、人机协同、跨界融合、共创分享的智能化治理新模式。

3. 防灾减灾

云南省是各类自然灾害易发频发地区，要坚持以防为主、防抗救相结合，坚持常态减灾和非常态救灾相统一，努力实现从注重灾后救助向注重灾前预防转变，从应对单一灾种向综合减灾转变，从减少灾害损失向减轻灾害风险转变，全面提升云南省抵御自然灾害的综合防范能力，为保护人民群众生命财产安全和国家安全提供有力保障。

“十三五”时期，云南省努力提高全社会自然灾害防治能力，防灾减灾救灾工作取得显著成效。自然灾害发生 4 小时内国家综合性救援队伍的机动覆盖率达到 70% 以上，实现灾后 10 小时以内受灾群众基本生活得到初步救助的规划目标。数据显示，云南全省年均每百万人口因自然灾害死亡率和年均因自然灾害直接经济损失占全省地区生产总值比例分别为 1.96%、0.65%，与“十二五”时期相比，分别下降 71%、69%，低于 5.3%、1.8% 的规划目标。

目前全省自然灾害种类多、分布地域广、发生频率高、造成损失重的基本省情没有改变。暴雨、洪涝、干旱等自然灾害易发高发，重特大地震灾害风险形势严峻复杂，防灾减灾救灾工作依然面临严峻挑战。在统筹机制、减灾工程、数字治理等方面依旧有待提升。需要通过科技创新进一步提升云南省防灾减灾能力，切实做好防灾减灾各项工作。包括地震立体观测技术和地震灾害风险预测评估技术研究，建筑抗震技术研究，加强对流天气短临预警、关键期气候预测等技术研究，云降水和人工增雨防雹技术研究，暴雨洪涝灾害的精细化、定量化风险评估技术研究，滑坡、崩塌、泥石流等重大地质灾害早期识别、风险管控、监测预警预报、防治和应急技术研究，森林和草原火灾监测预警和应急技术研究等。

4. 安全生产

党中央、国务院始终高度重视安全生产工作，特别是党的十八大以来，习近平总书记把安全发展摆在治国理政的高度进行整体谋划推进，提出了一系列安全生产工作的新思想新观点新思路。要求坚持人民至上、生命至上，统筹好发展和安全两件大事，把新发展理念贯穿国家发展全过程和各领域，构建新发展格局，实现更高质量、更有效率、更加公平、更可持续、更为安全的发展，为做好新时期安全生产工作指明了方向。

“十三五”期间，云南省全面落实省委省政府关于加强安全生产工作的决策部署，积极推进应急管理体系和能力现代化建设，率先在全国实施安全工程三年行动计划（2018—2020 年），安全生产各项工作取得明显成效。出台了《云南省安全生产条例》《党政领导干部安全生产责任制实施细则》《云南省安全生产工作年度目标责任考核办法》《关于遏制重特大事故构建双重预防机制的实施意见》《关于推进安全生产领域改革发展的实施意见》《关于推进城市安全发展的实施意见》等一批安全生产法规、制度和规范性文件，进一步明确了党委、政府安全生产领导责任，完善和细化了各级各部门安全生产责任。全省所有州（市）、县（市、区）和 70 个省级以上重点工业园区、开发区均设立了安全生产监管机构。“十三五”期间累计投入 9323 万元，为基层安全监管部门配备 18662 台（套）监管执法专业装备，有效改善了基层安全监管部门执法装备落后的状况。结合云南省生产安全事故形势和应急救援力量建设的客观实际，整合组建 16 支国家级和省级安全生产应急救援队伍，有效提升煤矿、非煤矿山、危险化学品、烟花爆竹、油气管线、隧道等安全生产重点行业领域应急救援能力。

2020 年较 2015 年比，生产安全事故死亡人数下降 36.5%，较大以上生产安全事故起数下降 50%，亿元国内生产总值生产安全事故死亡率下降 64.3%，工矿商贸就业人员十万人生产安全事故死亡率下降 22.3%，安全生产形势持续稳定向好。但云南省安全发展基础依然薄弱，安全生产工作在不同地区、行业和企业之间进展不平衡，各类事故隐患仍然突出，存量风险尚未完全化解，增量风险仍在不断涌现，传统风险与新兴风险交织叠加，安全风险更加集聚，不确定性明显增加。鉴于安全生产工作的长期性、艰巨性和复杂性，迫切需要继续坚持科技创新，紧紧抓住安全生产工作的突出问题，统筹谋划防范化解重大安全风险的目标任务，促进安全生产形势持续稳定好转。安全生产的主要问题，必须通过新技术和新手段来解决。重点开展以危险化学品、煤矿、非煤矿山、电网等为重点的安全生产事故监测预警、风险分级防控技术研究，高速公路、铁路桥梁、隧道、边坡工程建设和管养技术研究，高原山区道路及恶劣天气情况下道路交通事故预防及风险预警技术研究，火灾防控与灭火救援等新技术研究，“智慧消防”技术体系构建等。

（三）科技提升民族地区医疗水平

人民健康已经成为一项国家战略，无论如何强调都不为过。2019 年，国务院印发实施《关于实施健康中国行动的意见》，加快推动从以治病为中心转变为以人民健康为中心，动员全社会落实预防为主方针，提高全民健康水平。习近平总书记在主持召开科学家座谈会时提出，科技事业发展要坚持“四个面向”，即面向世界科技前沿、面向经济主战场、面向国家重大需求、面向人民生命健康，不断向科学技术广度和深度进军。这为我国推动创新驱动发展、加快科技创新步伐指明了方向。科技工作面向人民生命健康，必须聚焦人民关心的重大疾病防控、食品药品安全、人口老龄化等重大民生问题，加大对医疗卫生领域的科技投入力度，加强对公共卫生事件的监测预警和应急反应能力，加快生物医药、医疗设备、健康、环保等领域的科技发展，依靠科技创新建设低成本、广覆盖、高质量的公共服务体系，发展低成本疾病防控和远程医疗技术，让科技为人民生命健康保驾护航。

1. 重大疾病及传染性疾病防控

习近平总书记多次批示要把人民群众生命安全和身体健康放在第一位，找准应对新冠疫情的短板，勇于担当，战胜疫情。目前，云南省重大突发公共卫生事件医疗救治体系不健全、医疗救治服务能力总体较弱。从全省传染病医疗机构来看，设置有传染病专科医院的州市不多，编制总床位有限，很多州市尚无政府设立的传染病专科医院。从办医主体来看，各地传染病医院的设置和发展投入不足、设备设施不足，运行补偿机制不到位。从专业人员来看，专科医务人员不足，能力不强，在突发公共卫生事件发生时，医疗救治能力严重不足，且高水平医务人员主要集中在三级医院中。高水平人才的培养和引进困难，优秀青年人才严重匮乏，学科建设缺少新生力量，综合医疗救治能力不足。

从威胁角度看，生物技术的进步增加了微生物被滥用或成为大流行病原体的风险。传染病病原体也可以是人为制造或实验室事故无意泄漏的，如 2017 年加拿大科学家成功合成了类似天花病毒的马痘病毒。美国国防部委托美国国家科学院编写的报告《合成生物学时代的生物防御》更是强调通过生物学进步可导致几乎无限可能的恶意活动。从防御方面看，目前国际社会尚不具备在数月内生产针对新型病原体的新疫苗与药物的能力。此外，目前微生物法医学的发展现状，使得难以可靠地将传染病大流行回溯和归因，表明了当前防范性质的科技发展的滞后性。

近年来，云南省医疗技术大幅提升，有效保障了人民健康生活。艾滋病科学防治取得重大成果，有效遏制了云南艾滋病感染上升势头。早孕期一站式产前筛查等技术处于国内先进水平，建立了国内领先的自然周期体外授精—胚胎移植技术平台。肝移植技术研究成果应用于全国数十家大型肝脏移植中心，9 种体外诊断试剂填补国内空白。

2020 年，云南省印发实施《关于推进健康云南行动的实施意见》，明确加快推动卫生健康工作理念、服务方式从以治病为中心转变为以人民健康为中心。围绕健康云南建设战略需求，可在重大疾病防治、应对人口老龄化、妇女儿童及残疾人健康等方面，加强疾病（传染病）防治技术体系建设和临床医学研究中心建设，促进临床新技术新产品转化应用，提高应对突发公共卫生事件能力，大幅提升重大疾病预防诊疗水平和全省各族人民的健康水平。

加强重大传染病防控，要完善关键核心技术攻关的体制机制，加大卫生健康领域科技投入，加强疫病防控和公共卫生科研攻关体系和能力建设。一是要开展慢性非传染性疾病预防与干预。开展恶性肿瘤、心脑血管疾病、呼吸系统疾病等重大慢性非传染性疾病的预防医学和临床医学研究，开展筛查早诊、临床诊疗、预防干预、康复、健康管理等关键技术研究，开展生物治疗、靶向治疗、微生物组调节等领域关键技术研究，有效降低疾病致残率和死亡率的新型诊疗方案、适宜技术研发和推广。二是在中医（民族医）特色专科领域，加强重大、难治、罕见疾病和新发、突发传染性疾病防治中医临床研究，聚焦癌症、心脑血管病、糖尿病、艾滋病、感染性疾病、阿尔茨海默病和抗生素耐药等问题，推进中西医协同治疗和科研攻关，强化中医药防治优势病种研究，加强中西医结合，提高重大疑难病、危急重症临床疗效。大力发展中医非药物疗法，使其在常见病、多发病和慢性病防治中发挥独特作用，发展中医特色康复服务。

此外，利用云南省优势药物资源，加强细胞、动物模型、临床队列等药物研发不同阶段条件平台和技术体系建设，促进治疗或预防药物开发。推广新型检测技术、诊断试剂、疫苗和药物，不仅可为省内传染病防治提供技术支持，还可推广到周边省份与国家，提高区域传染病救治能力，并成为生物医药产业发展的主要组成部分和推动力量①。

2. 妇女儿童、残疾人及老年人健康

中国于 20 世纪 90 年代先后制定未成年人保护法、妇女权益保障法、老年人权益保障法，妇女儿童健康保障水平也随之进一步提高。2020 年，全国孕产妇产前检查率为 97.4%，住院分娩率为 99.9%；实施农村妇女宫颈癌和乳腺癌免费检查，将宫颈癌和乳腺癌纳入国家大病救治范围；实施贫困地区儿童营养改善项目，截至 2020 年，累计 1120 万儿童从项目中受益，5 岁以下儿童死亡率从 1991 年的 61‰下降至 2020 年的 7.5‰；残疾人康复服务已纳入基本公共服务规划，已建立残疾儿童康复救助制度，为残疾儿童和持证残疾人提供基本康复服务和产品。

据第七次全国人口普查结果显示，云南人口中，女性人口占 48.27%，老人和儿童人口占比超过 30%，全省共有残疾人 288.3 万人，占总人口的 6.46%。加强重点人群健康服务，必须完善科研攻关体系，加强公共卫生科研攻关体系和能力建设的综合协调，建立一套完善的全方位的科技攻关机制。加大公共卫生攻关的投入力度是首要的任务，应当加强孕前和预产期保健、产前筛查、产前诊断与遗传咨询及新生儿疾病筛查研究，构建妇女、儿童及残疾人健康关键因素的可持续发展监测和预警体系，研发致聋、致盲性疾病早期诊断和筛查方法，构建基于遗传诊断、体检等的综合性妇幼健康检测评价体系，强化有利于老年人身心健康、老龄服务发展的技术研究及应用。

① 王晓阳：《省政协委员夏雪山建议：提高疫情防控科技水平》，载《云南政协报》，2022 03-14（4）。

二、科技支撑生态文明建设排头兵

习近平总书记强调，推动经济高质量发展，决不能再走先污染后治理的老路。目前，云南优良水体比例近九成；地级城市空气质量优良天数比例多年稳定在 98% 以上；受污染耕地、重点建设用地安全利用率分别达 90% 和 100%，连续 4 年化肥农药使用量负增长；九成典型生态系统和 85% 的重要物种得到有效保护，水、气、土治理见成效。根据《云南省生态文明建设排头兵规划（2021—2025 年）》，绿美云南建设将取得新成就，绿色低碳循环发展经济体系将达到新水平，生态环境质量将得到新改善。科技支撑生态文明建设排头兵，应当聚焦生态环境保护重大科技需求，加大生态文明领域科技创新力度，构建市场导向的绿色技术创新体系，促进云南省生态文明建设实现新进步，生产生活方式绿色转型取得新成效，生态环境持续改善，国家西南生态安全屏障更加牢固，提高“绿水青山”转变为“金山银山”的能力，为落实碳达峰碳中和目标贡献科技力量。

（一）污染防治

实现减污降碳协同效应，是以习近平同志为核心的党中央对污染防治攻坚战的新要求，也是总要求。打好污染防治攻坚战必须既减污、又降碳，两手都要抓，两手都要硬。科技创新在云南九大高原湖泊水污染综合防治方面发挥重要作用。云南在全国率先建立了省级自然资源时空信息基础支撑平台；围绕生物多样性保护利用、污染防治等领域，建成野外科学观测研究站、西南特色菌种种质资源库等一批高水平科技基础条件平台。

科技助力打好污染防治攻坚战，就是要加大水、土壤、大气污染防治和废弃物处置等关键技术研发与应用示范，提升生态环境保护治理信息化智慧化水平，为云南省深入开展以九大高原湖泊保护治理为重点的污染防治行动，持续打好蓝天、碧水、净土保卫战，全面改善生态环境质量提供科技支撑。

云南是祖国西南的重要生态屏障，拥有滇池、洱海等一串“高原明珠”。近年来，云南在九大高原湖泊治理上不断取得新进步，湖泊水质逐年见好。在九大高原湖泊保护治理过程中，需要进一步强化科技支撑，加强高原深水湖泊系统保护与综合治理科学研究，开展高原深水型湖泊水生态环境风险识别和生态调控综合技术研究及“一湖一策”防治试点，加强污染风险识别、内源污染控制、流域水资源配置和生态水位调控优化模式、面源污染防控等技术研究及应用示范。

截至2021年底，云南六大水系出境跨界断面水质100%达标；珠江、长江流域优良水体比例分别为66.67%、70.83%，劣Ⅴ类水体消除。[①] 按全湖均值评价，九大高原湖泊中，泸沽湖、抚仙湖水质保持Ⅰ类，洱海达到Ⅱ类，滇池草海、阳宗海达到Ⅲ类，程海（pH值、氟化物除外）达到Ⅳ类，滇池外海、星云湖为Ⅴ类，异龙湖、杞麓湖劣于Ⅴ类。但云南重点流域水环境综合治理面临的挑战仍然较大，部分湖泊水质常年劣于Ⅴ类，重点流域支流和中小河流水质状况改善不明显，治理手段和治理措施还需进一步完善，流域治理体系和相关机制还需进一步健全，与建设生态文明建设排头兵目标要求和人民群众对优美生态环境的需要相比还有不小差距。在水生态环境治理方面，需要进一步加强科研攻关，完善攻关体制和新技术、新产品示范应用，加强水生态环境基准研究，在全省范围开展流域山水林田湖草综合治理和生态功能提升、不同尺度水生态系统综合调控管理、河流快速除磷脱氮、黑臭水体综合防治、新型污染物筛查及溯源等技术研究及应用示范。

（二）生态安全

云南省位于中国西南边陲，与老挝、缅甸、越南接壤，地处众多国际、国内河流的上游或源头，素有“植物王国”“动物王国”的美誉，肩负“西部高原”“长江流域”“珠江流域”三大生态安全屏障的建设任务，生态区位极其重要，是我国西南的重要生态安全屏障。云南省因其独特的地理气候及生态多样性，外来入侵物种种类多、分布广、危害重，开展农业外来入侵物种普查工作面临时间紧、任务重、技术力量不足等突出问题，加快构建西南生态安全屏障科技支撑体系已刻不容缓。

西南野生生物种质资源库、模式动物表型与遗传研究等国家重大科技基础设施，是科技支撑西南生态安全屏障建设的重要依托。西南野生生物种质资源库于

---

① 数据来源：《云南省“十四五”重点流域水环境综合治理工作方案》。

1999 年由吴征镒院士提议建设，2005 年正式开工，2007 年建成并投入运行。经过二十余年的运行发展，已具备强大的野生植物种质资源保藏与研发能力，除了有效保存野生植物种子、植物离体材料、植物 DNA、微生物菌株、动物种质资源外，还拥有先进的种质资源数据库和信息共享管理系统，以及集功能基因检测、克隆和验证为一体的技术体系和科研平台。模式动物表型与遗传研究设施是《国家重大科技基础设施建设中长期规划（2012—2030 年）》“十二五”时期建设重点项目之一，主要包括模式动物生产和培育系统、表型分析系统、遗传分析系统及信息处理与智能自动化管控系统等四个实验系统，目前项目已完成建安工程施工，进入工艺系统测试和试运行阶段。

科技支撑西南生态安全屏障建设，就是聚焦生态安全、生物多样性保护与可持续利用、高原湖泊保护与治理等领域重大科技任务，开展战略性、前瞻性、基础性科技创新和成果应用，为打好蓝天、碧水、净土保卫战，全面建成我国生态文明建设排头兵提供科技支撑。在山水林田湖草系统治理方面，开展生物多样性保护、生态修复和生态安全等领域技术研发及应用示范，提升生态系统质量和稳定性。在生物多样性保护与生态修复方面，开展高黎贡山、哀牢山、无量山、西双版纳热带雨林等区域生物多样性保护关键技术研究，以及云南特有珍稀濒危物种及极小种群物种本底调查与濒危评估、湖泊生物多样性保护与恢复技术研究，实施全省生态保护区“空天地”一体化智能监测关键技术研究及应用示范，开展干热河谷区、石漠化地区和亚高山地区生态保护与修复关键技术攻关、集成和应用示范，深入开展生态产品价值形成的模式和机制研究。在生态安全领域，应当加强典型流域生态安全系统研究，以及毒害污染物在线监测、筛查、溯源、预警一体化智能技术及装备研究，加快建立新型环境污染物生态安全评估体系及区域基准与管控标准研究，开展外来入侵物种检验检疫、监测预警、应急控制等技术研究。

（三）碳达峰碳中和

2020 年 9 月，我国明确提出 2030 年前二氧化碳排放达到峰值，2060 年前实现碳中和的愿景目标。如何处理好发展和减排、整体和局部、长远目标和短期目标、政府和市场的关系，坚持创新驱动作为发展的第一动力、坚持目标导向和问题导向、构建低碳零碳负碳技术创新体系至关重要。2022 年 8 月，我国科技部、国家发展改革委、工业和信息化部等 9 部门近日印发《科技支撑碳达峰碳中和实施方案（2022—2030 年）》，统筹提出支撑 2030 年前实现碳达峰目标的科技创新行动和保障举措，并为 2060 年前实现碳中和目标做好技术研发储备。通过实施方案，到 2025 年实现重点行业和领域低碳关键核心技术的重大突破，支撑单位国内生产总值（GDP）二氧化碳排放比 2020 年下降 18%，单位 GDP 能源消耗比 2020 年下降 13.5%；到 2030 年，进一步研究突破一批碳中和前沿和颠覆性技术，形成一批具有显著影响力的低碳技术解决方案和综合示范工程，建立更加完善的绿色低碳科技创新体系，有力支撑单位 GDP 二氧化碳排放比 2005 年下降 65% 以上，单位 GDP 能源消耗持续大幅下降。值得关注的是，我国将建立碳达峰碳中和科技创新中央财政科技经费支持机制，引导地方、企业和社会资本联动投入，支持关键核心技术研发项目和重大示范工程落地；遴选、支持 500 家左右低碳科技创新企业，培育一批低碳科技领军企业。

云南省作为生态大省，已把碳达峰碳中和工作纳入生态文明建设整体布局和经济社会发展全局。先后建立遗传资源与进化国家重点实验室、国家林草局亚洲象研究中心、云南滇金丝猴研究中心等一批国家级和省部级科研平台，建设云南自然保护区、云南植物标本等一批数据库，组织实施生物资源调查、种质资源保存、生态系统保护、生物生态安全、生物资源开发利用等方面省级科技计划项目近 700 项，并在实践中得到成功应用，为全省生物多样性保护工作形成有力支撑。

云南是我国生物多样性最为丰富的省份，也是全球 34 个物种最丰富且受到威胁最大的生物多样性热点地区之一。云南省一些生态系统抗干扰能力弱，一旦破坏就很难恢复，生物多样性脆弱性较为突出。目前全省原始天然林面积减少，部分高山草甸不同程度退化，自然湿地的占用和垦殖现象还未得到根本遏制，28%的湿地外来生物入侵严重，25% 的湿地污染威胁加大。重点保护野生动植物濒危程度尚未得到有效减缓，3625 种生物物种处于受威胁状态，其中云南特有种 891 种。就地保护体系不完善，存在保护空缺，部分自然保护区管理水平低下，迁地保护基础设施建设不足，外来入侵物种防控能力欠缺，生物多样性保护意识不强，资金投入不足，导致一些珍稀濒危、关键的生态系统和物种尚未得到有效保护，遗传资源及相关传统知识丧失与流失严重，生物多样性下降的趋势未得到根本遏制。

近年来，云南省生物多样性保护虽然取得长足的进展，但仍面临着多方面的考验和挑战。作为西部欠发达省份，云南省发展不平衡不充分问题仍然突出，在发展经济、改善民生、乡村振兴、治理污染等一系列艰巨任务的同时，面临着支撑发展的环境承载力不足、资源约束趋紧、环境污染加剧、生物多样性丧失、外来物种入侵、资源保护与消除贫困的矛盾突出等多重威胁。特别是在党中央对碳达峰碳中和作出战略部署，我国继续坚持绿色复苏、绿色转型的发展道路，将采取更加有力的政策和措施，倒逼产业结构调整，促进经济社会高质量发展与生态环境质量提升的形势下，云南省努力成为全国生态文明建设排头兵等目标的实现，对如何进一步做好新时代生物多样性保护工作提出了巨大的挑战。

2022 年 12 月，云南省出台《关于完整准确全面贯彻新发展理念做好碳达峰碳中和工作的实施意见》，将全面构建绿色低碳现代化产业体系，加快构建清洁低碳安全高效能源体系，持续加强绿色低碳科技攻关和应用。

加强基础研究和前沿技术攻关。依托科研院校，推动支撑双碳目标的科技创新平台建设，提升新型储能材料、智能电网和碳捕集利用与封存技术等低碳零碳负碳领域基础研究水平和攻关能力，强化绿色技术供给。加强气候变化对生物多样性影响、绿色能源开发利用气候风险监测评估、生态系统碳汇监测评估等基础理论及方法研究。

加快先进适用技术推广应用。推动建立绿色低碳技术评估和交易平台，促进技术成果转化和产业化应用。加快高效节能电机、余热余压利用、大型光伏和风力发电机组等适用技术的规模化应用，支持人工智能、虚拟现实、量子通信、区块链等技术的创新应用。加强农业领域低碳生产技术和农机设备推广应用。

加快推进绿色低碳技术创新和应用，开展低碳、脱碳以及负碳关键技术研发与示范，构建市场导向的绿色技术创新体系，持续推进重点行业和重要领域绿色化改造，引领经济社会绿色低碳发展。

在低碳减排方面，应着重开展能源、冶金、化工、水泥等重点领域近零排放和清洁生产技术研究及应用示范，以及碳捕集、利用与封存技术研究及应用示范。在应对气候变化方面，应加强气候变化对农业、水资源、生态系统和生物多样性的影响监测和风险评估，开展农业、水资源、林业等重点领域适应气候变化技术研究。

三、科技支撑面向南亚东南亚辐射中心建设

习近平总书记指出，云南的优势在区位，出路在开放。为推动面向南亚东南亚辐射中心建设，云南省委、省人民政府出台了《关于加快建设我国面向南亚东南亚辐射中心的实施意见》，提出到2020年基本建成具有一定影响力的科技创新中心的目标。云南省人民政府印发《建设面向南亚东南亚科技创新中心专项规划》，明确要扩大科技对外开放，构建全方位开放创新格局，打造面向南亚东南亚的科技创新辐射源。

（一）引进先进技术成果

当前，对外开放环境发生深刻变化，百年未有之大变局加速演进。全球经济已经进入智能化转型加速期，知识融通正在开辟新的学科增长点，信息技术不断跨界赋能。美国等创新大国在信息通信、生命健康、高端制造领域的主导地位没有改变，创新最活跃企业来自于未来产业，全球经济的成长性主要来自美国和中国。开放与合作仍是时代发展大势所趋，云南省需要继续鼓励各类主体积极开展国际创新合作，营造良好的合作环境与氛围，促进技术、人才、资本实现双向流动，提升重点产业发展的对外开放度，链接全球一流创新资源，进一步融入全球创新网络。

然而，中美经贸摩擦、科技竞争加剧及“逆全球化浪潮”，对国际科技合作提出了新的挑战，影响云南省国际科技创新合作的思路和方式。中美、俄美、美欧、俄欧关系发生了前所未有的变化并带动世界局势改变。全球治理的体制机制远远落后于先进科学技术的快速发展，“供应链”与“需求链”不相匹配的差距越拉越大。中国崛起以及“金砖国家”等新兴经济体的整体跃升势不可挡，与美

国不遗余力占据各类物质财富生产和研发的制高点产生的结构性矛盾愈加突出。疫情全面爆发，一些全球性的会议活动取消，很多国家采取“封城”或进入紧急状态，国际间人才往来、高层次专家交流合作受到严重阻碍，各国对于国际科技合作的需求发生重大转变。同时我们也应当看到，亚洲的新兴国家和潜力国家创新活跃，东亚—东南亚—南亚经济体已经成为全球研发最密集的创新区域。中国在为全球合作抗击疫情树立标杆，作为一个新兴大国创造更多机会去争取国际话语权的同时，也为我国疫情后在相关领域开展国际科技合作打下了良好的基础。内外环境倒逼我们用前所未有的思路，去理解新时代的全球化、国际化与国际科技创新合作，我们需要比任何一个时期都要清醒地认识到开放合作对于提升自身科技创新能力的重要意义，准确研判国际形势变化对云南省国际科技合作造成的影响，适时调整国际科技合作的主攻方向、合作的策略和手段、合作的国家和区域、合作的领域和途径，制定适应当前形势的国际科技合作战略和政策。

“十三五”期间，云南省通过引进一大批先进技术成果，在支撑冶金、新材料、生物医药、装备制造、现代农业等重点产业创新发展方面成效显著。通过深化与欧美发达国家科技合作交流，实施“引进来”项目，支持科研机构、高等学校和企业在疫苗、装备制造、基因大数据、干细胞、稀贵金属、现代农业等领域，与美国、意大利、俄罗斯、新西兰、澳大利亚、乌克兰、加拿大、德国、英国、奥地利、匈牙利等国家，开展共性关键技术研发、重大新产品开发、产学研合作、先进技术成果国产化研究和转移转化。

云南省与乌克兰、俄罗斯合作开发的大型电子束冷床炉集成制造及熔炼关键技术，实现冷床炉国产化制造，推动云南省冶金行业提质增效，为提升我国钛材产品质量和深加工水平发挥了重要作用。通过引进澳大利亚等国的多项镍铂靶材制备技术，成功突破靶材原料高纯化控制技术等关键技术 15 项，研发出 40 余个镍铂靶材新产品，替代进口产品并远销海外。成功引进锂电池设计技术、先进柴油机技术、疫苗核心技术、“免疫大师”公牛冻精品种、杂交柚品种等一批先进技术成果，突破锗硫系光学材料及锗产品等一批重大创新产品生产技术，解决产业发展技术瓶颈，与国外先进水平差距不断缩小。痛舒胶囊成功获美国 FDA 批准，成为进入美国 II 期临床研究的第一个中国民族药。此外，云南省与德国、奥地利、匈牙利开展高原汽车技术标定合作，与意大利开展高原特色农业机械研发合作，与瑞典开展大学、园区科技交流合作，与美国等国家开展干细胞外泌体分离技术及多发性硬化症治疗研究，并积极推动在绿色食品、生物医药、疫苗研发与国际化等领域签约一系列合作项目。

科技服务面向南亚东南亚辐射中心建设，就是要吸引国内外科技资源为云南创新发展服务，面向发达省份构建成果转化和产业转移承接机制，建设面向南亚东南亚辐射的科技创新策源地，形成“协同创新、梯度转移、内外循环、辐射带动”的开放合作新格局。集聚高端创新资源，引导和支持云南省企业在全球主要创新资源集聚区布局建设海外科技创新中心、离岸创新创业中心。实施“海外高层次人才引进计划”，深化国际人才交流合作。充分发挥“科技入滇”机制作用，加强院士专家协同创新试点工作，推动一批重大科技创新平台、新型研发机构落地云南。

在先进制造业领域。绘制先进装备制造、新能源汽车、电子信息、领绿色铝绿色硅等先进制造业和高新技术产业的技术路线图，强化顶层设计，形成明确的、清晰的技术供给体系框架。依托重点园区和企业、新型研发机构、产业技术创新平台等，与国外一流创新团队和机构开展合作，形成集聚全球一流领军人才、产学研紧密结合的关键技术攻关团队和强有力的研发联合体。引进前沿先进技术集中力量攻关，着力解决“卡脖子”问题和产业化瓶颈，增强自主创新和自主制造能力。

在生物技术药研发方面。与全球领先的生物技术公司或研发机构合作，加强细胞产品应用基础研究和转化研究，加快新型疫苗研发、注册及产品国际化，开发针对肿瘤、免疫系统疾病、心血管疾病和感染性疾病的抗体药物。与国际一流研发机构合作建立抗体药物一站式研发平台、生物技术药物非人灵长类安全评价平台、非人灵长类动物实验研究技术服务平台等，高质量开发生物技术药物，推动生物技术药走前沿化、科技化之路。

在先进基础材料制造领域。聚焦高端装备制造、绿色低碳环保、新能源及其应用、新一代信息技术等产业对先进材料的需求，以关键短板新材料为突破口，支持重大技术引进，在消化吸收的基础上，联合开展再创新活动。培育壮大高端钛合金、铝合金、稀贵金属、稀土催化功能材料、关键电子材料等一批关键战略材料，重点引进液态金属、新型显示材料、3D 打印等前沿新材料制造技术。

引进技术成果路径，可按照“需求征集→梳理凝练→发布需求→精准对接”的实施路径，明确引进国外先进技术的重点领域，凝练产业“补链强链”国际科技合作重大项目清单，形成供需精准对接的技术引进项目形成机制。借鉴深圳、浙江、珠海搭建国际路演平台的经验做法，链接国外创新创业全景地图和行业独角兽、隐形冠军、微型总部、投资基金目录，实现项目同屏路演和在线评估，通过“线上项目征集＋线下路演对接＋专项落地指导”形式，筛选引进国外先进技术的最佳方案和科研团队，实现精准对接、快速落地。对接国外重点科创产业发展平台，争取在云南建立跨境或分支科技孵化产业园、联合科技城、产业转移区，优先将大院大所成熟的技术引进项目进行成果转化和产业化，在引进先进技术的同时，充分利用科技合作成果，实现产业核心技术国产自主可替代，争取在重点领域实现“弯道超车”。

此外，还要拓展科技合作渠道。主动承接国家国际合作重大科研任务，支持云南省疫苗研发领域的人才团队、科研机构积极参与“新冠疫苗实施计划”（COVAX），与世界卫生组织（WHO）及参与该计划的各国建立高效的合作机制，推进在疫苗研发、生产和分发方面的合作。推动“内联外合”，通过科技入滇、沪滇合作、京滇合作等渠道，与北京、上海、江苏、广东、浙江、广西、天津、吉林、黑龙江等国际科技合作成效突出的省（市、区）建立联动机制和资源共享机制，借力各省（市、区）成熟的合作平台和渠道，拓展云南省国际科技合作的对象国、范围、领域和新渠道，进一步深化云南省与欧盟、日本、韩国、新加坡、马来西亚等国家的合作。积极落实国家多边外交战略，以“滇日＋”“滇韩＋”“滇以＋”“滇欧＋”的模式推动先进制造业、先进材料产业、新能源产业、生物医药等产业领域的核心关键技术引进和联合攻关，以“滇＋日＋印”或“滇＋韩＋印”等模式推进仿制药、信息技术等领域的国际交流与合作。

加强与国际组织合作，是拓展科技合作渠道的重要方式。重点加强与联合国教科文卫组织、联合国粮农组织、世界卫生组织、亚投行、金砖国家组织、东盟等国际组织及相关国际行业协会建立常态化联络机制，支持云南省科研人员在国际组织任职。积极争取世界动物保护协会等专业性的国际组织在云南设立分支机构，支持总部设在昆明的国际热带生态系统与生物多样性协会等国际组织开展学术交流、联合研究、人员培训等活动。以金砖国家技术转移中心为抓手，依托技术转移与创新合作论坛、技术转移经理人培训、项目对接与创新创业竞赛等形式，积极推进与金砖国家的科技交流合作。鼓励云南省病毒学、基因工程、流行病防治等领域人才参与国际大型医疗卫生科研项目，加强云南省与发达国家和地区的医学、医务、公共卫生管理等领域人才交流。在政策、资金、人员等方面加大对我国参与国际科技组织的支持力度，吸引国际科技组织赴滇召开国际会议。

（二）技术成果转移输出

近年来，云南省大力推进国际技术转移，成功推动优势技术、产品、装备、服务向南亚东南亚输出。一大批企业赴孟加拉国、斯里兰卡、尼泊尔、老挝、越南开展技术合作与服务，在境外建成花卉示范基地、药材合作种植中心、食用菌栽培技术示范基地、茶叶技术示范种植基地。与缅甸合作开展水稻育种及相关研究，收集 70 余份稻种资源，建立 200 亩优质水稻示范基地。在越南建成优质饲料生产国际合作科技示范基地产品研发中心，研发出 20 个优质饲料产品，完成 2 条全自动畜禽全价配合饲料生产线、1 条水产饲料专业生产线，实现 30 万吨 / 年的产能。在老挝建立茶叶新品种良种育苗试验示范基地，为当地无偿提供 15 万株茶苗，建成 75 亩茶叶试验示范园。在印度尼西亚建立 1 个中印尼杂交水稻育种站和 1 个万亩科技示范园，累计示范推广种植 15 万亩超级软米杂交稻。在泰国建立 75 亩花卉示范基地，在老挝开展肉牛产业化规模养殖示范项目，在尼泊尔开展植物药材示范项目。

2014 年 9 月 18 日，习近平主席在印度世界事务委员会发表题为《携手追寻民族复兴之梦》的重要演讲，对外宣布中国同南亚国家一道实施中国—南亚科技伙伴计划。南亚国家地处西亚、中亚和东南亚的交接点，有五个国家陆地与中国接壤，人口之和占世界人口总量的三分之一，中国与南亚国家携手合作，对促进区域政治稳定，经济发展具有重要意义。2014 年 6 月 6 日，中国 – 南亚国家科技部长会议在云南昆明举行。会上，万钢部长介绍了深化与南亚国家开展务实合作，拟启动中国－南亚科技伙伴计划的设想。南亚各国对科技伙伴计划的内容和具体措施表示一致认同，表达了与我共享发展经验的热切愿望，同时提出了与我开展科技合作的诸多需求。

科技部和云南省人民政府共建的中国－南亚技术转移中心、中国－东盟创新中心分别于 2014 年、2015 年落户昆明，近年来为跨国开展研发、企业孵化、成果产业化、推广应用、科技文化交流等提供一系列专业服务，有效促进了我国与南亚和东盟国家的科技与创新合作。2008 年，中国（云南）、柬埔寨、老挝、缅甸、越南、泰国六国农业科研机构和相关政府部门合作建立了“大湄公河次区域农业科技交流合作组”，先后组成了陆稻、大豆、甘蔗、马铃薯、植保和农经 6 个工作组，在品种选育、病虫害传播防控等方面取得实质进展，共同交换和筛选试验相关作物栽培品种 300 多份，选育出适宜各国品种 30 余份，其中部分甘蔗、陆稻、大豆品种在缅甸、越南、柬埔寨通过审定或大面积推广。2014 年，中国（云南）、孟加拉国、尼泊尔、巴基斯坦、斯里兰卡的农业科研机构共同组建“中国—南亚农业科技交流合作组”，成立植物保护、麦类、甘蔗 3 个工作组，为各国在农业科研进步、植物保护、病虫害防治等方面发挥了重要作用。2018 年，金砖国家共建的“金砖国家技术转移中心”在昆明落地，发起“金砖国家产业创新领先技术百强项目”，组织金砖国家技术转移项目路演对接、科技创新与技术转移合作论坛及示范培训等活动，促进技术成果转化交易。

加快建设面向南亚东南亚科技创新中心，重点就是要主动参与和实施国家“一带一路”科技创新行动计划，开展更加开放包容、互惠共享的国际科技合作。加快面向南亚东南亚科技创新中心建设，提升合作层次，加强资源共享，促进与南亚东南亚国家“科技相通”，有效提升对南亚东南亚国家的创新辐射和创新联通能力。

一是开展国际技术转移转化。紧密服务各国科技发展重点，充分发挥中国—南亚技术转移中心的平台作用，凝聚和培养一批专业化的技术转移机构和人才，挖掘中国及南亚各国企业合作需求，组织企业对接交流洽谈，开展适用技术培训和先进技术示范等，促进中国与南亚各国企业深入合作，推动中国与南亚各国之间先进适用技术的转移。通过积极争取承办和参与中国跨国技术转移大会、科技外交官信息对接会以及各种多边和双边国际科技对接活动，积极探索跨国技术转移的新模式，打造中国－南亚技术转移中心、金砖国家技术转移中心的高端品牌。选取 5 ～ 8 个南亚东南亚国家为重点合作对象，在自然灾害监测预报、防震技术、医疗及疾病预防技术、生物多样性保护、通信基础设施等民生领域开展技术转移。重点以老挝、缅甸、柬埔寨为合作对象，建立海外科技示范园区，在现代农业、绿色能源、智慧城市、跨境电子商务、智慧旅游等领域开展技术应用示范、转移与产业化。结合跨境重大交通基础设施和新型基础设施建设，在越南设立锡材海外深加工基地，推进缅甸皎漂经济特区工业园数字园区、智慧园区建设及中老联合信息科技产业园建设，与南亚东南亚国家共建商务创新创业中心、信息科技产业园。

二是联合研发共性技术。发挥中国—东盟创新中心的平台作用，聚焦基础前沿，重点选择在生命科学、新材料、天文物理等学科领域，与南亚东南亚国家共同开展联合研究项目，创新科学研究投入机制、管理机制与组织模式，组织开展东南亚地区毒性药材分子资源和药物研究、生物多样性热点区域两栖动物多样性等联合调查及国际性学术活动。在澜沧江－湄公河区域合作机制下，围绕生物育种、生物多样性保护、跨境水资源科学调控与生态安全、生物质能源、高原特色现代农业、智能电网、新型基础设施建设等领域，与老挝、缅甸、柬埔寨等南亚东南亚国家共建国际联合实验室。结合中国（云南）自由贸易试验区建设，借鉴四川省的成功经验，建立仿制药研发公共平台，引进国外仿制药公司和技术人员，通过成果转化项目及科技金融等多种形式进行支持，整合仿制药产业链的优势科技资源，提供成果孵化转化、安全性评价、中试生产和药物临床试验等支撑与服务。深化与缅甸、老挝、柬埔寨、尼泊尔、孟加拉国等国在公共技术产品、行业技术标准、资源利用与生态保护等方面的科技合作，共建建筑和农产品质量安全检测、疫病防控等创新合作平台。

三是促进人文交流合作。继续办好中国（云南）国际人才交流会、中国－南亚技术转移与创新合作大会、中缅创新创业大赛等活动，积极争取国家级国际性会议在云南举办或设立分论坛，将南亚东南亚联盟青年科技人才国际论坛、生物科技与转化医学高峰论坛、国际技术转移论坛等合作交流机制常态化，围绕云南省重大工程实施组织高分子生物论坛等国际会议。实施智汇云南计划，充分利用中国（云南）自由贸易试验区制度优势，创新国际人才引进、使用和评价机制，吸引南亚东南亚国家青年科学家、企业家和青年技术人才来云南开展科学研究、创新创业和技术培训。积极推进国际杰青计划，鼓励高校、科研院所与“一带一路”沿线国家合作培养青年科技领军人才。继续派遣国际科技特派员（含法人特派员），重点赴缅甸、老挝、越南、菲律宾、斯里兰卡、巴基斯坦、尼泊尔、孟加拉国等南亚东南亚和环印度洋国家，在农业、新能源、信息技术等领域为云南省“走出去”提供技术支持和服务。持续组织发展中国家技术培训，建立发展中国家技术培训业务管理平台，实现培训流程电子化、标准化管理，建立管理流程数据库、师资力量数据库、学员信息数据库、项目效果追踪数据库。结合引智计划，引进南亚东南亚国家优秀人才及团队。支持高校、企业设立针对周边国家优秀人才赴滇学习的奖学金，来滇攻读硕士与博士学位。与周边国家联合开展科学考察与科学普及等，共同应对卫生医疗、疫病防控、跨境河流保护与治理、生物资源、地质灾害等区域公共安全挑战。加快培养一批既掌握国内外科技发展态势和政策，又熟悉国际科技创新合作规则的、具备国际视野的青年科技人才与科研管理人员队伍。

第二节　建设创新型云南

党的十八大明确提出实施创新驱动发展战略以后，党中央、国务院先后发布了《关于深化体制机制改革加快实施创新驱动发展战略的若干意见》和《国家创新驱动发展战略纲要》，确定了实施创新驱动发展战略的总体方案和路线图。党的十九届五中全会强调，坚持创新在我国现代化建设全局中的核心地位，对进入创新型国家前列的 2035 远景目标提出了明确的要求，在科技强国建设进程中具有重要意义。创新型云南建设起步早、成效显著。云南省是全国比较早推进创新型省份建设的省市之一，早在 2008 年，省委、省政府响应党中央、国务院提出的建设创新型国家重大战略决策，启动建设创新型云南行动计划，组织实施重大工程，为云南省转方式、调结构、兴产业、促发展、惠民生发挥了重要作用。

2013年，省委、省政府决定启动新一轮建设创新型云南行动计划，为云南经济社会发展提供了重要支撑，为云南在创新型国家建设中做更大贡献。2016年，云南省召开“科技创新大会”，印发《关于贯彻落实国家创新驱动发展战略的实施意见》，明确云南科技创新的三步走战略，持续开展创新型云南建设。牢牢把握科技创新发展的时代脉搏，加快推进创新型云南建设，是新时代云南科技人的历史使命和重大责任。

一、重点产业科技创新

新中国成立之初，云南科技事业一穷二白。经过70年的风雨征程、历久弥新，科技在经济发展、社会进步、民生改善、边疆稳定中发挥了重要作用，积累了一大批推动产业创新发展的科技成果资源。

（一）创新基础

多年来，围绕工业、农业、生物医药产业等重点产业领域，云南省组织持续攻关，取得了一系列科技重大突破，为全省产业经济高质量发展提供了基础支撑、注入了强大动力。

立足资源优势，推动支柱产业技术突破提升，烟草产业引入国际先进技术，加工能力和装备水平全国领先，推动卷烟工业迅速崛起；铜、铝、铅、锌、锡等金属采、选、冶水平全国一流，部分达到国际先进水平。多项水电站施工方法和技术填补了国内空白达到国际先进水平，推动云南省成为全国外送清洁能源第二大省，实现清洁能源交易占比居全国首位。立足特色优势，加速重点产业创新发展，为现代产业体系构建发挥了重要作用，疫苗技术的重大突破、特色中药材的深度开发利用，培育涌现出云南白药、沃森生物、昆药集团等在全国具有市场占有率和品牌价值的生物医药领域的知名企业。超薄铝箔研制成功，改变了依赖进口的局面，新材料产业发展迈出重要一步。研制的红外仪器产品达到国际先进水平，奠定了光电子产业发展基础。助力大型精密数控机床、机器人、大数据、互联网+等新兴产业发展壮大，研发了搬运机器人、水平机器人、智能轨道车、水下蛙人运载器、3D打印机、可穿戴设备等一批技术水平国内先进的新产品，促进新兴产业创新布局。

2012—2021年，云南省高新技术企业数量、工业总产值、营业收入和高新技术产品（服务）收入，分别从2012年的551户、1804.61亿元、2120.06亿元、1287.16亿元，增长到2021年的2055户、4236.75亿元、6152.26亿元、4878.15亿元，这四个指标的增长幅度分别为272.96%、134.77%、190.19%、278.99%。云南省高新技术企业实际上缴税费总额、净利润、科技经费投入、拥有有效专利及有效发明专利数，从2012年的98.77亿元、94.53亿元、65.23亿元、4774件、1601件，分别增长到2021年的228.86亿元、369.05亿元、235.73亿元、40029件、6233件，增长幅度分别达131.7%、290.4%、261.4%、738.5%、289.3%。①

统计数据显示，2021年，云南全省高新技术企业中，营业收入100亿元以上的有5户，10亿元～100亿元的有120户，1亿元～10亿元的有362户，产业规模和创新能力有力提升。

工业领域，云南省围绕新材料、绿色能源、数字经济、现代装备制造等重点产业，全面落实工业强省战略，推进关键核心技术攻关，推动全省工业高质量发展。实施“云南省稀贵金属材料基因工程”重大科技专项，基本建成国内首个稀贵金属材料专用高通量计算平台，实现一批稀贵金属先进技术、新材料研发及工程化应用，支撑新建或升级生产线15条，实现经济效益24.7亿元。研发铂族金属二次资源精确制取等新技术，建成全国最大的铂族金属再生利用基地。围绕“绿色铝谷”“光伏之都”，组织实施了一批先进绿色铝材、绿色硅材重大科技项目。水电领域高拱坝、高碾压混凝土坝技术居世界领先水平。“安全可控区块链基础平台”在茶叶、金融供应链、跨境贸易及数字烟叶等领域应用，技术居国内领先水平。堆垛机、AGV（自动导引车）等设备，取得欧洲市场通行证，技术居国际先进水平。支持开展汽车发动机新动力总成技术及产品研发，云内动力连续5年获得全国产销量冠军，成为云南省首家工业产值和营业收入双破百亿元的装备制造企业。

农业领域，云南高原特色现代农业自主创新能力显著增强，进入领跑、并

① 数据来源：《云南省科技统计公报》（2012年—2021年）。

跑、跟跑“三跑并存”新阶段，为云南省粮食连续增产、经济作物效益提升、山地牧业进入全国畜牧大省提供了有力支撑。全省获省部级以上农业科技成果奖153 项，审定主要农作物品种 773 个，培育国内首个高维 A 玉米品种，自主选育的“滇禾 615”获全国优质稻食味品质鉴评金奖。茶叶、咖啡、坚果等品种选育技术全国先进，花卉新品种数量和种类居全国第一位。培育出云岭牛、宣和猪、云上黑山羊等 8 个畜禽新品种（配套系）。楚粳 27 号、37 号入选国家两个超级稻品种，马铃薯品种“云薯 108”刷新西南地区马铃薯最高单产纪录。普洱茶功效及作用分子机理研究、作物多样性控制病虫害技术居国际领先水平。

生物医药领域，科技创新支撑云南生物医药产业发展成效显著。2021 年，全省生物医药产业营业收入 2800 亿元；云南生物医药制造业总产值从 2012 年的 219.02 亿元，增长到 2021 年的 641.56 亿元，年均增长率 12.7%；中药材原料种植（养殖）营业收入从 2012 年的 89.28 亿元，增长到 2021 年的 582.78 亿元，2021 年中药材种植面积 900 万亩，居全国第一位。2020 年，云南省疫苗批签发量 9465.51 万剂，居全国第一位，批签发货值居全国第二位。全球首个 Sabin 株脊髓灰质炎灭活疫苗、全球首个 EV71 型肠道病毒灭活疫苗、全球第二个 / 国产首个十三价肺炎球菌多糖结合疫苗相继获批上市；自主研发的新冠灭活疫苗成为国内第五个获批进入临床试验的新冠疫苗，获批国内紧急使用；合作研发的 mRNA 新冠疫苗成为国内第一个、全球第四个获得临床试验批件的新冠 mRNA 疫苗产品。三七中药材及种子种苗、天麻中药材等三个标准通过国际认证；痛舒胶囊、血塞通软胶囊获 FDA 批准开展Ⅱ期临床研究；“薇诺娜”等系列产品成为我国功能性护肤品行业领头羊。

（二）发展趋势

疫情全球蔓延以来，大部分传统行业受冲击较大，而智能制造、无人配送、在线消费、医疗健康等新业态则逆势发展，展现出巨大发展潜力，加之疫情正在倒逼产业转型升级，两股力量合流，预示疫情后战略性新兴产业将加速引领中国经济的转型升级，发展呈现五大新趋势。

1. 数字经济规模快速增长

在大数据、云计算、物联网、移动互联网、工业互联网等新一代信息技术推动下，数字经济蓬勃发展，成为引领创新和产业变革的先导力量，在促进经济转型升级，培育新市场和新增长点，实现包容性增长和可持续发展等方面的作用日益凸显。在数字经济时代，网络信息技术应用加快从虚拟经济向实体经济、从消费领域向生产领域延伸拓展，各领域数字化进程不断加快，使生产和生活方式发生深刻变化，为各国发展创造了新机遇。“十三五”时期，我国的数字经济发展一直走在世界各国前列，新技术、新产业、新业态、新模式层出不穷，数字经济规模从 2012 年的 11.2 万亿元增长到 2019 年的 35.8 万亿元，占 GDP 比重从 20.8% 增长到 36.2%，在国民经济中的地位不断提升。[①] 疫情常态化防控下，我国数字经济领域的新型基础设施建设步伐加快，信息技术应用将加快推动数字经济蓬勃发展，并与实体经济深度融合；社会治理体系数字化程度不断提升，给我国社会经济发展带来一场影响深远的质量变革、效率变革、动力变革。预计“十四五”时期，我国数字经济继续保持高速增长，规模占 GDP 比重有望达到 40% 以上。

2. 智能制造产业加速发展

当前，世界经济正处于新一轮科技革命和产业变革的关键期，智能制造以云计算、大数据、物联网、人工智能、区块链等为技术核心，在智能硬件、可穿戴设备、智能制造、智慧物流、无人驾驶等场景展开广泛应用。大力发展智能制造有助于赢得全球科技竞争主动权，实现科技跨越式发展。随着我国技术研发和应用加速，智能制造将推动产业智能化，改变生产方式，加速我国实体经济转型升级。“十三五”时期，我国智能制造产业发展迅速，企业数量、融资规模均居全球第二，智能芯片、智能软件、自动驾驶等领域的创新创业大量涌现，人工智能与实体经济加速融合，带动了一大批传统行业转型升级，智能化正在为我国新旧动能转换和国民经济高质量发展提供有力支撑。疫情常态化防控下，随着人工智能在智能汽车、智能家居、智能机器人、智能可穿戴设备等领域的应用不断拓

① 《2019 年我国数字经济规模达 35.8 万亿元》，载《中国电子报》，2020-12-29。

展，我国人工智能及高端装备制造产业有望保持年均 10% 以上的增长。

3. 绿色能源产业持续壮大

绿色发展、低碳发展是新时代发展新趋势、新要求，能源开发利用方式的革命性进展是产业变革和大国崛起的关键。随着化石能源的日渐枯竭和生态环境的不断恶化，现存能源结构受到挑战，谁能高效发展新能源，谁就能在未来竞争中掌握主动权。疫情常态化防控下，我国绿色低碳产业发展逻辑将实现从倒逼到引领的转变。发展绿色低碳产业不是受生态环境问题倒逼所致，而是引领时代变革的必然选择。展望未来，新技术的发展使得可再生能源利用成本不断下降，能源供给模式呈现从集中到分散的演变趋势，新能源汽车等新的用能载能装备大量兴起，资源循环利用、能源高效利用、污染零排放成为绿色产业体系的核心。

4. 生物产业与其他产业加速融合

生物经济主要以战略性新兴产业中的生物产业为主，通过与信息技术、新材料、新能源等产业加速融合，逐步演进成为一种新的综合经济形态。培育发展生物经济是顺应全球生物技术变革趋势、实现新旧动能转换的重要抓手。“十三五”时期，我国生物产业发展迅速，保持年均 12% 以上的增速。近年来我国已经形成一批具有较强国际竞争力的新型生物技术企业和产业集群，多个省市将生物经济作为重点发展领域，推动经济转型升级和高质量发展。疫情常态化防控下，各类颠覆性技术加速涌现，为生物经济的发展与变革创造了机遇，生物产业与互联网、高性能计算、人工智能和自动化技术交叉融合，驱动生物经济相关产业技术革新，带动生物医药、生物农业、生物制造、生物服务等产业快速发展。

5. 新兴产业集群加速形成

产业集群是产业现代化发展的主要形态，是提升区域经济竞争力的内在要求，也是现代化产业体系建设的主要内容。近年来，国家发改委、科技部纷纷出台支持产业集群发展的政策措施，山东、浙江、山西、广东、天津等省（市）也在推进实施战略性新兴产业集群行动计划。疫情蔓延以来，战略性新兴产业已经成为创新驱动发展的主引擎、转型升级的主抓手、高质量发展的主动力，而产业集群建设更是其中的头号工程。发展产业集群，就是在有比较优势的区域、产业链上下游实现集中布局发展，进而形成规模经济、范围经济、网络经济，打造产业竞争力。下一步国家将推进集群治理创新模式，引导地方围绕主导产业，聚焦细分优势领域，加强产业系统性，构建产业生态体系，加快向战略性新兴产业集群转型提升。

（三）思路与重点

紧扣重塑烟草、有色金属等支柱产业新优势，培育壮大新材料、生物医药、高端装备等新兴产业，加快“数字云南”建设等产业强省需求，梳理产业发展核心关键技术，编制技术需求清单，分批组织实施若干个重大科技专项。以“揭榜制”等方式，组织国内优势科技资源进行攻关，突破关键共性技术、先进基础工艺与设备、关键核心基础材料与零部件和战略创新产品，推动相关产业实现产值倍增，助推优势产业实现万亿级千亿级发展目标，推进产业基础高级化、产业链现代化，推动重点产业向规模化、高端化、绿色化方向发展。

绿色能源。按照“风光水火储一体化”多能互补布局要求，加强水电、风电、光伏、石化等能源开发，以及储能关键技术研究，推进绿色能源与绿色制造产业链深度融合和高端跃升，延伸能源产业链，加强智能电网技术研究，为打造世界一流“绿色能源牌”提供科技支撑。

先进制造。围绕先进装备制造、智能制造、新能源汽车及节能汽车等科技创新需求，开展关键技术攻关、集成研究、成果转化及产业化示范应用，推广流程智能制造、离散智能制造、网络化协同制造、远程诊断与运维等新型制造模式，建设网络化、柔性化、智能化、绿色化生产系统。

高原特色现代农业。以保障粮食安全和打造世界一流“绿色食品牌”为目标，全面支撑“一二三行动”计划，聚焦“一县一业”，抓住种子、电商“两端”，坚持设施化、有机化、数字化发展方向，在生物育种、绿色高效生产、农业生态安全和智慧农业等领域持续发力，攻克一批关键核心技术，集成应用一批先进实用成果，推动品种培优、品质提升、品牌打造和标准化生产，提高云南省粮食自给水平和自我平衡能力，为高原特色现代农业发展提供高水平科技供给。

现代食品与特色消费品。围绕标准化加工、智能化控制、健康型消费等重大产业需求，聚焦工程化和智能化加工、食品质量安全、保鲜物流等重点领域，开展精深加工、成品品质控制，以及营养靶向设计与健康食品精准制造等技术研究和装备开发。

生物医药。发挥云南省在中医药（民族医药）、生物技术药等方面的特色优势，围绕促进生物技术药物领先发展、加快现代中药转型发展、推动仿制药突破发展的目标任务，加快生物医药科技创新体系建设，大力推进云南省生物技术药、中药民族药及健康产品、化学药等领域关键核心技术攻关，推动新产品研发、上市品种二次开发及质量标准提升，推进生物医药产业高质量发展。

新材料。围绕有色金属、黑色金属、稀贵金属、化工材料，着力突破一批关键核心技术，开发一批具有自主知识产权的装备和产品，推进合金功能材料、电子浆料、电子信息材料、环保催化材料、稀贵金属新型功能材料、绿色铝材、绿色建材、医学生物材料等新材料产业迈向中高端。

新一代信息技术。围绕资源数字化、数字产业化、产业数字化、数字化治理发展主线，加快新一代信息技术集成创新和应用创新，支撑建设一批重点行业及社会治理大数据服务平台，推动 5G、云计算、大数据、人工智能、物联网等技术与实体经济、社会发展深度融合，为建设“数字云南”提供科技支撑。

现代服务业。围绕文化旅游、现代物流等产业转型升级重大科技需求，加强新技术应用创新和商业模式创新，形成一批行业技术解决方案，提升产品和服务质量。探索新模式新机制，推进公共科技服务平台建设，加快发展科技服务业。

二、科技创新平台建设

创新载体平台是国家科技创新的重要战略力量，是支撑服务经济社会的重要抓手，是服务科研和产业发展的重要载体。我国已构建起国家实验室体系、国家技术创新中心、国家科技资源共享服务平台等为主的平台体系，以高新技术产业开发区为主的创新载体，在提升我国国家综合竞争力的过程中发挥了重要作用。

（一）建设基础

近年来，云南省加强对省内科技创新平台的建设和管理，围绕政策完善、资金投入、平台布局及内部管理等方面，构建起了云南科技创新平台管理体系。从平台管理政策体系上看，围绕建设省重点实验室、众创空间、院士专家工作站、野外观测站、省工程研究中心、新型研发机构等创新平台，制定出台了系列政策性文件，有效推进了科技创新平台管理体系建设。但云南目前尚未出台科技创新平台统一管理的政策文件，对科技创新平台的统一建设和管理还需进一步加强。从科技创新平台建设经费投入看，2018—2020 年，全省科技创新平台建设科技经费投入分别为 37080 万元、30110 万元、34130 万元，重点实验室建设投入力度从 1800 万元上升为 5240 万元，星创天地建设投入力度从 240 万元上升为 990 万元。因落实国家科技创新基地优化整合、院士受聘工作站数量等方面的要求，院士专家工作站、工程技术研究中心建设经费投入降低，院士专家工作站建设经费投入从 24570 万元下降为 22050 万元，工程技术研究中心 2018 年经费投入为 2350 万元，2019 年经费投入 1500 万元，2020 年经费投入 1650 万元。

总体而言，云南省在科技创新平台的经费投入力度还需加强。从平台布局及内部管理方面看，省内现有科技创新平台主要集中于昆明、曲靖、楚雄、玉溪等“滇中地区”，“滇中”以外地区科技创新平台建设数量相对较少。同时，对平台内部管理主要是依据平台不同功能定位，划分于不同内设机构进行分散管理。从平台建设主体看，云南科技创新平台主要依托高校、科研院所建设，以单一建设为主，联合共建平台较少。省内平台跨区域、跨学科的深入合作较少，大型仪器设备、科技数据等科技资源共享力度还需进一步加强。

（二）发展趋势

国家及各省市不断创新平台载体管理方式方法，管理机制不断完善，在优化资源配置、激发人才活力、促进科技成果转移转化等方面的重要作用不断发挥。

1. 注重统筹规划，加强统一管理

2017 年，国家出台了《国家科技创新基地优化整合方案》，按照国家战略需求和不同类型科研基地功能定位，对基地进行分类梳理，通过撤、并、转等方式，对国家科技创新基地重新优化布局建设。同时进一步完善分类支持方式和稳定支持机制，建立与国家科技创新基地发展目标相一致的评估考核指标体系，加大动态调整力度。

浙江、江西、海南等省份也发布实施了科技创新平台统一建设和管理的政策措施。浙江省明确了科技创新平台的权利和义务，对科技创新平台的组织管理、经费管理、项目管理作出了统一规定。海南省把科技创新平台按照科学与工程研究、技术创新与成果转化、创新创业与科技资源支撑服务三类进行布局建设，根据平台功能定位，重整优化平台布局，完善管理运行机制，印发实施了《海南省科技创新创业平台管理办法》，加强对创新创业类平台的统一管理。江西省围绕提升国家级科技创新平台建设水平、优化省级科技创新平台布局、建立稳定的科技创新平台投入机制等方面，强化对科技创新平台的统一管理建立平台统一管理部门。上海、江苏、河北、广东、山西、辽宁等省的科技部门设置了专门的平台管理部门。平台统一管理部门主要负责统筹科技创新基地布局，编制重大科技基础设施建设规划。推动国家和省重点实验室建设，指导推进新型研发机构建设。组织推进重大科研基础设施、大型科研仪器、科学数据、生物资源等科技资源开放共享等工作。

2. 推动平台实体化运行

科技创新平台的实体化运行，对优化平台机构、推动人才积聚、提高人才创造积极性具有重要意义。重庆市渝北区积极探索法人化改革，推动基础条件较好的企业开展内设研发机构独立法人化运作，不断完善试点企业注册奖励、设备补贴、房租补贴、专项扶持等政策措施。围绕经费保障，鼓励新型研发机构按“514 标准”，提供运行经费，即母公司现年营业收入的 2% ~ 3% 转移支付给独立研发公司，占其年运行经费的 50%；独立研发公司争取国家级、市级、区级项目补贴，约占研究院运行经费来源的 10%；独立研发公司对外研发服务所获报酬，约占其运行经费来源的 40%。同时，对于新型高端研发机构，市、区设立专项资金，两级配套奖励共 2000 万元支持机构发展。围绕股权支持，针对部分独立新型研发机构属于法人行业研究院有限公司，允许科研人员持股分红和按高于同行业同地区水平 30% 制定薪酬：即政府给予不超过 1000 万元，占股不超过 20% 的入股支持；同时，在研究院公司达到建设目标后，政府持股的 50% 奖励给科研人员。

上海积极推进项目法人化改革。2018 年，上海浦东新区印发了《关于促进浦东新区产业创新中心发展的实施方案》，提出“项目法人化”和“1+X”协同创新网络的总体思路，赋予产业创新中心建立新型运行管理机制，在治理结构、管办分离、绩效考评及分配激励等方面先行先试。随即，上海成立了首个以项目法人化模式运作的成果转化机构——浦东产业创新中心，中心以市场化遴选机制，从广大高校、科研院所、民间创新中，发现有潜力的项目，同时帮助这些项目的研发团队组建项目法人公司，充分运用市场化手段，促进科技成果转化。

3. 拓展科技创新平台功能

上海在推动科技创新平台方面先行先试，印发实施了《上海市研发与转化功能型平台管理办法》，分两轮周期对功能型平台进行建设，对平台实行合同式管理。强化监督管理，要求平台定期报送建设相关情况。加强财政资金支持，由市、区两级政府安排功能型平台建设资金和运行资金。已建平台按照专项资金管理办法进行管理，新建平台的市级财政支持以运行经费为主。运行资金按合同约定进行稳定资助和自主使用，并实行“负面清单”管理，同时建立财政投入“退坡”机制。原则上从第二个支持周期起，财政资助资金占总收入资金的比例逐渐递减，具体依照评估与运行绩效情况，由合同约定。提供在产学研合作、人才发展、科研平台、科研设施、科技成果转化、投融资以及用地、落户、住房、子女按政策就学等方面的综合性支撑保障。加强考核评估，按照“一台一策”原则，根据合同约定预期指标的完成情况，确定功能型平台评估等级，按评估等级拨付运行资金。

4. 加强平台资源开放共享

近年来，浙江、上海在推动科技创新平台科研设施与仪器开放共享方面积极探索创新举措，有力推动了科研设施与仪器开放共享，促进了科技资源的合理优化利用。一是注重发挥创新券在促进科研设施和仪器开放共享中的作用，引导企业利用创新券共享使用科研设施和仪器。二是推动区域省市共同建立大型科学仪器设施共享协同机制，在购置建设评议、服务规则制定、服务信息互通、开放共享评价等方面加强协作，促进区域内大型科学仪器设施开放共享。三是对科研单位科研设施与仪器开放共享情况进行评价考核。对考核结果优秀和良好的单位予以表扬，在新购科研设施和仪器、申报科技计划（专项、基金）项目等方面予以优先支持，并给予后补助经费奖励。对考核结果较差的单位进行通报批评，要求限期整改，整改不到位的，核减相应仪器设备购置经费。同时，对在共享服务中做出突出贡献的人员进行表彰和奖励。

此外，浙江探索应用物联网技术辅助实施动态监管，建立完善新购科研设施和仪器的查重和联合评议制度。上海要求申请购置型仪器设备的单位就大型科学仪器设施共享做出承诺。广东鼓励企业研发机构依托政府搭建的科技服务平台，通过“政府购买”或“服务委托”等方式对外开放，服务中小企业。

（二）思路与重点

创新平台是云南区域特色创新体系建设的重要组成部分。加强科技创新平台建设，是实施创新驱动发展战略的重要基础和保障，是提高区域综合竞争力的关键。

1. 完善实验室体系

高标准筹建国家实验室。依托中科院昆明植物所、中科院昆明动物所、云南大学、西南林业大学、云南农业大学等单位，筹备建设生物多样性与生态安全国家实验室，填补国际、国内在该领域的空白，引领世界生物多样性与生态安全创新发展。到 2025 年，力争完成先期论证立项和规划方案设计。到 2050 年，建成国际一流、国内第一的生物多样性与生态安全国家实验室，在产业革命和科技革命中做出先导性贡献。

高水平建设云南实验室。以建设国家科技创新基地“预备队”为目标，政府引导企业主体，建设若干云南实验室，争取建设国家实验室云南基地，围绕稀贵金属、生物制造、现代种业、绿色能源、新一代信息技术五大方向开展研究，加快取得一批原创性、标志性、引领性成果，为云南省支撑重点产业迈向中高端提供坚实保障。实行实验室主任负责制和首席科学家制度，选择最优秀团队和科学家按新机制整合组建，建立长期稳定的投入保证机制，赋予研究方向选择、科研立项、技术路线调整、人才引进培养、科研成果处置和经费使用等方面的自主权。提升国家云南实验室创新能力，推动建立开放、流动、竞争、协同的用人机制，造就一大批具有国际水平的战略科技人才、科技领军人才、青年科技人才。

优化提升国家重点实验室。紧密结合国家重点实验室优化重组方向布局，实现现有国家重点实验室的结构优化、领域优化和学科优化，促进更多优势学科领域实现领跑并跑。重点扶持与分类培育相结合，在智能制造、绿色制造、新材料、新一代信息、生命健康等新兴领域建设1～2个国家重点实验室，力争在“十四五”期间实现国家重点实验室质量、数量的双提升。提升国家重点实验室基础设施和装备水平，扩大国家重点实验室开放力度，鼓励实验室创办国际知名期刊，支持和推荐更多人员到有影响力的国际科技组织和国际重要期刊应聘任职。推动有条件的实验室共建“一带一路”联合实验室。

推进云南省重点实验室“提质培优”。按照“重组一批、提升一批、新建一批”思路，建立动态调整机制，稳步提升云南省重点实验室整体质量。优化重组研究方向近似、关联度较大和资源相对集中的实验室，鼓励和支持高等院校、科研院所、企业内部调整和整合实验室，淘汰不能适应社会经济发展、不能达到建设目标设定要求的重点实验室。围绕生物医药、现代信息技术、智能制造、新材料、新能源、融媒体等领域及新兴、交叉学科领域，建设30个以上云南省重点实验室。创新实验室组建方式，启动省级企业重点实验室建设工作，在全省范围内联合试点建设一批省州（市）共建重点实验室。加强实验室间交流协作，形成实验室联盟，打造协同创新共同体。

2. 打造产业技术创新平台体系

积极创建国家技术创新中心。整合云南省技术创新中心，采取“中心＋若干专业化创新研发机构”的模式，积极创建大协作、网络化的国家技术创新中心，加强产业核心关键技术和共性技术的攻关。形成稳定的全职全时核心技术团队、专业化的技术支撑服务团队以及成果转化应用团队。建立成果共享机制，形成行业技术标准、产业专利联盟，构建专利池，降低研发成本，培育一批具有国际影响力的行业领军企业。

布局建设云南省技术创新中心。按照“政府引导、企业牵头、多方参与、独立运作”的原则，在政府财政资金引导下，由企业联合重点高等院校、科研院所、新型研发机构，围绕重点优势领域组建一批云南省技术创新中心，争取建设国家技术创新中心，支持符合有关定位和条件的工程技术研究中心转建技术创新中心。组织实施相关领域前沿技术和关键共性技术产学研协同攻关，积极承担相关领域国家和省重大科技创新任务，开展市场化技术创新服务，建设专业化的技术转移机构，提供技术开发、技术转让、技术咨询、技术服务及专业化科技服。

优化整合云南省工程研究中心。以服务云南重大战略发展和重点工程实施为目标，组织具有较强研究开发和综合实力的企业、科研单位、高等院校等建设60个云南省工程研究中心，优化整合现有工程研究中心和工程实验室，推动国家工程研究中心在云南省落地。开展重点工程建设关键技术攻关、实验研究、重大科技成果的工程化和系统集成，推动技术转移和扩散，研究产业技术标准，为企业应用先进技术、制定采用国际及国家标准、推动国内外技术转移扩散等提供支撑，全面打造面向国际、特别是面向南亚东南亚产业技术创新高地。

打造云南省制造业创新中心。面向制造业创新发展的重大需求，组织若干个产业链上下游骨干企业、科研院所和高校组建10个云南省制造业创新中心，形成以省级制造业创新中心为核心和支撑的多层次、网络化制造业创新体系。整合制造业创新资源和要素，形成产学研用协同创新机制，加强产业共性关键技术研发，促进科技成果转移扩散和商业化应用，提供制造业创新公共服务，加强关键核心技术和基础共性技术知识产权战略储备，主导和参与标准制定，形成较为完善的制造业人才培养体系。

加快建设云南省临床医学研究中心。根据云南省疾病防治需求，在主要疾病领域、地方病领域和具有优势特色的临床专科，建设20个云南省临床医学研究中心，争取争取国家临床医学研究中心落地云南，支持建设国家临床医学研究中心云南分中心，搭建疾病研究协同创新网络。组织开展防、诊、治新技术、新方法的研究和应用，搭建健康医疗大数据、样本资源库等临床研究公共服务平台，开展疾病诊疗指南（规范）制 / 修订工作、成果转移转化及推广应用。

3. 建设科技服务平台体系

建设重大科技基础设施。推进模式动物表型与遗传研究大科学设施建设，为医药研发、动物育种提供理论和技术支撑；建设景东120米全可动脉冲星射电望远镜，构建我国自主脉冲星时间体系核心装置；建设2米环形太阳望远镜，磁场测量精度达到国际4米太阳望远镜标准；建设云南省超算中心，支撑新材料、生物医药、数字经济等重点产业数字化转型和创新发展。

建设科技资源库。推进中国西南野生生物种质资源库二期、高黎贡山国家公园、中国国家植物博物馆、哀牢山－无量山国家公园、云南曲靖鱼化石国家地质公园、滇西北野生植物种质资源基因库、云南农作物种质资源库、木本油料种质资源库、畜禽遗传资源库、世界烟草品种园、中国科学院（丽江）科教数字中心、云南省生物资源数字化集成中心和稀贵金属材料参数库等建设。

建设野外科学观测研究站。依托科研院所、高等学校择优遴选建设一批野外科学观测研究站；提升台站观测能力，推进联网研究。

建设基础数学中心。由云南大学牵头，联合云南财经大学、云南师范大学、昆明理工大学等单位，建设云南省应用数学中心，围绕数学科学重大国际前沿问题和学科发展方向开展创新性研究，鼓励探索新思想、新理论和新方法，稳定支持一批高水平科研人员潜心探索，争取重大原创性突破，不断提升云南应用数学和数学的应用研究水平。

推动大学科技园“双提升”。着力打造一批学科特色鲜明、技术优势明显、创新要素集聚、服务功能完善的大学科技园，强化品牌效应和引领作用。按照国家级、省级两个梯次，布局建设大学科技园体系，实现质量、数量“双提升”，推动形成支撑云南现代产业体系建设的特色学科群。提升两个国家大学科技园发展能级，聚焦细分产业领域建设技术创新中心、制造业中心和加速器，打造高校科技成果转化“首站”和区域创新创业“核心孵化园”，孵化一批技术驱动型企业。推动高校与所在州（市）合作共建大学科技园，建设校企联合实验室、协同创新中心、共性技术创新平台等新型研发机构，积极争创国家大学科技园。

三、创新主体能力提升

创新主体是指在创新活动中扮演关键角色的个人、组织或者团体。创新主体可以是企业、科研机构、大学、个人创客、社会组织等具有一定的能力和资源去实现创新的主体。创新主体在社会进步中扮演着重要的角色，其作用不仅体现在经济发展上，还包括科技进步、文化发展、社会治理等多个方面。

（一）发展基础

习近平总书记到云南考察时指出：“云南科教资源丰富，既有像昆明理工大学这样的全国著名高校，也有像中科院昆明分院这样的高水平科研机构，省属科研院所也不少。”云南省从 1949 年仅有 4 个科研机构，发展到今天由 83 所高校、220 所科研院所、800 多个科技创新平台和上万个科技型企业组成的创新体系，为推动社会经济发展作出了积极贡献。

西南联大时期，一大批科学家在数学、地质学、气象学、植物学、动物科学、农学等方面取得了举世瞩目的成就，留下了宝贵的精神财富。中华人民共和国成立后，云南省在这些领域不断取得新突破，在国内外产生了重要影响。20 世纪 50 年代云南数学工作者对代数群论的研究就处于国际领先地位。黄润乾院士在天文领域的研究成果在国际上广泛应用。澄江动物化石群的发现被誉为“20 世纪最惊人的科学发现之一”。《中国植物地理》等科学著作为中国自然区划、农业区划等提供了科学理论依据。云南省诞生的首只基因靶向修饰猴入选《科学评论》2014 年世界十大科技进展。植物资源、动物基因与非人灵长类等研究达国际先进水平，克隆猪研究领域创造了多个世界第一。截至 2023 年 7 月，全省 5 所高校的 24 个学科进入 ESI 排名前 1%，1 所高校进入首批“双一流”建设行列，9 所高校具有博士学位授予权，获一级学科博士学位授权点 60 个、专业博士学位授权点 3 个，146 个专业被认定为国家级一流专业建设点，学科建设体系不断完善。

高校和科研院所是研发活动的生力军，专利授权量从 1986 年的 35 件增长到 2020 年的 6438 件，“十三五”期间高校牵头获得国家科学技术奖励 5 项、省科学技术奖 287 项，科技成果转化签约合同数较“十二五”增加了 86.67%，实现了科技成果量的增长和质的飞跃，推动了重点产业创新发展。蔡希陶引进“大金元”并成功培育“云烟一号”，开启了烟草产业发展之路。材料冶金应用基础研究达到国际先进水平，推动了贵金属产业崛起。水电施工技术世界一流，助推云南省成为清洁能源大省。疫苗、特色中药材领域产出重要成果，培育出云南白药、沃森生物、昆药集团等在全国具有较高市场占有率和品牌价值的知名企业。热成像技术、红外仪器生产技术取得重大突破，奠定了光电子产业发展基础。超薄铝箔研制成功，改变了依赖进口的局面，新材料产业发展迈出重要一步。

高新技术企业是创新的主力军。云南省高新技术企业实际上缴税费总额、净利润、科技经费投入、拥有有效专利及有效发明专利数，从2012年的98.77亿元、94.53亿元、65.23亿元、4774件、1601件，分别增长到2021年的228.86亿元、369.05亿元、235.73亿元、40029件、6233件，增长幅度分别达131.7%、290.4%、261.4%、738.5%、289.3%。2021年，全省高新技术企业中，营业收入100亿元以上的有5户，10亿元～100亿元的有120户，1亿元～10亿元的有362户，产业规模和创新能力有力提升。至2022年7月，全省科技型中小企业达10462户，构建了“省级科技型中小企业—国家评价科技型中小企业—国家高新技术企业”的梯队引培体系。推进双创平台建设，现有国家级及省级众创空间156家，实现了对全省16个州（市）的全覆盖；有国家级及省级科技企业孵化器48家，成功举办7届云南省创新创业大赛。

（二）短板弱项

特色学科资源潜力挖掘不够。“双一流”建设与国际一流水平相比还有明显差距，一流大学建设驱动力不足，学科专业布局、科研能力与产业发展适应性不强，学位授权结构对紧缺人才的支撑不够，科研与应用脱节的现象仍然明显。对生命科学、材料科学等学科潜力的挖掘不够充分，学科资源特色文章没有做足，“长板”效应放大不够，引领新兴产业发展、助推换道超车的标志性创新成果储备不足。云南省创新技术设施综合指标排名全国第六，但综合效用值仅为40.39，重大创新平台资源利用率不高。科教资源融合不够，教育界和科技界缺乏开放、流动、高效的协同创新机制。

高校院所面向经济主战场服务还不够。企业和市场出题、高校和院所答题的产学研合作机制不健全，“十三五”期间高校和科研院所R&D经费源于企业的资金占比分别为12.31%和4.28%，大部分源于政府资金，校企、院企之间缺乏以技术为纽带的利益共享和风险共担合作机制。高校院所“重研发、轻转化，重基础、轻应用”的问题长期存在，“十三五”期间专利申请量达36976件，但具有转化价值的成果不多，更缺乏支撑产业转型升级、助推产业发展的重大成果。

一些成果应考核评价而生，转化机制存在障碍，部分科研人员宁愿将专利成果“束之高阁”也不愿拿来转化。以2019年为例，仅有43.30%高校院所开展成果转化活动，全年签订技术转让合同数和成果转化收入金额仅为四川同期的9.5%和1.5%。[①]

企业创新主体地位还不够突出。全省规模以上工业企业中，有研发活动的占27.45%，比全国平均水平低10.85个百分点；设立研发机构的占9.59%，比全国平均水平低13.97个百分点；研发经费占营业收入的比重为1%，仅为全国平均水平的75.19%；有效发明专利拥有量仅为全国平均水平的20.19%；新产品开发经费支出和销售收入仅为全国平均水平的18.81%和12.64%。国有企业创新不活跃，研发经费投入强度低于全省企业水平，新产品销售收入占主营业务收入的比重不到5%。高新技术企业数量近两年尽管增长较快，但总量仅为四川的17.63%、重庆的40.45%、广西的67.9%。

（三）思路与重点

提升企业技术创新能力，加快一流大学和高水平科研院所建设，大力发展新型研发机构，加速形成以企业为主体，高等学校、科研院所等各类创新主体协同联动，产学研深度融合的创新格局。

一是推动企业创新能力跃升。提升企业自主创新能力为核心，引导创新要素向企业集聚为重点，按照“突出引导、扩面提质、内培外引、重点推进”的原则围绕云南省重点产业，培育引进一批优势特色明显、带动性大、竞争优势明显的创新型企业。以壮大企业创新主体，提升企业创新能力为目标，加速创新要素向企业集聚，推动形成大中小企业融通创新的产业集群。提升规上工业企业创新能力。支持规上工业企业开展关键核心技术攻关，建设高水平研究机构、基地（平台）和创新团队，联合行业上下游企业和高校院所组建创新联合体，实施重大科技项目和科技成果产业化。推动建立政府—企业创新联合基金。实施高新技术企业“三倍增”行动计划。健全高新技术企业“小升高”“高变强”“强上市”三级

① 孙向前、路娜：《云南省高校院所科技成果转化现状、问题与建议》，2022 02 25。

培育体系，建立入库科技企业精准培育机制，探索省州（市）一体化培育，加大“专精特新”高新技术企业引培力度。加快科技型中小企业孵化。开展以企业创新能力为核心指标的科技型中小企业融资评价体系试点，支持大企业开放科技设施平台、数据、技术验证环境等创新资源和应用场景。引导各类创新平台和新型研发机构等强化产业孵化功能。

二是加快推进高水平高校建设。发展高水平研究型大学，以基础研究人才培养为重点，加快云南省高等学校现代大学制度建设，引导大学加强主干基础学科、优势特色学科、新兴交叉学科建设，组建跨学科、综合交叉的学科团队，提升高等学校人才培养、学科建设、科技研发三位一体创新水平，增强高等学校原始创新能力和服务经济社会发展能力。加快推进云南大学“双一流”建设，积极支持昆明理工大学等高等学校进入“双一流”建设行列，培育一批具有影响力的一流学科。支持新型研究型大学建设。优化高等学校创新平台布局，提高承担重大科技任务的组织化程度和集成攻关能力。加强高水平应用型大学建设，深化产教融合，推进校企合作，加快培养各类专业紧缺人才。

三是提升科研院所研发能力。围绕国家和云南省重大发展战略，优化布局，整合资源，强化章程制定和绩效评价，建设综合性、高水平、国际化的一流科研院所。建立健全具有前瞻性、战略性和基础性的现代科研院所体系，增强其在基础前沿和行业关键共性技术研发中的骨干引领作用，形成一批高水平教学科研实验平台。充分发挥转制院所作用，推进服务型共性技术平台建设。建立与科研机构使命定位相适应的支持方式，健全定向委托科研机构承担重大科技任务的机制。推动建立中央驻滇科研院所与省内高等学校、科研院所、医院、企业联合实施科技成果本地转化的长效机制。

四是大力发展新型研发机构。鼓励建立投资主体多元化、管理制度现代化、运行机制市场化、用人机制灵活的独立法人新型研发机构，支持其融合开展基础研究、应用基础研究，产业关键共性技术研发、科技成果转移转化、企业孵化，以及公共研发服务等。提升北航云南创新研究院等一批新型研发机构的创新服务水平。建立新型研发机构培育库、孵化器，引进培育一批国内领先、特色鲜明的新型研发机构。对于高水平新型研发机构，在政府项目申报、职称评审、人才培引、研发后补助、科研仪器设备共享等方面给予优惠政策。支持新型研发机构在科研模式、评价体系、人才引进、职称评定、内控制度等方面开展制度创新，先行先试。

第三节　建设绿色创新强省

习近平总书记在《生物多样性公约》第十五次缔约方大会领导人峰会上指出，“要加快形成绿色发展方式”“以绿色转型为驱动，助力全球可持续发展”，为高质量发展新征程指明了方向和路径。立足新发展阶段、贯彻新发展理念、融入新发展格局，云南省要与全国同步基本实现社会主义现代化，形势逼人、挑战逼人、使命逼人。迫切需要采取超常规的发展思路，选择一条创新驱动绿色发展的新路子，努力建设绿色创新强省，争做绿色创新发展践行者和贡献者，肩负高质量跨越式发展重任，谱写新时代云南绿色崛起的篇章。

一、绿色创新方向

纵观全球可持续发展大势，绿色与创新日益成为高质量发展的新标签、经济社会发展的新动能、时代前进的新要求，我们要思想破冰，在绿色创新发展道路上保持战略定力。

（一）立足新时代历史方位

云南省欠发达的基本省情仍然没有变，“边疆、民族、山区、美丽”的省情特点和新内涵决定了云南省在全国发展大局中的使命和担当。习近平总书记考察云南时指出，“像云南这样发展滞后矛盾比较突出的地区，在保证发展质量和效益的前提下，速度上可以也可能适当快一些”。到 2035 年与全国同步基本实现社会主义现代化的目标，云南省需确保中高速发展，人均 GDP 年均增长 8%，要比全国平均高 3—4 个百分点。这既是光荣使命，也是艰巨任务。党的十八大以来，云南省深入学习贯彻习近平总书记考察云南重要讲话精神和习近平生态文明思想，立足“努力成为全国生态文明建设排头兵”战略定位，开启绿美云南建设。

近年来，云南省委、省政府先后印发《关于努力成为生态文明建设排头兵的实施意见》《关于努力将云南建设成为中国最美丽省份的指导意见》《云南省全面深化生态文明体制改革总体实施方案》《关于贯彻落实生态文明体制改革总体方案的实施意见》等，基本构建了云南省生态文明建设制度体系的“四梁八柱”。先后修订《云南省泸沽湖保护条例》《云南省阳宗海保护条例》，实现九大高原湖泊保护治理“一湖一条例”；先后出台《云南省国家公园管理条例》《自然保护区管理规范》等。

2020 年 7 月 1 日，《云南省创建生态文明建设排头兵促进条例》正式施行，实现以立法的形式统筹、规范、约束生态文明建设活动和管理行为。2021 年 8 月 12 日，《云南省创建生态文明建设排头兵促进条例实施细则》印发，为云南省努力成为生态文明建设排头兵提供有力支撑和保障。

在生态环境保护上“算大账、算长远账、算整体账、算综合账”，与绿色同行、与自然共赢，成为各地发展的路径和选择。牢固树立“绿水青山就是金山银山”理念，云南省充分利用生物资源禀赋，开展“两山理论”实践创新，把打造“绿色能源、绿色食品、健康生活目的地”作为云南加快绿色发展的突破口。加强森林、湿地、草地和生物物种资源可持续利用，着力培育云花、云药、云茶、云果、云菌等生物优势产业，高原特色农业、生态旅游，生物医药、生物育种等产业不断发展壮大，有力促进了云南绿色发展。协同推进生物多样性保护与减贫和乡村振兴，努力把生物资源优势转化为经济发展优势，努力将高原特色农业和生态旅游打造成为云南绿色发展的亮丽名片。

（二）对标高质量发展要求

实现经济增长与环境保护之间的平衡，无异于解开一道复杂的“方程式”。生态环境监管只有“长出牙齿”，动真碰硬，才能化解顽疾。从长远来看，加强生态文明建设必须依靠长效机制和制度的构建，必须加快生态文明体制改革的步伐。争当全国生态文明建设排头兵，全省上下一盘棋，强化体制机制创新，完善顶层设计，加强政策保障，为绿色高质量发展奠定坚实基础。

云南省发展方式仍然粗放，制造业产业层次偏低、农业现代化水平不高、战略性新兴产业发展滞后，跳过中低端，直接进入高端行列，培育新动能、创造新优势，需要回答好以绿色转型为驱动的时代发展命题，选择发展路径要有“赶超”胆识和“赶超”战略，要从“要素驱动”转向“创新驱动”，摒弃高消耗、高污染、低效益的粗放型发展“老路”，更加注重生态保护，更加注重绿色发展，更加注重依靠创新驱动的内涵型增长，加快构建绿色低碳循环发展经济体系，走一条创新成为第一动力、绿色成为普遍形态的发展“新路”。

我国积极推进生态文明建设，碳达峰碳中和被纳入生态文明建设整体布局，开启了一场广泛而深刻的经济社会系统性变革。以习近平同志为核心的党中央坚持新发展理念，在经济发展中促进绿色转型、在绿色转型中实现更大发展。“十四五”开局之年，绿色正在成为高质量发展的鲜明底色。绿色低碳循环发展经济体系正在构建。全国碳排放权交易市场上线交易，用市场机制控制和减少温室气体排放；国家绿色技术交易中心成立，鼓励科技创新，引导各地积极绿色转型。通过国家低碳试点城市建设，打造城市碳排放核算与管理云平台，提升城市低碳管理水平。

云南走高质量发展之路，必须以绿色为底色，加强绿色技术创新。围绕长江经济带生态环境保护和建设中国最美丽省份的科技需求，强化绿色技术创新和推广应用。加强九大高原湖泊治理，以长江中上游地区为重点的六大水系保护修复、水源地保护、农业农村污染治理、生态保护修复、固体废弃物污染治理等技术研发。积极创建国家绿色技术创新综合示范区，以“科学 + 技术 + 工程”的组织实施模式，组织优势创新力量，实施重点领域绿色技术研发重大项目和工程。高质量创建国家可持续发展议程创新示范区和国家级、省级可持续发展实验区，加快绿色技术成果转移转化示范。

（三）融入绿色创新发展大潮

绿色发展是构建现代化经济体系的必然要求，创新驱动是建设现代化经济体系的战略支撑。我国经济由高速增长阶段转向高质量发展迈进，经济发展迎来了一个全新时代。云南也正经历着前所未有的蜕变。新经济大潮下产业迅速转型升级，新产业、新业态、新模式如雨后春笋般出现。经济高质量发展的同时，绿色发展的理念散落在城市各个角落。生态建设与产业深度融合，为云南交上了生态经济的精彩答卷。

全省已建设各级各类自然保护地 362 个，积极创建亚洲象、香格里拉、高黎贡山等国家公园，建设全国唯一、亚洲第一、世界第二的野生生物种子库——中国西南野生生物种质资源库，以就地保护为主、迁地保护和离体保存为辅的保护体系日趋完善，全省 90% 的典型生态系统和 80% 的重点保护野生动植物物种得到有效保护。

2012—2021 年，云南森林面积从 2.84 亿亩增长到 3.03 亿亩；森林蓄积量由 16.93 亿立方米增长到 20.96 亿立方米，均居全国前列；草原综合植被盖度达 79.1%；湿地保护率达 57.77%，林草生态持续向好。截至目前，全省划定生态保护红线面积 11.84 万平方公里，占国土面积的 30.90%，其中，生物多样性重要区域占红线面积的 55.2%，全省生物多样性保护重要区域均划入生态保护红线，构建了云南“三屏两带多点”的生物生态安全格局，系统保护了山水林田湖草沙生命共同体，生物多样性宝库更加稳固。

要胸怀国之大者，放眼全球发展大势、着眼全国发展大局，坚持创新在现代化建设全局中的核心地位，坚定不移走“生态优先、绿色发展”之路，践行“绿水青山就是金山银山”的理念，把绿色发展立为创新驱动的主要目标，将创新驱动和经济转型升级作为实现绿色发展的重要手段，下好绿色创新发展“先手棋”，让“绿色”成为高质量发展的底色和名片，让“创新”成为生产、生态、生活的重要支撑和引领，推动云南实现有质量和有效益的发展，努力建成全国绿色创新强省。

（四）瞄准绿色创新强省目标

云南是生物资源大省，生物资源产业是云南省经济结构调整中重点培植的新的经济增长点。绿色经济是云南经济发展的必然取向。可按照“两步走”的战略路径建设绿色创新强省。第一步，绿色创新强省建设进入快车道。争取用 10 年左右的时间，经济总量跻身全国中游，西部地区第二；绿色发展指数[1]跃升全国前 10，生态文明指数[2]排名西部地区前列；综合科技创新水平指数提升 8 ～ 10 位，能源利用结构进一步优化，率先在全国实现碳达峰目标。第二步，建成绿色创新强省。争取再用 5 年左右的时间，经济总量进入全国中上游，西部地区第一；绿色发展指数再提升 2 ～ 3 位，生态文明指数排名西部地区第一，综合科技创新水平指数进入全国中等偏上水平，能源结构深度优化，与全国同步基本实现社会主义现代化。面向 2060 年，率先在全国实现碳中和目标。

高质量的绿色资源和创新要素供给是保障绿色建设绿色经济强省的关键是生物资源的产业化开发，核心是加快生物资源开发创新。谋划生物经济战略，引领绿色可持续发展，顺应全球生物技术革命潮流，发挥生物多样性资源丰富、生物产业初具规模、生物科技创新基础好的优势，做大生物产业，培育生物经济。

一是加强前沿技术攻关。聚焦合成生物学、微生物组学、基因编辑技术、分子靶向医药研发、干细胞与再生医学等前沿领域，开展前沿交叉学科研究，突破原创性、颠覆性和前沿关键技术。

二是发展生物医药产业。加快高通量基因测序、细胞规模化培养、缓控释与靶向释药、智能制造等技术研发应用，支撑产业高端化发展；优先发展新型抗体、生物疫苗、基因治疗、细胞治疗等生物制品制剂，加快发展中药新药、中药提取物、中药配方颗粒等现代中药，积极发展仿制药、化学药，推动重大疾病防治药物创新与应用；开发新型医疗器械，构建移动医疗、远程医疗等诊疗新模式，促进智慧医疗产业发展。

三是发展生物农业。创制生物农业新品种，开发动植物营养和绿色植保新产品，构建高原特色现代农业创新体系。

四是培育生物制造业。加快发展微生物基因组工程、酶分子机器、细胞工厂

① 绿色发展指数，出自《中国绿色发展指数报告》，该指数由经济增长绿化度、资源环境承载潜力、政府政策支持度 3 个一级指标、9 个二级指标、62 个三级指标构成。2019 年，云南省绿色发展指数排名全国第 17 位。李晓西、潘建成:《中国绿色发展指数的编制内容简述》，载《经济研究参考》，2011（02），36-46 页。

② 生态文明指数，出自《中国生态文明发展水平评估报告》。

等新技术，推进生物制造技术向化工、材料、能源等领域渗透应用。

五是加强战略生物资源保护与可持续利用，支撑服务生物经济发展。

二、绿色要素供给

（一）抓牢绿色资源优势

借助中国昆明举办《生物多样性公约》第十五次缔约方大会的影响力，充分挖掘云南省生物资源，从生命科学、生物技术到生物产业进行全产业链和创新链布局，建设立足云南、面向全国、辐射南亚东南亚的现代生物产业创新基地，促进产业结构向绿色健康转型，推动云南省由生物资源大省向生物产业强省转变。主动适应国际国内能源格局变化和未来新能源发展趋势，充分发挥云南省绿色能源资源优势，统筹“风光水火储一体化”多能互补布局，推进绿色能源与绿色制造产业链深度融合，大力发展清洁载能产业，提升新能源与可再生能源利用比例，促进能源结构向绿色低碳转型，更好把云南省绿色能源优势转化为绿色经济优势，引领生态文明建设。

（二）抓实绿色创新政策

聚焦绿色创新体制机制改革，构建引导、激励和保障绿色创新的政策体系。强化财税政策和科技政策对绿色技术研发与成果推广应用的支持，完善对绿色创新项目担保机制。通过产业政策、价格政策鼓励绿色生产和产业绿色转型升级，激励和调动消费者的绿色消费意愿和行为，培育绿色生活方式。鼓励金融机构在节能建筑、温室气体减排、可再生能源开发等领域推出绿色信贷、绿色债券、绿色保险等金融创新产品。设立“绿色资金风险池”，建立绿色产业创新基金，支持高碳企业低碳技术改造项目。探索制定绿色项目标准和规范，发展基于碳排放权、排污权、节能量（用能权）等各类环境权益的融资工具。

（三）抓好创新平台布局

在稀贵金属新材料、生物医药、生物种业等领域打造一批引领绿色创新发展的云南实验室。自上而下、多领域布局建设一批能够增强绿色产业创新能力和实现绿色价值引领的研发与转化功能性平台以及综合性产业技术创新平台。跨领域、跨行业、跨地区产学研合作共建一批绿色创新中心，支持开展绿色技术研发、绿色产品和服务设计、绿色物流和绿色营销等。

（四）抓紧战略人才引育

改善人才发展环境、激发人才创造活力，建立战略人才储备制度，大力培养造就一大批具有全球视野和国际水平、服务国家扎根云南的战略人才，形成推动绿色创新发展的中坚力量。有针对性的发现一批能够把握世界科技发展趋势、敏锐洞察和思考前沿性问题、在局部领域抢占科技前沿制高点，具备战略规划指导能力、具有政府决策咨询影响力的战略科技人才。有意识地培养更多具有谋划未来高质量发展潜质、能够以独特视角看到潜在市场机会，可以通过大量创新活动产生新技术、新创意、新模式的高水平创新型企业家。

三、绿色科技创新

发展绿色低碳循环经济和培育绿色创新发展新动能离不开先进科学技术的支撑，我们要自立自强，加快绿色科学研究、技术研发与转化应用，为绿色转型升级赋能。

（一）构建绿色科学研究支撑体系

巩固云南省在生态与生物多样性、遗传资源与生物安全、植物化学等领域基础研究优势，强化绿色创新强省的战略基础支撑。面向未来重大绿色创新场景和绿色发展愿景，瞄准生命科学、前沿新材料、气候变化等前沿领域，超前布局建设一批科学研究中心，加快突破基因编辑、异种器官移植、材料基因等科学技术问题，抢占绿色科学研究的制高点。面向经济社会发展重大需求，围绕绿色能源、绿色食品、数字云南等领域，在新型储能、生物活性成分提取、大数据和区块链等方面开展关键技术的基础科学问题研究。

（二）构建绿色循环产业技术支撑体系

聚焦产业转型升级，加快建立创新型绿色技术推荐目录清单，构建支撑绿色循环经济发展的技术支撑体系。聚焦有色、化工、钢铁、烟草等传统产业转型升级，鼓励绿色低碳技术和先进环保技术创新和推广应用，推动传统产业绿色化转型。围绕打造世界一流“三张牌”全产业链布局创新链，突出绿色食品生产、绿色能源与绿色制造领域关键共性技术、现代工程技术研发，推动绿色产业链和绿色产品价值链向高端转化。在战略性新兴产业领域，超前布局绿色制造、绿色储能、生物育种、生物制造、生态循环农业、生物绿色防控、绿色智慧交通、人工智能等前沿技术、高新技术。在数字经济领域，加快5G、区块链、物联网、边缘计算等现代信息技术赋能，推动产业向信息化、数字化、网络化转型。

（三）构建生态安全屏障技术支撑体系

围绕生物多样性保护、生态修复和生态安全等领域，开展技术研发及应用示范，打好蓝天、碧水、净土保卫战，守护好云南的蓝天绿水青山。加强滇池高原湖泊系统保护与综合治理关键技术研究，开展深水湖泊水生态环境风险识别和生态调控综合技术研究及“一湖一策”防治试点。强化大气治理重点技术装备等产业化发展和推广应用，研究重点区域空气污染实时动态监控技术、大气污染成因与控制技术。加强土壤重金属污染防治和修复关键共性技术研发。开展典型流域水生态环境综合治理和生态功能提升相关技术研究及应用示范，高黎贡山、哀牢山、无量山、西双版纳热带雨林等区域生物多样性保护与修复关键技术研究。

四、绿色创新标杆

高质量跨越式发展不仅需要胆识，更离不开脚踏实地的实践，我们要勇于探索，力争率先在全国形成创新驱动绿色转型发展的一股新动能、新力量。

（一）创建碳达峰碳中和综合试验区

把绿色和创新理念融入经济发展和民生领域各个方面、各个环节，争做全面体现新发展理念的示范省。以滇中地区为先导，建设富有云南特色的碳中和先行示范区，布局一批绿色生产、绿色生态、绿色生活示范城市（县、区），形成绿色创新引领城市群，率先在绿色科技转化、绿色金融服务、绿色消费、绿色生活出行、绿色生态保护等方面探索新理念、新机制、新模式，挖掘新市场、发布新场景、抢占新赛道，提供可借鉴、可推广的“达峰样板”。加大宣传教育力度，传播普及绿色生活知识，培育绿色生态文化，在全社会形成践行绿色创新发展理念的氛围。

（二）实施碳达峰碳中和科技创新行动

紧盯国家碳达峰、碳中和的重大战略部署，组织云南省重点高校、科研院所和企业相关领域科研力量，深入调研摸底云南省碳达峰、碳中和的优势和短板，找准科技在碳达峰、碳中和中的发力点，制定实施云南省碳达峰碳中和科技创新行动方案，加快推进云南省碳达峰碳中和技术发展路线图编制，紧贴云南省能源结构升级和重点行业绿色转型需求，瞄准能源、工业、建筑、交通、农业、居民生活等重点领域，加快绿色低碳试点地区推广应用绿色低碳先进适用技术，系统推进低碳、零碳、负碳关键技术研发与示范，支撑云南省在全国率先实现碳达峰、碳中和目标。

（三）塑造绿色创新区域合作典范

加强绿色创新区域合作，共享绿色创新成果，着力打造长江经济带绿色创新合作样板，把“共抓大保护、不搞大开发”的生动实践贯穿到云南省参与长江经济流域和长江经济带建设发展的全过程，在以金沙江流域为重点的沿江全域旅游发展、绿色能源开发利用、生态环境一体化协同保护与治理等领域做出示范。积极参与“一带一路”建设，建立健全与南亚东南亚国家政府间绿色创新合作发展机制，大力推进绿色投资与贸易，共建绿色低碳示范园区，策划举办大湄公河流域生物多样性论坛、绿色创新合作大会等，共同实施生物多样性保护行动，共创美好生活家园。

第四节　打造战略科技人才队伍

习近平总书记指出，“人才是第一资源，创新驱动实质上是人才驱动，要深化科研人才发展体制机制改革，完善战略科学家和创新型科技人才发现、培养、激励机制”。坚持人才为本创造最优人才生态环境，推动云南省挖掘和培养一批兼备精深科学造诣、战略眼光和卓越领导才能的战略科技人才，对关系全省经济社会发展的重大科技问题开展方向性、全局性、前瞻性研究和布局，推动云南省科技创新实现由量的积累向质的飞跃，由点的突破向总体提升，为推动实现云南高质量发展提供有力支撑。

一、高质量发展需要战略科技人才的集聚和涌现

战略科技人才是能够把握世界科技大势、研判科技发展方向、具备高水平的跨领域战略视角、服务国家战略需求的人才力量[①]，是推动高质量发展的中坚力量、抢占未来发展制高点的关键所在。

党的十八大以来，以习近平同志为核心的党中央对人才工作做出了一系列创新部署。党的十九大和二十大进一步明确了新时代实施人才强国战略的紧迫性和重要性，强调人才战略在科教兴国战略、创新驱动发展战略、乡村振兴战略、区域协调发展战略、可持续发展战略、军民融合发展战略等国家战略中的基础性和引领性作用。党的二十大报告中指出，人才是第一资源，要坚持人才引领驱动，加快建设国家战略人才力量，努力造就更多大师、战略科学家、一流科技领军人才和创新团队、青年科技人才。

贯彻落实好党中央加快建设战略人才力量部署要求，立足云南经济社会发展需求，推动形成云南省竞争优势，实现高质量发展，需要形成战略科技人才的持续集聚和涌现局面，培育云南急需的战略科技人才。

① 陈劲、杨芳：《我国战略科技人才胜任力构建及对策建议》，载《今日科苑》，2022（10）：1–8。

（一）急需精深科学造诣的战略科技人才

云南省经济社会正处于快速发展的历史机遇期，向科技要动力、要解决方案的关键期，对战略科技支撑的需求比以往任何时期都更加迫切。当前，急需一批具有自主创新能力、战略分析判断能力和战略规划能力的战略科技人才，找准产业发展中的“卡脖子”问题，精准指引关键领域科技创新，作为中坚力量承担产业技术攻关重大任务，组织大规模科技创新活动，攻破关键核心技术。

（二）急需独具战略眼光的战略科技人才

习近平总书记指出，“综合国力的竞争说到底是人才的竞争”，“抓创新就是抓发展，谋创新就是谋未来”。云南在生命科学、新材料、新能源等领域的科技创新已具备较好的基础条件，若能抓住时机超前布局，有望在部分领域抢占战略制高点，迈入全球发展前列，打破国际封锁。云南省急需一批能够较好把握世界科技发展趋势，具有敏锐洞察力和分析研判能力的战略科技人才，凝练和破解趋势性、引领性、根本性重大科学问题，指引云南省在战略必争领域占领制高点。

（三）急需领导才能卓越的战略科技人才

云南省缺乏高水平创新人才，亟需紧缺人才引进难，留住更难，部分高校、科研院所人才流失的问题不同程度存在。实践证明，人才聚集地也是科技发达之地，领先科技出现在哪里、高端人才流向哪里。要全方位培养、引进、用好人才，必须有一批“领袖型科学家”冒出来，在科技领域独当一面，能够依靠其卓越的领导才能和强大的号召力，产生人才集聚效应，为云南省打造科技人才高地提供核心动力。

二、云南省打造战略科技人才队伍有一定基础但差距很大

（一）基础条件

云南省委省政府高度重视人才工作，“人才强省”“科教兴滇”是云南省的重要发展战略。经过多年的不断努力，云南省打造战略科技人才队伍已奠定良好基础。

1. 科技人才规模不断扩大

截至2021年，在滇“两院”院士达11位；累计入选国家“高层次人才培养支持计划”科技领军人才56位，累计入选科技部创新人才推进计划的中青年科技创新领军人才19位、科技创新创业人才32位、重点领域创新团队4个、创新人才培养示范基地1个；引进高端外国专家80人，选拔培养科技领军人才37位，省中青年学术和技术带头人后备人才及省技术创新人才培养对象累计2013位，培养省创新团队累计278个，建成院士专家工作站422个。云南省已建立起多层次的科技创新创业人才培育与引进体系。

2. 科技人才结构不断优化

“十三五”期间，云南省科学家主持完成的8项成果获得国家科学技术奖，7人获何梁何利奖，在天文、生命科学等领域的国际影响力持续增强。每万名就业人员中研发人员从13人年提高到21人年，增长62%。青年科技人才已成为全省科技创新的生力军，以2021年为例，新立项的基础研究项目中35岁以下项目负责人占比30%，重大科技专项项目中45岁以下占比36.4%，重点研发计划项目中45岁以下占比40%；推荐入选省“两类”人才中，40周岁以下占比56.9%。

3. 人才发展政策不断完善

“十三五”期间，围绕科技人才培养、引进和激励等方面，相继出台配套制度68个，推进改革举措83项。加快落实以增加知识价值为导向的分配政策，建立健全科技人才双向兼职、离岗创业及人才流动机制，人才分类评价改革深入推进；深化项目评审、人才评价、机构评估改革，赋予科研机构和人员更大自主权，激发广大科研人员的积极性、主动性和创造性；逐步建立科研诚信管理工作机制，广大科研人员的诚信意识显著增强；科技成果转移转化机制逐步完善，营造了良好的创新创业氛围。

（二）差距与薄弱环节

云南作为欠发达的西部省份，科技人才总量与其他省份相比差距明显，人才发展还有很多薄弱环节，科技人才队伍潜能有待进一步挖掘。

1. 科技人才数量依然短缺

全省专业技术人才总量仅 180 万人，每万名职工拥有的专业技术人员数排名全国第 26 位，为全国平均水平的 1/3；每万名就业人员中研发人员数量也只有全国平均水平的 1/3。《中国区域科技创新能力评价报告 2020》显示，云南科技人力资源指数排名全国第 25 位；万人大专以上学历人数排名全国第 26 位；万人高等学校在校学生数排名全国第 26 位；十万人创新中介从业人员数排名全国第 30 位。高水平创新人才缺乏，全省“两院”院士仅占全国总数的 0.65%，不到陕西的 1/7、四川的 1/6。获“长江学者”荣誉称号及“国家杰出青年科学基金”支持的人才较少。

2. 科技人才对经济社会的支撑引领作用还不够

云南省高层次人才大部分集中在高校、科研院所，以 2021 年“两类”人才为例，高校、科研院所、企业占比分别为 40.23%、41.95%、17.82%。科技人才的研究成果点的突破、单项成果多，先导性、引领性成果少，能够牵头重大核心关键技术攻关或独立承担国家重大科技创新项目的科技领军人才不多。缺乏善于把握世界科技大势、科技发展战略方向，兼具战略管理能力、组织能力、协调能力，对全省经济社会发展能够发挥全局性、引领性、决定性作用的战略型科技人才。

3. 科技人才的聚集效应尚未显现

据统计，云南省科技人才和学科主要集中在生物、冶金、信息、能源等领域，但与其他省市相比，在这些领域尚未形成各类人才竞相涌入云南聚集的显著趋势。相反，2021 年云南省全职引进的 92 位高层次人才中，已有 14 位流失到省外，占比 15.2%；选拔培养的 278 个省创新团队中，有 5 个团队带头人流失到省外，部分高校、科研院所人才流失的问题不同程度存在，科技人才发展环境有待改善。

三、加快打造战略科技人才队伍的对策建议

打造战略科技人才队伍是优化科研人才生态环境的重要内功，是加快推动云南省高质量发展的重要举措。基于云南省科技人才现状，建议以集聚涌现为目

标、以重大任务为牵引、以制度创新为保障，加快打造战略科技人才队伍。

（一）做好框架设计

聚焦有基础、有优势、能突破的领域，把人才培养引进计划与重大前沿基础研究、战略性技术产品科技攻关等一体化部署，同步推进，重点培养一批首席科学家、战略科学家。推动与国内外一流大学、科研机构、世界知名企业等构建科技创新联合体，为培养能站在行业科技前沿、具有国际视野的世界级科技大师提供重要平台。聚焦关键人群、优势领域、战略方向，建立战略科技人才遴选机制，引导科技人才勇于挑战重大前沿科学问题，不断作出新发现、开辟新方向、提出新理论。

（二）设立培育库

设立战略科技人才培育库，推动一批卓越的科技人才向战略科技人才转变。遴选杰出科学家入库，在云南省科技创新亟待突破的战略方向、亟需布局的重点领域，牵头实施重大专项，培养一批科学战略大师；遴选科技战略决策咨询人才入库，定向培养能够进行战略咨询、战略策划、战略制定、战略组织、战略实施的领军人物；遴选战略科学家入库，提供更广阔平台、更多战略资源和支持，给予更多组织领导重大科技活动的权责，赋予更多科研自主权，培养一批引领未来的战略科学家。

（三）建立“双跨”机制

建立跨学科领域的交流互动机制。围绕云南省经济社会发展需求，集中全省优势资源，组织实施跨学科、跨领域的重大科研攻关项目；构建战略科技人才协作网络，加强各领域战略研究力量的协同合作，形成“小核心、大网络”的研究体系，产出高水平的战略研究成果。建立跨科技界和政府部门的协调互动机制。建立科学技术战略决策咨询体系和机制，发挥战略科学家及其科研团队、学术共同体的独特作用，充分利用院士资源开展高端战略咨询，为云南省制定科技法律法规和创新提供决策支撑；完善科学家参政议政机制，在咨政建言过程中提升战略思维、战略眼光。

（四）实施推进计划

推动实施战略科技人才推进计划，以搭建交流协作平台为抓手，加快引进培养一支战略科技人才队伍。充分利用云南国际人才交流会、杨凌农业高新科技成果博览会、中国国际高新技术成果交易会、泛珠三角区域合作与发展论坛与泛珠三角区域经贸合作洽谈会、浦江创新论坛等省内外重大交流平台，进一步强化招才引智。选择生物医药、新材料、新能源等领域，支持云南省高校、科研院所和科技型企业，与国内外知名大学、研究机构和团体组建跨区域、专业性的科技创新平台，开展共性技术研发合作，共同制定国际、国内、行业技术标准，合作培养人才团队。选定 5 ～ 10 个云南省科技创新智库单位，开展战略科技人才培养试点，以引进顾问的形式柔性引进全国知名学者、科学家，围绕云南省重点领域开展重大战略科技问题研究。

（五）强化政策引导

在高水平研究机构建设和高层次人才培养中，试点建立长周期稳定资助机制，自主确定研究课题，自主安排科研经费使用，开展符合科研规律的周期性同行评价，建立与评价结果挂钩的动态管理机制。加大重点领域、行业引智力度，积极引进战略科技人才、科技领军人才、青年人才和高水平科技创新团队。对全时全职承担重大战略任务的团队负责人以及引进的高端人才，实行“一项一策”、清单式管理、年薪制和项目工资制。

（六）完善保障措施

一是营造良好环境。完善住房机制，采取购房补贴、租房补贴、人才公寓等多种形式战略科技人才居住需求。完善医疗服务及家属待遇，畅通战略科技人才就医“绿色通道”。允许战略科技人才及其核心团队成员使用支持资金购买商业养老和商业医疗保险，战略科技人才及其核心团队成员的配偶，参照享受商业医疗保险待遇。二是减轻人才负担。贯彻落实好简化项目经费调剂管理方式、科研仪器设备采购流程等政策，完善科研助理制度，加大科研经费管理“包干制”探索力度。加大“四唯”问题清理，深化科技评价改革，优化评估体系。

战略科技人才是科技创新的重要力量，云南要立足经济社会发展现状和需求，找准发力点，做好顶层设计、建立“双跨”机制、强化政策引导和支撑保障等，培育具有精深科学造诣、独具战略眼光、领导才能卓越的战略科技人才，推动形成云南省竞争优势，助力云南实现经济社会高质量发展。

第二章　构建新发展格局

构建新发展格局是在我国经济已经从高速增长阶段转向高质量发展阶段的背景下提出的，是实现经济转型升级和全面建设社会主义现代化国家的目标，旨在通过内需扩大、创新驱动、改革开放等方面来优化经济结构，增强经济韧性和竞争力。构建新发展格局是构建以国内大循环为主体、国内国际双循环相互促进的发展格局，是积极应对国内外形势变化的主动选择，是充分发挥我国超大规模市场优势的内在要求，是坚持深化改革开放的国内国际双循环相互促进的统一体。构建新发展格局的关键在于经济循环的畅通无阻，最本质的特征是实现高水平的自立自强，通过强化国内大循环的主导作用，以国际循环提升国内大循环效率和水平，实现国内国际双循环互促共进。云南省在积极构建新发展格局过程中，坚持内外统筹、双向开放，对内与粤港澳大湾区、长三角、珠三角、成渝地区双城经济圈等区域建立科技创新合作机制，支撑自由贸易试验区创新发展，对外主动参与中国－中南半岛经济走廊、孟中印缅经济走廊，中缅、中老经济走廊，推进我国面向南亚东南亚辐射中心建设，努力把云南建设成为国内大市场与南亚东南亚国际市场之间的战略纽带、“大循环、双循环”的重要支撑。

第一节　科技支撑自由贸易试验区创新发展

自由贸易试验区在云南省新发展格局中扮演了重要的角色，它既是深化改革开放的实验田，又是引领高水平对外开放的重要窗口，有利于促进国内经济的结构调整、创新发展和对外开放，推动新发展格局的形成和发展。同时，新发展格局也为自由贸易试验区的建设提供了更为广阔的发展空间和机遇，有利于自由贸易试验区在全国范围内的示范引领作用。自由贸易试验区和构建新发展格局形成了相辅相成、相互促进的关系。2019 年 8 月，国务院批准云南设立中国（云南）自由贸易试验区。为推动自由贸易区建设，受省科技厅对外合作一处委托，省科技发展研究院联合上海市科学学研究所成立课题组，重点围绕云南自贸区科技创新和人才政策开展研究，通过学习借鉴国外及省外经验做法，推动出台相关政策措施，现形成阶段性研究成果如下。

一、自贸区发展概况

自贸区即自由贸易区，或称自由贸易试验区，是指为促进国际贸易和投资自由化而建立的特定区域，通常在该区域内采取了一系列的贸易和投资自由化政策，以吸引国内外投资者和企业，促进本地区的经济发展和全球竞争力提升。自由贸易试验区还是一种政策工具，旨在为政府和企业提供一个实验平台，探索新的经济和贸易政策。在自由贸易试验区内，政府一般会提供一系列的税收和贸易方面的政策优惠，如免税、减免关税、加速清关等；同时还会提供一系列的优惠政策，如土地租金减免、融资支持等，为企业创新和发展提供更加便捷的条件。在试验区内，政府和企业共同管理，政府主管贸易政策和监管工作，企业负责生产经营。试验区内的企业可以在符合相关规定的前提下自由开展业务活动。自由贸易试验区的管理机制非常灵活，既保证了政府对试验区的监督和管理，又为企业提供了更大的自主权和发展空间，有助于激发企业的创新动力和竞争力。

（一）发达国家自贸区建设概况

自贸区建设的起源可以追溯到 20 世纪 40 年代。最早的自贸区是 1951 年成立的欧洲煤钢共同体，该组织是欧洲共同市场的前身。此后，世界各地相继成立了大量的自贸区，包括北美自由贸易区、东南亚自由贸易区、欧洲自由贸易区等。发达国家是自贸区建设的主要推动者之一。截至 2021 年，全球已有 237 个自贸区，发达国家的自贸区占其中的很大一部分。自贸区建设不仅加速了发达国家经济的发展，也推动了全球贸易的自由化。随着全球化的深入发展，自由贸易区已成为许多国家间贸易关系的重要组成部分。自由贸易区在促进贸易、提高经济效益、推动技术创新等方面发挥了积极作用。近年来，发达国家在自贸区建设方面取得了显著的成就，其经验对于其他国家在自贸区建设方面具有一定的借鉴意义。

1. 美国

美国作为全球最大的经济体之一，拥有超过 200 个自由贸易试验区，这些试验区分布在全国各地，涉及的行业也十分广泛。首先，美国自由贸易试验区的政策优惠主要体现在税收和贸易方面。试验区内的企业可以享受免税、减免关税、加速清关等政策，这些政策旨在吸引外资和提高企业创新能力，促进经济发展。此外，试验区还提供了一系列的优惠政策，如土地租金减免、融资支持等，为企业创新和发展提供了更加便捷的条件。

美国自由贸易试验区的管理机制也十分灵活。政府和企业共同管理，政府主管贸易政策和监管工作，企业负责生产经营。试验区内的企业可以在符合相关规定的前提下自由开展业务活动。这种管理机制既保证了政府对试验区的监督和管理，又为企业提供了更大的自主权和发展空间，有助于激发企业的创新动力和竞争力。美国自由贸易试验区在促进经济发展和提高全球竞争力方面具有重要的作用和意义。

2. 英国

英国自由贸易试验区被视为实现“全球化英国”的重要途径之一。英国政府于 2021 年 6 月发布了《自由贸易试验区指南》，以鼓励英国企业参与全球贸易并提升全球竞争力。根据指南，英国政府将设立自由贸易试验区，并提供税收和贸易方面的政策优惠，如免税、减免关税、加速清关等。同时，自由贸易试验区还将提供一系列的优惠政策，如土地租金减免、融资支持等，为企业创新和发展提供更加便捷的条件。

英国自由贸易试验区的管理机制非常灵活，既保证了政府对试验区的监督和管理，又为企业提供了更大的自主权和发展空间，有助于激发企业的创新动力和竞争力。目前，英国政府已经确定了 8 个自由贸易试验区，分别位于英格兰、苏格兰和威尔士地区。这些试验区将充分发挥本地区经济、社会和文化的优势，着力打造具有特色和优势的经济发展模式。

3. 法国

法国是欧洲第二大经济体，也是世界上最发达的经济体之一。但是，随着全球化进程的加速和国际竞争的加剧，法国的经济增长和国际竞争力出现了下降趋势，迫切需要新的发展模式和路径。为此，法国政府决定建设自由贸易试验区，以探索新的发展模式和路径，提高国际竞争力。法国自由贸易试验区位于巴黎市内的瓦克兰镇，占地面积约为 30 平方公里。这个试验区设立的主要目的是吸引国际企业和人才，推动经济增长。自贸区实行自由贸易政策，取消了大部分商品的关税和其他贸易壁垒，为企业和个人提供了更加便利的贸易环境。法国自由贸易试验区还致力于打造一个国际化、开放式的创新创业环境，提供高效的科研和商业服务，吸引了众多国际企业和投资者。试验区也鼓励本地企业创新和发展，为经济增长注入新动力。法国自由贸易试验区在城市建设和环境保护方面也有所建设。试验区采用了智能城市技术，实现了高效的城市管理和公共服务，也保护了环境和生态。

作为欧洲大陆上的一大经济体和文化中心，法国建设自由贸易试验区的举措是其经济和社会发展的重要举措。法国自由贸易试验验区的建设将有助于吸引更多国际企业和投资，推动本地企业的创新和发展，提高法国的国际竞争力和经济实力。随着自由贸易试验区的不断发展，也将促进法国和其他国家之间的贸易和投资合作，推动全球经济的繁荣和发展。

然而，与其他国家的自由贸易试验区相比，法国的自由贸易试验区的发展还处于初期阶段，还需要进一步完善法律法规、建设基础设施、提供优质服务等方面，才能够更好地发挥其作用。同时，法国自由贸易试验区也面临着一些挑战，比如法国的劳动力成本相对较高、创新创业环境有待提高等问题。

4. 日本

日本自由贸易试验区的建设是日本政府为了推动经济改革和增长而采取的一项重要措施。自由贸易试验区由国家设立，面积较大，具有一定的管理权力和自主权，可以在其中开展自由贸易试验活动。日本自由贸易试验区的建设旨在打造更加便利的投资和经营环境，为企业提供更好的发展机会和条件。自由贸易试验区可以提供更加简化的审批程序、更加灵活的政策支持、更加完善的服务保障等，为企业提供了更好的营商环境和投资保障。

自2013年以来，日本政府相继建立了数个自由贸易试验区，包括东京湾区、神户大阪京都区、中部地区、九州地区等。这些自由贸易试验区涵盖了日本的不同地域和产业，主要聚焦于创新、数字经济、能源、物流等领域，通过制定更加灵活、优惠的政策和制度，为企业提供更加便利的营商环境具有良好的投资环境和发展潜力，吸引了众多国内外企业和投资者的关注和参与。

日本自由贸易试验区建设的成果显著。首先，在自由贸易试验区内的企业享受到了更加优惠的税收政策，降低了企业的经营成本。其次，自由贸易试验区内推行了更加灵活的营商政策，降低了企业进入门槛，为企业提供了更加广阔的市场。此外，自由贸易试验区还推动了创新和技术进步。在试验区内，企业可以获得更多的支持和资源，从而推动科技创新和产业升级。

日本自由贸易试验区的建设为日本经济发展注入了新的活力。它为企业提供了更加便利的营商环境，促进了科技创新和产业升级。但是日本自由贸易试验区依然需要解决一些问题和挑战，如政策支持、企业竞争力、社会责任等，从而实现自由贸易试验区的可持续发展。

5. 德国

德国自由贸易试验区是德国政府实施的一项重要政策。它为德国的经济增长和创新提供了巨大的机会。自由贸易试验区可以鼓励外国投资，从而为德国创造更多的就业机会。此外，这些区域还可以为新的经济政策提供一个测试场所，以确保它们在全国范围内实施之前是有效的。

然而，自由贸易试验区也存在一些风险和挑战。首先，这些区域可能会为国内企业创造不公平的竞争环境。这是因为外国公司在自由贸易试验区内可能会享受更低的税收和更自由的经营条件，这可能导致国内公司面临更大的竞争压力。

其次，自由贸易试验区的实施需要政府投入大量的资金和资源。政府需要为这些区域提供更好的基础设施，包括道路、水电等基础设施，以吸引外国投资。这可能会导致政府在其他领域的投资和开支受到影响。

尽管存在风险和挑战，但自由贸易试验区对德国的经济增长和创新具有重要意义。自由贸易试验区可以为德国吸引外国投资，提供新的经济政策的测试场所，并促进创新和竞争。政府需要采取适当的措施来确保自由贸易试验区的实施不会对国内企业造成不利影响，并确保好处在所有行业之间公平分配。

（二）我国自贸区建设概况

我国自由贸易试验区是由国务院批准设立的试行特殊贸易、投资与金融政策，并率先探索政府管理模式改革的指定区域，是为促进国内经济改革、开放和创新而设立的一种特殊经济区域。自贸区内的企业享有更多的自主权和市场准入机会，并且可以通过更加自由化的政策和措施来吸引外资、优化产业结构和提高竞争力。

我国的自贸区的建设始于2013年。2013年9月，中国（上海）自贸区作为我国第一个自贸区率先挂牌成立。作为对外扩大开放战略的一部分，自贸区建设进入快车道。2015、2017、2018、2019年，国务院先后四批批准设立了天津、海南、云南等17个自贸区，自贸区建设范围与改革深度进一步扩大。2020年8月，明确在北京、湖南、安徽设立自贸区。至此，中国自贸区覆盖21个省级行政区域，片区数量达到70个，覆盖49个城市，形成了独具特色的中国自贸区网络。

目前，已形成沿海省份全覆盖、内陆地区多点开花的整体布局。经过6次扩容，我国超过一半的省份都拥有自贸区，已经形成了东西南北中皆有，沿海成片、内陆连线的发展格局，实现连点成线、连线成面，成为对外开放的前沿地带，全方位发挥沿海地区对腹地的辐射带动作用，更好地服务陆海内外联动、东西双向互济的对外开放总体布局。

在自贸区的建设中，采取了一系列改革措施，包括简化企业注册、审批、备案等手续，实行更加自由化的贸易政策，允许外资控股或独资经营一些关键行业和项目，以及加强知识产权保护等。这些措施旨在吸引更多的国内外企业在自贸区内投资和创业，推动贸易和投资自由化、便利化和规范化的发展。自贸试验区的建设有效地推动了贸易自由化和经济合作的进程，为中国经济增长注入了新动能。自贸区试点先行先试，通过放宽市场准入限制、加强投资保护、推进服务业开放等举措，吸引了大量国内外企业投资和创新资源。特别是海南自由贸易港建设的启动，使中国成为了全球唯一的同时拥有自贸区、自贸港、自贸协定三大体系的经济体，对于推进贸易自由化、加强区域经济合作有着重要的战略意义。

然而，我国自贸区的发展也面临一些挑战和问题。首先，自贸区内部的政策协调和执行存在不足，各自贸区之间也存在着发展不平衡和合作不充分的问题。其次，自贸区的建设还需要面对国际贸易保护主义的挑战和全球经济下行压力的影响。此外，自贸区建设也需要加强法制建设，完善治理机制，提高自贸区管理和运行的效率和透明度。

我国自贸区有着各具特色的建设目标和改革方向。我国自贸区根据自身使命定位，制定了符合地方发展、各具特色的发展方向及路线。以“放管服”改革为引领，上海自贸区试行更加自由、便利、高效的贸易投资政策，推动金融、航运、科技、人才等领域的开放创新；积极探索市场化改革模式，推动国际化、便利化、法治化建设，以此促进自由贸易和国际投资自由化便利化的发展。以更加自由、便利、高效的贸易投资政策为引领，海南自贸区降低贸易壁垒、放宽市场准入、改革金融体制等；同时，海南自贸区还推进产业转型升级，加快推进数字经济、生物医药、高端装备制造、海洋经济等现代服务业和高新技术产业发展，吸引更多的国内外投资者来海南自贸区进行投资和创业。以支撑重点产业发展为重点，北京是全球信息服务业最发达的城市之一，探索建设国际信息产业和数字贸易港便成为北京自贸区的重要内容之一。以推动科技创新为核心，安徽自贸区的主攻方向落在着力打造有影响力的科技创新策源地，布局“未来产业”。以充分发挥特色资源禀赋为方向，浙江自贸区以油气全产业链为核心，推进油气全产业链为核心的大宗商品投资贸易便利化自由化。以加强区域协同发展为指引，河北自贸区主要围绕服务京津冀协同发展、高质量建设雄安新区、发展高端高新产业等，建设国际商贸物流重要枢纽、新型工业化基地、全球创新高地和开放发展先行区。以开放合作为关键，广西自贸区围绕建设西南中南西北出海口、面向东盟的国际陆海贸易新通道，形成21世纪海上丝绸之路和丝绸之路经济带有机衔接的重要门户。

我国自贸区具有不断创新可复制可推广的改革实践经验。以上海自贸区为例，8年来，上海自贸区在贸易投资自由化便利化、政府职能转变、金融开放创新、加强事中事后监管等领域先行先试，形成了一批重要制度创新成果，为全国贡献了“上海经验”。截至2020年6月底，在商务部向全国或特定区域复制推广的260项制度创新成果中，有124项为上海自贸区首创或与其他地方共同总结形成。

二、我国自贸区科技创新相关政策实践

科技创新相关政策是自贸区政策和制度体系建设中的重要组成部分。截止2019年1月，大部分自贸区均专门出台了鼓励科技创新的政策文件或在某些重要文件中有完整的鼓励科技创新的政策内容，主要涉及产业创新政策、人才政策、科技金融政策、创新创业政策以及知识产权保护政策等方面。

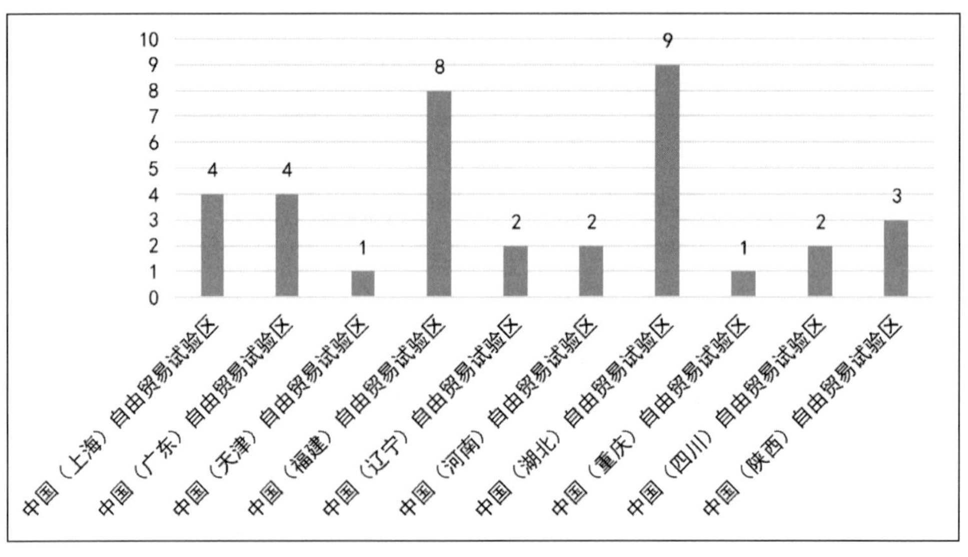

图2-1　部分自贸区出台科技创新政策基本情况（截至2019年1月）

（一）自贸区制度框架

我国自贸区形成了“国家授权＋地方立法”的相关制度框架。目前，我国暂无自贸区领域的国家立法。各地自贸区基本按照上海自贸区经验，通过“国家授权＋地方立法”相结合的模式，确保自贸区建设依法依规有序推进。按照国际

惯例与实践，在正式设立自贸区之前，设区国通常会率先出台相关基础性法律，以明确其法律地位、权限范围以及区域性质等基本内容，为其创建与运行提供核心法律依据和框架，此即“先立法、后设区”的惯常路径。例如，美国 1934 年《对外贸易区法》和新加坡 1969 年《自由贸易区法》。与此不同的是，我国采用了在创建上海自贸区过程中逐步探索形成的、具有中国特色的“国家授权 + 地方立法”法治保障路径。国家授权方面，鉴于自贸区实质性制度创新需要突破相关法律法规规定，全国人大常委会和国务院先后通过“决定”的形式授权上海自贸区依法先行先试，此即全国人大常委会和国务院的“双授权”。地方立法方面，上海自贸区采取了“先政府规章，后地方性法规”的两步走方案，即先出台《中国（上海）自贸区管理办法》作为过渡，紧接着制定《中国（上海）自贸区条例》作为“基本法”，为其先行先试提供更加全面的法治保障。这种“授权决定→管理办法→条例”三步走的地方立法模式是在国家立法缺失的情况下，上海自贸区通过地方自主立法、依法推进改革创新进程的有益探索，是我国地方立法模式的重大创新，已在天津、四川、河北、山东等自贸区应用。

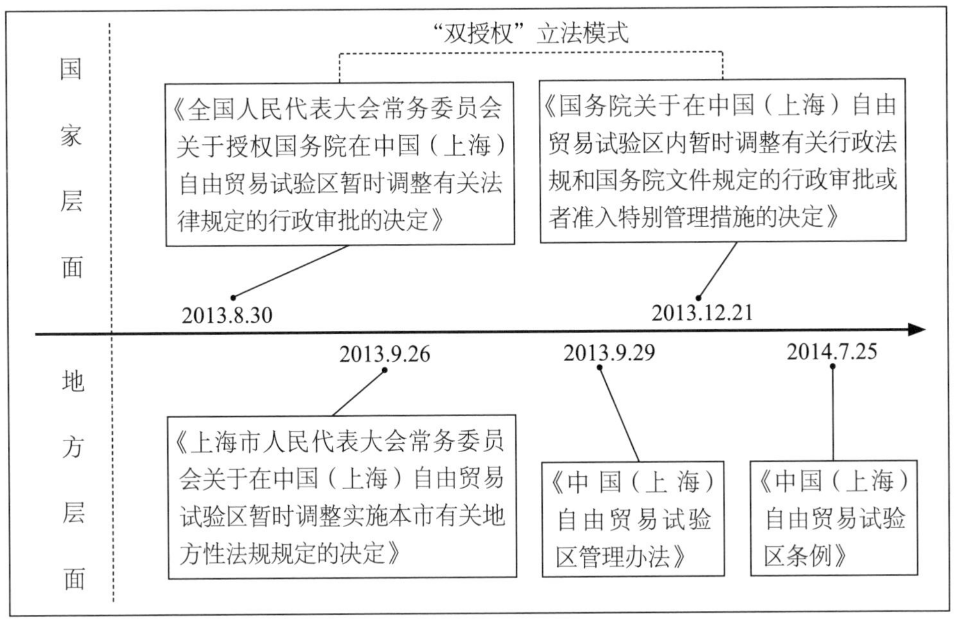

图 2-2　上海自贸区立法模式分析图

各自贸区管委会具有相关行政事权。地方政府向自贸区下放省、市、区相关行政管理权限，赋予自贸区更大改革自主权，着力推动自贸区管委充分运用管理权限去构建有效对接的营商环境、治理体系和服务体系。2020 年 5 月，《上海市人民政府关于由中国（上海）自贸区临港新片区管理委员会集中行使一批行政审批和行政处罚等事项的决定》对上海临港新片区管委会集中赋权。天津自贸区提出将金融科技、供应链金融、数字经济、区块链等新金融、新贸易、新科技产业管理职能赋予自贸区管委会。

（二）创新先行先试

发挥制度创新优势破解科技创新瓶颈，推动重点产业高质量发展，全国大部分自贸区都针对优势产业进行一系列政策突破和创新，从而支撑自贸区的领先发展。

一是以促进高新技术产业发展为核心定位。前三批 11 个自贸区共有 35 个片区，其中涉及高端制造、人工智能、新材料、生物医药等高新技术产业布局的共有 10 个自贸区的 24 个片区，占总片区比例高达 68% 左右。

二是推进“放管服”改革助力重点产业发展。“放管服”改革是自贸区全面深化改革的重要内容，也是处理好政府和市场关系、转变政府职能、激发社会活力的重要抓手。上海市出台了《关于服务自贸试验区和科技创新中心建设的若干意见》，按照“非禁即入”的原则，优化经营范围登记方式，支持人工智能、标准化服务、大数据服务等新兴产业发展；建立“准入前国民待遇 + 负面清单”投资管理制度。确立“法无禁止即可为”的管理理念。建立国际贸易“单一窗口”和货物状态分类监管制度，极大地降低了企业仓储物流成本和人员投入成本。实施“证照分离”改革试点，释放创业创新活力。

三是推动跨境研发和重点高新技术产业制度创新。上海自贸区聚焦信息技术、生物医药、高端装备等关键核心领域，营造更适于创新要素跨境流动的便利环境。出台了集成电路全程保税试点政策、上市许可持有人制度试点、动植物检验检疫审批制度改革等一批重点产业改革举措，解决好政策落地“最后一公里”问题。

（三）强化人才队伍

各自贸区明确以人为本的创新驱动发展机制，建立以创新人才为核心的激励机制、资源配置机制、制度创新和文化氛围。

一是放宽跨境自然人流动及执业限制。创新海外高层次人才的服务管理模式。为提高海外人才通行和工作便利度，2017 年 6 月上海浦东新区挂牌成立了全国首个“海外人才局”，颁发了全国首张由自贸区管委会推荐申办的永久居留身份证和全国首张本科学历的外国留学生工作许可证，加快建设国际人才港。2018 年 4 月，浦东新区发布《关于支持人才创新创业促进人才发展的若干意见》，率先试点持永久居留证外籍高层次人才在自贸区科技创业开放政策。广东自贸区允许具有国际职业资格的会计师、建筑师等直接在自贸区执业，免除相关考试和实习等。海南自由贸易港率先提出允许境外人员担任法定机构、事业单位、国有企业的法定代表人。在优化人才管理上，天津自贸区实施“双创”人才“就业即落户”等政策，建立人才“绿卡”制度，90% 以上服务事项实现即时办理。

二是充分释放人才创新创业活力。江苏自贸区南京片区发布《关于促进自贸区人才发展、优化升级“创业江北”人才计划十策实施办法》，明确将境外名校支持范围扩大到世界名校 500 强，给予每人最高 4 万元一次性生活补贴；充分发挥自贸区和企业博士后平台作用，大力引进海内外优秀博士后人才，最高给予 50 万元资助资金。苏州片区出台《关于加快集聚高端和急需人才的若干意见》，在创业扶持方面，最高给予 5000 万元补贴资助，顶尖人才补贴金额上不封顶；重点支持主导产业、新兴产业、高校院所、高端服务业、医疗卫生等领域新引进的人才，具有硕士及以上学位或正高级职称的人才每年给予 3 万 ~ 5 万元薪酬补贴；将奖励政策与个人薪酬挂钩，对年薪高于 40 万元人才每年给予不超过 40 万元的奖励，有特殊贡献的可按个人薪酬的 5% ~ 20% 获得最高每年 100 万元的奖励。上海、广东、福建等自贸区在全国率先推行个税优惠、分期税收优惠、股权激励等优惠政策。早在 2011 年，广东省根据《国务院关于横琴开发有关政策的批复》(国函〔2011〕85 号) 有关规定，分别按不超过内地与港、澳地区个人所得税负差额，给予在横琴新区工作的香港、澳门地区居民补贴，免征个人所得税。

三是探索市场化、多元化人才评价机制。福建自贸区以用人主体认可、业内认同和业绩薪酬为导向，建立资格条件制、推荐制、积分制等人才评价机制，在每个片区建立人才环境监测点，及时征集产业发展对高层次人才的需求，收集高层次人才创业创新需要解决的问题并反馈给相关部门，同时省委组织部、省统计局每年委托专门机构开展省直相关责任部门人才工作满意度测评。上海自贸区改革外籍专家和科技领军人才认定标准和程序，引入市场、社会认定标准，避免政府认定人才的局限性。天津自贸区鼓励行业领军企业自主评聘高层次人才，支持企业生产一线业绩突出的技能型人才破格申报技师或高级技师职业资格，指定专门机构免费为非公经济组织人才参评提供全流程服务。

四是围绕安家补助、子女入学、住房保障等方面提供生活配套保障。上海临港新片区出台《中国（上海）自贸区临港新片区支持人才发展若干措施》中明确，自贸区临港新片区符合一定条件的非本市户籍人才，购房资格由居民家庭调整为个人，可购买新片区商品房一套，符合购房条件、在新片区稳定就业且稳定居住的常住人口，可在新片区优先选房购房，控制限价商品房供应量。海南自由贸易港允许境外理工农医大学及职业院校在海南独立办学，建设海南国际教育创新岛，解决海外人才子女教育问题。

（四）优化双创生态

自贸区积极建设高水平科研机构和创新创业平台。各自贸区建设均围绕重点产业发展方向，加强相关高水平科研机构、平台的建设，以支撑自贸区高质量发展。上海自贸区成立了海外人才离岸创新创业基地，建立了“总部空间 + 合作空间 + 合作伙伴”新型服务模式及覆盖全球的服务网络。重庆自贸区通过政府投资或引入社会资本共同建设的方式，打造一批众创空间、孵化器、加速器等创业平台，为各类人才特别是高层次人才提供创新创业空间。

一是不断健全科技金融服务供给。大部分自贸区均在金融领域进行了探索，在科技金融方面取得成功经验。第一，推进科技金融改革，扩大金融开放力度。上海自贸区颁布扩大金融服务业对外开放 25 条，在支持境外投资者参与上海证券市场、支持海外人才在上海自贸区金融机构开立 FTF 账户等方面进行探索。湖北自贸区在构建多元化融资体系方面进行探索，对外资参股的创业投资基金，政府投资引导基金给予匹配，匹配金额最高可达基金规模的 30%。设立信贷风险补偿金，推动自贸区设立科技保险公司，开展科技保险业务。第二，为自贸区高新技术企业融资提供支持。针对自贸区高新技术企业融资能力不足的问题，各地自贸区积极出台资金支持政策。一方面，积极引导高新技术企业上市融资。上海实施企业改制上市培育工程，帮助科创企业规范改制并在科创板、新三板、创业板、沪深主板等资本市场上市，对入库（高新技术企业培育库）企业给予一次性 20 万～200 万元不等的支持。另一方面，为高新技术企业引进技术提供资金补助。上海利用证券交易所设立科创板并试点注册制机遇，积极推荐一批优质备选科创企业。湖北自贸区对企业用于技术创新项目的银行贷款给予贷款贴息支持，对区内高新技术企业引进转化美国、日本、欧洲等专利局授权的发明专利技术，按照新增税收的比例给予企业最高不超过 100 万元的补贴。第三，积极发展金融机构及服务平台。随着自贸区业务的快速扩张，自贸区内金融机构聚集程度不断上升。上海自贸区成立了上海国际金融中心建设协同创新中心 9 个平台、上海金融业联合会自贸试验区分会等一批重要的金融服务协会和平台。

二是持续加大知识产权保护力度。强化知识产权保护制度是各自贸区促进技术迭代、推动产业转型升级的重要制度保障。第一，加强知识产权管理。上海自贸区提出加强本市高校和科研院所的知识产权管理，强化知识产权申请、运营权责，推动建立知识产权转移转化机构。湖北自贸区提出建立专利导航产业发展机制，加强产业链关键环节的专利预警和导航，引导重大项目、重点企业加强知识产权储备与战略布局。第二，设立相关知识产权专业机构。上海自贸区成立中国（浦东）知识产权保护中心，建立知识产权侵权查处快速反应机制，开启专利快速审查的“绿色通道”，压缩企业专利申请的授权周期，还与上海知识产权法院等合作，为企业提供知识产权“全链条”服务。建设上海自贸区版权服务中心，是全国首个在自贸区内设立的版权专业服务平台。国家知识产权运营公共服务平台国际运营（上海）试点平台在张江启动建设。第三，引导企业开展知识产权海外布局。湖北自贸区鼓励企业申请国（境）外发明专利、实用新型专利及商标注册，对在国（境）外公布或授权的发明专利、实用新型专利及注册商标给予一定额度的资助。

（五）深化对外开放

自贸区肩负着为国家战略服务的使命，扮演着“引领、辐射、聚集、带动”的角色。自贸区的开放发展，是对内对外经济合作的互动。通过自贸区建设吸取更大能量，发挥更大效应，为国家战略发展注入更多活力与动力。

一是促进跨国生产与合作。从国内经济发展上看，建立国内自贸区是“一带一路”倡议中经济发展的创新点，在行政管理精简化、贸易便利化、投资自由化和金融国际化方面引领改革，为进一步推动国内贸易自由化积累经验。上海在服务“一带一路”建设中，构建了多层次的经贸合作机制，不断扩大投资领域市场合作；加快跨境金融服务体系建设，促成马来西亚、俄罗斯、匈牙利等国在华发行“熊猫债”，2016 年实现 CIPS 二期上线运行；优化基础设施互联互通功能，2010 年起上海机场进出“一带一路”沿线国家和地区旅客占全球机场总量的 1/3。天津支持自贸区“一带一路”企业综合服务中心和境外办事机构建设。建立与韩国仁川自由经济区、菲律宾卡加延经济特区、柬埔寨柬中综合试验区等“一带一路”沿线特殊经济区的战略协作关系，开展国际产能合作。积极打造“京津冀 + 一带一路”海外工程出口基地。

二是不断拓展对外开放领域和深度。在金融、航运、贸易、文化、专业、社会服务领域和先进制造业等领域，2013 年以来上海自贸区先后推出 2 批 54 项扩大开放措施，大量外资进入了原来受限制的领域。合肥自贸区推动国家重大科研基础设施和大型科研仪器向相关产业创业者开放。支持重要国际组织在合肥综合性国家科学中心设立总部或分支机构，在世界前沿关键领域参与或按程序报批后发起组织国际大科学计划和大科学工程。鼓励建设国际联合研究中心（联合实验室）等国际科技合作基地，探索建立符合国际通行规则的跨国技术转移和知识产权分享机制。

三、经验和启示

自贸试验区建设与云南省构建新发展格局、实现高质量发展的关系密不可分。自贸试验区作为开放型经济试验区，不仅可以吸引更多的外资、外企入驻云南省，还可以推动区域内产业的升级和转型。

（一）政府职能转变方面

随着社会的发展，人民对政府服务的需求也在不断提高。过去政府的职能主要是提供公共服务和维护社会稳定，而今天的政府需要更多地扮演服务型的角色，为人民提供更加全面、高效、便捷的服务。政府需要根据社会的需求和变革，调整自身职能和管理方式，以适应社会发展的需要。云南省要通过加强科技支撑自贸区建设来推动政府职能从研发管理向创新服务转变。这需要自贸区大力改革创新行政管理方式，对投资融资、创新创业、生产经营等领域的行政审批事项进行系统清理，下放行政审批事项，用“负面清单”激活市场活力，以“权力清单”规范政府行为，以“市场准入负面清单”激发企业主体责任，从而促进政府“有形之手”、市场“无形之手”和社会“自治之手”的有机融合，凝聚经济发展合力。

自贸试验区可以为云南省提供更为灵活的管理方式和政策支持，促进云南省的经济发展。在自贸试验区内，政府可以采取更为开放、灵活的管理方式，例如，放宽企业的市场准入门槛、简化审批流程等，为企业提供更便捷的创业环境。同时，政府还可以针对自贸试验区内的企业制定一些特殊的政策，例如税收优惠政策、人才引进政策等，为企业提供更为全面的支持。

自贸试验区建设还可以带动云南省内部的区域协调发展。云南省是我国的多民族省份，不同地区之间的经济发展水平存在较大的差异。自贸试验区建设可以促进云南省内部的区域协调发展，为滇中、滇东南等地区的经济发展提供更多的机遇和支持，推动云南省实现更高水平的经济协调发展。

自贸区作为中国推进经济开放的重要战略，也需要依托科技创新来提升自身的竞争力。首先，科技创新可以为自贸区建设提供强大的动力。自贸区建设需要推动经济转型升级，打造新的增长点。科技创新可以促进产业升级和转型，推动自贸区向更高端的产业链方向发展。例如，在自贸区内培育创新型企业，引入高新技术产业，探索新的产业模式和商业模式等，都可以为自贸区带来更多的发展机遇。其次，自贸区建设可以提供有利的环境和条件，促进科技创新的发展。自贸区在政策制定、管理体制、法规制定等方面实行更加灵活和开放的管理模式，为企业提供更好的创业环境和政策支持。自贸区还可以开展技术交流和合作，吸引国内外的高端科技人才和创新资源，为科技创新提供更广阔的平台和更好的机会。此外，科技创新还可以为自贸区建设带来更高的附加值和更稳定的经济增长。科技创新可以提高产品的附加值，增加自贸区内企业的市场竞争力。同时，科技创新可以提升自贸区的产业链水平，推动自贸区向更高端的产业链方向发展，使自贸区内的企业更加具有稳定的发展能力。

云南应围绕服务创新，将优化企业服务、提升政府服务能力和优化营商环境服务水平作为科技创新体制机制突破重点，以自贸区理念建设最透明、最高效的政府。加快政府服务型改革，在市场监管上政府要做有的放矢，加强企业营商便利化改革，减少审批环节、缩短审批流程、降低审批费用，大胆突破科技创新的一些制约性制度障碍。

（二）创新政策方面

云南省要坚持规划引领，明确自身定位，构建高效规范的政策体系。我国在全国各地设立多个自贸区，是新时代推进改革开放的一项战略举措，战略意图是要通过自贸区建设带动国家区域协调发展战略，带动形成更高层次改革开放新格局。在国家战略框架中，各地自贸区发展路径都是以制度创新为核心，实行高水平的贸易和投资自由化便利化政策，推动改革开放和高质量发展。但各地自贸区的基础条件、区位条件、发展阶段有差异，各地在持续深化差别化探索，在各自的基础条件下在特色领域、任务方面争创一流，体现对国家战略的执行力、完成率和创新性。上海自贸区各类与科技创新相关的政策，都是紧紧围绕服务上海市建设自贸区、科创中心、金融航运中心等重大国家战略，聚焦于重点产业，促进产业转型升级。云南应尽快制定出台符合自身发展特点的自贸区相关科技创新规划或纲领性文件，围绕云南自贸区实施方案，结合三个片区发展重点和优势，对标国内外先进水平，在广泛调研了解需求的基础上，制定实施符合自身发展特色的科技创新政策，加快促进工业制造、生物制药、生物育种、跨境电子商务等产业的发展，协同周边国家共同发展。

（三）人才引培方面

把人才放在第一位，制定更具前瞻性、更有“含金量”的人才引进和激励政策。人才建设是实现自贸区快速发展的重要抓手。各地自贸区在人才引进、流动等方面都出台了针对性的政策。云南在吸收各地自贸区人才引进集聚等成功经验的基础上，应结合发展阶段和发展需要，制定实施更大力度的人才特殊支持计划，进一步优化办理流程，简化办事程序，提供便捷服务，加快引进集聚掌握关键核心技术、引领未来产业变革的“高精尖缺”人才。探索在自贸区开展国际人才社区建设试点，营造“类海外”环境，搭建引才、留才、用才平台，提升云南国际人才吸引集聚能力，解决高端人才缺口问题，为人才“愿意来”“留得住”“融得进”提供良好的发展环境。

（四）营商环境方面

云南省要加大政府对企业科技创新的扶持力度，优化企业营商环境。各地自贸区在聚焦科技创新关键领域研究突破，实现科技成果的快速转化、完善企业营商环境方面积累了很多先进做法。云南应以企业需求为导向，因企施策，构建“投贷保奖补”等多元化的扶持方式，不断提高企业的自主创新能力和企业产品附加值和产品竞争力。构建市场导向的产学研用协同创新体系，健全知识产权保护和运用体系，进一步强化科技成果转移转化政策落实。探索开展云南自贸区与国内发达地区自贸区的联动协作，积极推动疫苗等优势重点产业国际化进程。

（五）对外开放方面

云南省应持续提升科技创新对外开放水平，加大科技领域开放合作。在扩大开放、深化改革、制度创新中，自贸试验区担负着试验田的作用。随着全球贸易自由化提高和国内开放战略的深入，各类开放试验试点创新力度加大。上海、广东等地自贸区积极推进自由贸易政策，提高贸易便利化和开放水平，加快货物进出境时间。新阶段，面对新形势，云南应积极借鉴国内外自贸区自由贸易制度改革的先进经验，缩小“负面清单”的条目，放开管制，扩大贸易范围。借鉴上海在自贸区建设“一带一路”联合实验室、医疗合作基地等方面的经验，引导云南各类创新主体在“一带一路”沿线国家（地区），尤其是澜沧江－湄公河地区共建创新平台，深化产学研合作，鼓励企业设立海外研发中心。

第二节　建设中老绿色产业示范区

中老两国是友好近邻和全面战略合作伙伴，长期以来保持着良好的政治互信、经济互利和人文交流。习近平主席多次强调，中老两国应该进一步深化务实合作，打造“一带一路”建设的重要支点和示范项目，共同推进构建面向国内国际双循环的新发展格局。

中老合作是“一带一路”和人类命运共同体建设的典范。2017 年，两国发布《中老联合声明》，共建中老经济走廊。2018 年，两国元首会谈时一致强调，要探索打造绿色共同体的新路。2021 年 11 月，习近平总书记在第三次“一带一路”建设座谈会上指出，要稳妥开展健康、绿色、数字、创新等新领域合作，培育合作新增长点。要支持发展中国家能源绿色低碳发展，推进绿色低碳发展信息共享和能力建设，深化生态环境和气候治理合作。云南是中老经济走廊建设的起点，肩负建设国家西南生态安全屏障和打通西出印度洋大通道的双重使命，在中老铁路开通运营和 RCEP[①] 即将生效之际，推动中老绿色产业合作，是云南省贯彻落实国家推进“一带一路”、中老经济走廊建设的重大决策部署和实现“三个定位”战略目标的重要举措。建议围绕中老经济走廊，合作建设绿色产业示范区，形成具有国际竞争力和影响力的绿色产业集群，打造成为社会主义国家团结合作新标杆和“一带一路”南向区域高质量发展新样板。

① RCEP 即区域全面经济伙伴关系，由东盟 16 国通过削减关税及非关税壁垒，建立统一市场的自由贸易协定。

一、战略意义

中老合作涉及的领域非常广泛，包括基础设施建设、贸易投资、能源资源、农业合作、文化教育、人文交流等多个方面。这些合作领域正好符合新发展格局的要求，即加强内外联动、协调发展，实现国内经济的高质量发展。同时，中老合作也有助于推进构建开放型世界经济，加强我国与周边国家的合作与交流，共同应对全球性挑战。2020 年，新冠疫情的爆发给全球经济带来了巨大冲击，各国经济体系几乎全面停滞。尽管近期全球经济逐步恢复，但许多国家的经济体系仍然处于困境之中。加之俄乌冲突不断冲击着全球产业链，所以如何通过建设绿色产业来推动经济复苏、修复产业链已经成为了各国政府所关注的重要议题在当前的国际形势下具有重要的战略意义。

（一）提升“中国标准”辐射力

习近平总书记在云南调研时强调，云南是我国面向南亚东南亚和环印度洋地区开放的大通道和桥头堡，要主动服务和融入国家重大发展战略，以大开放促进大发展。中老铁路开通后，人流、物流、资金流、信息流、技术流加速流动，云南应当抓住机遇强化绿色产业合作，推广低碳、循环、可持续的行业标准、技术标准、质量标准和生活标准，增强老挝及其他周边国家对中国的认同感。中老铁路是连接东南亚国家的重要交通路段，绿色产业发展形成的正向溢出效应，有利于推动“中国标准”向周边国家辐射，践行中国承诺，提升中国的亲和力和感召力，推进“一带一路”项目建设进程。

（二）创造经济新引擎

RCEP 生效后，成员国逐渐相互开放货物、服务与投资领域，实施更高标准的知识产权保护规则，市场竞争将进一步加剧，这将倒逼我国包括云南在内的西部省份优化升级产业结构，发展知识密集型产业，创造经济发展新引擎。RCEP 统一电子商务规则、原产地累积规则等新规则，将加速区域内劳动密集型产业或生产环节向发展中国家转移。老挝经济社会发展正处于“十字口路”，长远来看，中老合作发展具包容性和可持续性的绿色产业，优化产业链分工合作，开展增链延链强链，吸引高质量投资，才能实现互利共赢。

同时，新冠疫情带来的经济危机已经使得各国经济处于困境之中，经济复苏是当务之急。而建设中老绿色产业示范区正是一个很好的机会。该示范区建设将会带来大量的就业机会和商机，同时也将加速绿色产业的发展，这将有助于缓解全球经济的困境。例如，示范区内的绿色能源、智能制造等产业的发展，将带动相应的高新技术和新型产业的出现，提升整个中老的经济实力。这将为云南省的高质量发展提供新的经济支撑。

（三）与周边国家实现共同繁荣

欧盟、日本、加拿大等国家对老挝原产地产品给予零关税待遇，韩国、土耳其、美国等国家对持老挝原产地证的大部分产品进口实行零关税，老挝原产地规则是吸引外资的重要因素。中老铁路开通和 RCEP 生效后，在老挝投资建厂的企业会越来越多，土地、资源和生态环境承载力面临巨大挑战。云南毗邻中南半岛国家，必须处理好经济发展、人口增长和生态保护三者之间的关系，有义务主动与老挝和周边国家加强合作，在保持健康良性发展基础上，共同探索欠发达地区立足自身优势、发展开放型绿色经济的新模式，成为绿色共同体示范样板。

（四）推动两国绿色发展

绿色发展是两国未来发展的重要方向。两国开展绿色产业合作，有助于推进农业现代化、农业增效、农村振兴和乡村旅游等领域的发展，促进中老两国的经济社会发展。其次，中老两国都是生态环境脆弱的国家，绿色产业合作可以帮助保护生态环境，减少环境污染和生态破坏，实现生态文明建设和可持续发展。两国开展绿色产业合作可以改善人民的生活环境，提高人民的生活质量和生活水平。特别是在农业、旅游等领域，绿色发展可以提高农民和旅游从业人员的收入，改善他们的生活状况。同时，中老两国是传统友好邻邦，共同推动绿色产业合作可以促进区域合作与共赢，增强两国间的相互信任和合作，深化两国间的经贸关系。两国开展绿色产业合作还可以提高中老两国在国际市场的竞争力。在全球化的背景下，绿色产业的发展将成为国际竞争的重要标志，两国加强合作有助于提高双方在国际市场上的影响力和竞争力。推动中老两国绿色产业合作发展不仅有助于两国经济社会的可持续发展，还有助于增强两国的国际竞争力，提高人民的生活水平，促进两国间的合作与共赢。

（五）推动"一带一路"绿色转型

中老两国的绿色产业合作可以为"一带一路"倡议的绿色转型做出积极贡献。首先，强化中老绿色产业合作可以促进"一带一路"沿线国家的可持续发展。中老两国可以在清洁能源、环保产业、绿色农业等方面加强合作，共同推进"绿色转型"，为"一带一路"沿线国家提供可持续发展的新路径。这种合作方式将有助于推进当地经济的绿色发展，同时减少对自然环境的破坏，实现经济、社会和环境的协调发展。其次，中老绿色产业合作可以加强"一带一路"沿线国家的环境保护合作。在"一带一路"沿线国家的发展过程中，环境污染等问题也日益突出。

中老两国可以在环境监测、环境治理、环境教育等方面加强合作，共同推动环境保护合作，为"一带一路"沿线国家提供更好的生态环境。这种合作方式可以在保障当地居民健康和生态平衡的同时，为"一带一路"倡议的可持续发展提供有力的支持。此外，中老绿色产业合作还可以推广绿色技术和绿色产品。中老两国可以在绿色技术创新、绿色产品研发等方面加强合作，共同推广绿色产品和绿色技术，降低"一带一路"沿线国家的能源消耗和碳排放，为"一带一路"倡议的绿色转型提供有力支持。这种合作方式可以促进绿色经济的发展，提高当地的生产力和经济效益，同时推进"一带一路"倡议的绿色转型，推动全球可持续发展。

二、基础条件

随着全球气候变化和环境污染问题日益严峻，绿色产业已经成为全球关注的焦点之一，特别是当今世界各国纷纷出台碳达峰、碳中和时间表，中老走绿色发展合作之路成为必然。中老作为相邻的两个发展中国家，两国在绿色产业领域有着广阔的合作空间和深厚的基础。在政治互信方面，中老两国已经建立了长期稳定的友好关系，这为绿色产业的合作提供了坚实的政治基础。在市场需求方面，中老两国都拥有庞大的市场需求，这为绿色产业的发展提供了广阔的发展空间。在技术和经验方面，中老两国拥有丰富的绿色产业技术和经验，这为绿色产业的合作提供了坚实的技术支持。在经贸合作方面，中老两国已具有前期的合作基础，这为绿色产业的合作提供了宝贵的经验借鉴。且中老两国产业战略性强，中老铁路重要节点城市绿色产业发展快速。这些都成为了中老两国在绿色产业领域合作的深厚基础，应充分利用这些基础条件，积极推动绿色产业合作和发展，为中老两国的可持续发展和云南的高质量发展做出更大的贡献。

（一）政治互信

政治互信是中老两国绿色产业合作的重要基础条件。中老两国在政治上长期保持着互相尊重、平等相待的关系，形成了良好的政治基础。这为中老两国在绿色产业领域开展深度合作提供了保障。同时，中老两国政府在保护环境和可持续发展方面也具有一致性，这为两国在绿色产业合作中提供了共同目标和方向。

（二）市场需求

市场需求是中老两国绿色产业合作的重要推动力。中老两国在绿色产业领域都有着巨大的市场需求，尤其是在新能源、清洁能源、环保设备等方面。中老两国作为发展中国家，对于绿色产业的需求更加迫切。中老两国合作开发绿色产业，将有助于满足当地市场需求，提高市场供应质量，进一步推动双方的经济发展。

（三）技术和经验

技术和经验是中老两国绿色产业合作的重要基础条件。中老两国在绿色产业领域都拥有各自的技术和经验优势。中方在新能源、清洁能源、可再生能源等领域积累了丰富的经验，拥有先进的技术和设备；老方则在生态保护、森林管理、水资源利用等领域具有独特的技术和经验。中老两国在绿色产业合作中，可以互相借鉴、共同发展，提高双方的技术水平和市场竞争力。

（四）经贸合作

近年来，老挝 GDP 增幅保持在 6% ~ 7%，是经济增长最快的东盟国家之一。中国已成为老挝第二大贸易伙伴和第一大外来直接投资国。中老双边贸易额从 1986 年的 980 万美元增长到 2020 年的 35.5 亿美元，比同期中国与东盟的贸易额增长速度更快；云南省是中国对老挝进出口贸易额最高的省份。中国是老挝的第一大投资国，32 年来总投资额超 158 亿美元，2020 年新冠疫情期间仍有 25 亿美元的投资项目。

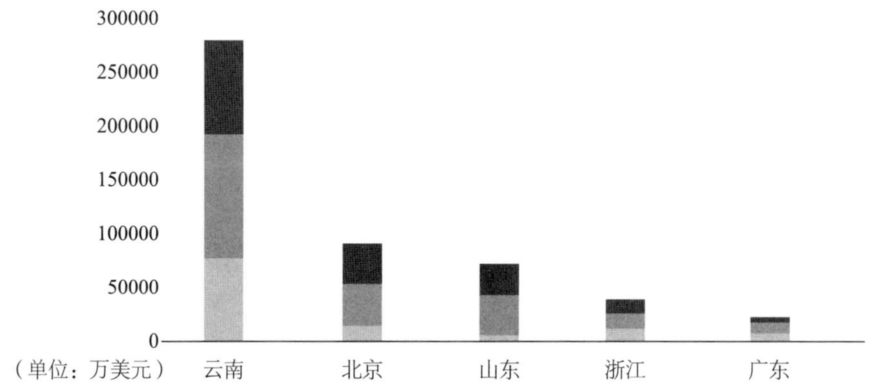

图 2-3　2017—2019 年中国进口老挝贸易额最高的 5 个省份

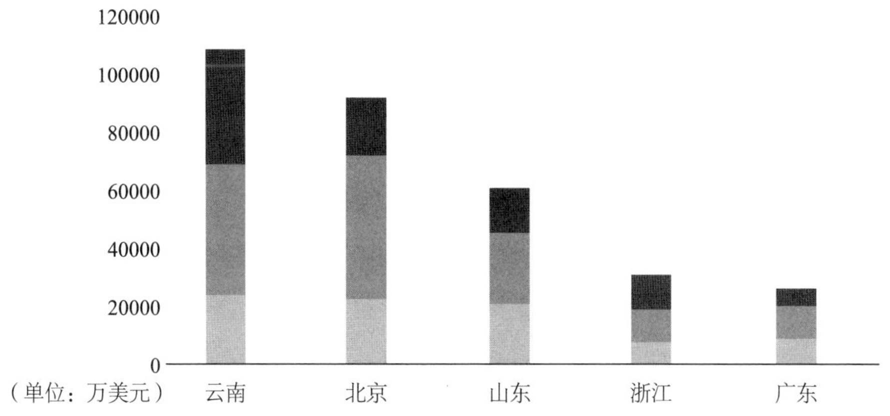

图 2-4　2017—2019 年中国出口老挝贸易额最高的 5 个省份

数据来源：中国海关。

2020 年东盟历史性地成为中国最大贸易伙伴，2021 年 1 ～ 10 月双边贸易额已达 7033 亿美元。云南背靠国内庞大的消费市场，老挝背靠 6.54 亿人口的东盟市场，中国与东盟经贸合作良好的发展势头，是建设中老绿色产业示范区的重要基础。

（五）战略性互补

中老双方产业合作需求聚焦在战略性互补领域。一是绿色农业。老挝农林资源丰富但生产效率不高、抗风险能力相对较弱，2018 年灾害性天气导致老挝面临粮食安全挑战，需要依靠技术力量提高资源使用效率和抗风险能力，发展循环经济。2020 年 1 月，习近平总书记再次考察云南，对高原特色农业发展成效予以充分肯定，云南省具备得天独厚的优势与老挝合作打造世界一流“绿色食品牌”。二是清洁能源。老挝境内水电资源理论蕴藏总量约为 3000 万千瓦，通过实施“东南亚蓄电池”战略吸引外资开发水电，但审批项目多，实际开发利用少。云南绿色电源装机 8652 万千瓦，占比 85.1%；绿色能源发电量占比 91%，清洁能源交易电量占比 97%，非化石能源占一次能源消费比重 42% 以上，四项指标在国内外均居领先水平，具备条件与老挝合力打造绿色能源和绿色制造融合发展示范区。三是生物生态。中老已建立跨境生物多样性联合保护和开发机制，在边境疫情防控的强大压力下，双方有待深入开展跨境生物多样性保护合作，合理开发利用生物资源，建立生物遗传资源获取与惠益共享制度，推动生物资源可持续利用。

（六）重要节点城市

中老铁路重要节点城市绿色产业发展快速，共建绿色产业示范区已初具雏形。昆明市新型产业发展快速，大健康产业增加值 2015—2019 年年均增长 10%，全国首个区块链中心落地发展，拥有规模以上新材料企业超 100 家，区域性国际中心城市地位不断凸显。玉溪坐拥“云南绿色钢城”、研和数控产业基地、云南出口果蔬产业基地，建成“一带一路”田园综合体示范基地检验检测认证追溯中心。普洱特色生物、清洁能源、现代林产、休闲度假等绿色产业体系基本形成，跻身全国首批产城融合示范区。西双版纳特色生物、旅游文化、健康养生、加工制造、信息及现代服务、清洁能源等六大生态经济产业增加值占 GDP 的 31.1%。万象赛色塔综合开发区重点发展的产业包括清洁能源、电子产品制造、生物医药、农产品加工、物流仓储等，2030 年开发区三期建设全部完成后预计年产值可达 60 亿美元。

三、薄弱环节

中老两国在绿色产业领域有着广泛的合作和深厚的基础条件。然而，在具体合作中，也存在一些薄弱环节。这些薄弱环节主要包括了产业合作组织化不够、合作平台载体不强、产业合作机制不全、市场需求不足、技术创新能力不足等六个方面。面对这些薄弱环节，中老两国还需要通过共同努力，将现有的资源、平台、机制进一步整合利用，加强分工协作，优势互补，挖掘发展潜力，促进中老两国绿色产业的发展和合作空间的拓展。

（一）产业合作组织化方面

中老产业技术发展存在一定落差，老挝向中国出口的主要是农产品、矿石及初级加工产品，向中国进口的主要是电子产品、电力和通信设备等。今年以来，大宗农产品市场价格倒挂，生产成本持续上升，RCEP 原产地区域累积规则生效后，资源型产业竞争进一步加剧。老挝有色金属矿产资源十分丰富，进入老挝投资开发的中资企业中，部分云南企业已获得开采权，但主要集中在上游矿产资源开发环节，中下游生产加工环节投资相对少。老挝已建成一批太阳能发电站、生物能源和乙醇生产工厂等，中老铁路开通和 RCEP 生效后，外资工厂不断涌入，可能对老挝刚刚起步的生物能源产业发展造成一定压力。

（二）合作平台载体方面

中国（云南）自由贸易试验区昆明片区的产业聚集度有待提升，需要进一步利用制度优势形成具有国际竞争力的产业集群。玉溪作为中老铁路的重要节点，需要探索由开放“末端”变身“前沿”的新路子。普洱外向型经济体制和市场化的生态产品价值实现机制有待完善，国家绿色经济试验示范区绿色产业优势还有待挖掘。磨憨－磨丁经济合作区在跨境物流基础设施建设及产业配套方面有较大的发展空间。老挝万象赛色塔综合开发区入驻企业还不多，产业发展面临国内外双重压力。

（三）产业合作机制方面

中老政府间合作的重大项目主要集中在农业和能源领域，产业合作机制有待健全。云南省促进跨国产业合作的政策相对分散，涉及国有企业海外投资经营的管理体制机制有待完善。细分产业领域信息服务、统计监测等机制还不健全，部分“走出去”企业因不熟悉老挝投资政策和制度环境，缺乏国际项目经验，“合同泡汤”、企业被罚等事件时有发生。老挝受法国工业技术和标准的影响较深，产业合作技术标准对接存在难度。产业技术领域的人才交流合作有待加强。

（四）市场需求方面

中老两国的绿色产业市场规模较小，缺乏有效的市场机制和消费者认知。中国绿色产业市场在近年来有了较快的增长，但在老挝的市场规模相对较小，绿色产业市场需求不足，制约了绿色产业的发展。在中国，政府采取了一系列的政策措施，如财政支持、优惠税收等，扶持绿色产业的发展，相比之下，老挝的政策措施相对较少，这也是制约绿色产业发展的一个重要原因。

（五）技术创新能力方面

中老两国绿色产业缺乏自主创新和研发能力，依赖于引进和消化吸收国外先进技术。在绿色产业的高端技术领域，中老两国的技术创新能力仍然较弱，无法形成自己的技术优势和竞争力。与此相对应的是，中国在绿色产业技术创新方面取得了一定的进展，并已经在一些领域形成了技术优势和品牌优势。在这方面，中老两国可以通过技术交流和合作，共同研发和应用绿色技术，提高技术创新能力和竞争力。

（六）产业配套能力方面

中老两国的绿色产业配套能力不足，尤其是在生产设备、技术服务等方面，存在着较大的瓶颈。绿色产业的发展需要建立起完整的产业链和配套体系。然而，在中老两国，绿色产业的配套能力仍然不足，这不仅影响了绿色产业的发展，也制约了中老两国在绿色产业中的合作空间和潜力。

四、战略构想

中老经济走廊建设面临新的机遇，建议围绕中老铁路沿线布局绿色产业发展核心区，聚焦重点产业构建绿色技术创新体系，加快数字化交易平台和跨境智慧物流枢纽建设，畅通产业合作机制，建设中老绿色产业示范区。

（一）核心区建设

以中老铁路沿线重要节点城市为核心，布局中老绿色产业发展核心区，这样可以促进技术创新和产业转型，推动绿色产业的快速融合发展，加快形成产业一体化发展分工协作新格局。一是围绕中国（云南）自由贸易试验区昆明片区产业布局，建立绿色生产标准体系，形成高端制造、数字经济、生命健康产业的绿色供应链。二是围绕玉溪全国绿色创新发展示范区发展，建设一批绿色技术创新中心、绿色技术创新示范园区和绿色示范工厂，建立支撑绿色产业发展的共性技术研发体系。三是依托普洱国家绿色经济试验示范区建设，积极创建国家农业高新技术产业示范区，鼓励领军企业建设生态农业创新联合体。四是围绕磨憨－磨丁经济合作区建设，打造跨境智慧物流枢纽，推动绿色制造和绿色服务走出去。五是充分发挥老挝原产地规则和万象赛色塔综合开发区的特色优势，吸引绿色制造、生态农业、清洁能源等产业投资，加快形成中老互利共赢的产业链分工协作体系。

（二）共同体构建

构建中老绿色技术创新共同体可以促进中老两国在绿色技术创新领域的合作，推动绿色技术的研发和应用，共同应对全球环保和可持续发展的挑战。这不仅符合发展中国家的实际需要，也有利于推动全球绿色技术的发展和应用，增强中老两国的合作和友谊。构建中老绿色技术创新共同体需要加强中老协同创新，合作构建市场导向的绿色技术创新体系，培育 3 个以上绿色产业集群和一批年产值上 10 亿元的绿色技术创新龙头企业。一是开展绿色食品开发与技术应用示范。合作共建种质资源保护联合实验室、农业基因资源库、绿色种业基地，依托中国（云南）自由贸易试验区推进农业种质资源中转隔离基地建设；合作开展绿色有机认证，建立绿色产品质量追溯体系。二是打造绿色能源和绿色制造融合发展示范区。以中老大型水电、可再生能源开发和电网跨境通道建设为依托，推进能源产业数字化、管理智慧化；加大铁路沿线绿色低碳工业园区建设，推动企业参与碳排放权交易，建立评价标准、指标体系和激励约束机制；推动中老边合区、老挝经济特区实施绿色产业重大项目和示范工程。三是开发天然药物资源。围绕民族药及健康产品开发，合作开展选育评价、绿色生态标准化、产地初加工等；建设生物医药领域绿色技术标准认证实验室。

（三）数字交易平台建设

建设绿色产业数字交易平台可以促进绿色产业的发展，提高绿色产品和服务的交易效率和透明度，以及推动可持续发展的实现。这不仅符合全球环保和可持续发展的需求，也有利于促进市场的健康发展，提高交易效率和降低成本，促进全球绿色产业的发展。建设绿色产业数字交易平台需要整合中老两国行业数据资源和现有技术产品交易场所，合作建设集数据采集、数据处理、网络交易、网络金融、网络信用、市场监管等为一体的中老绿色产业数字交易平台，推动绿色产业链实现上下游价值创造和共享。利用物联网、云计算等技术推动交易机制规范化、流程便利化、监管闭环化，推动绿色技术交易能级和规模达到全国前列。整合海关、科技、商务、税务、交通、银行、工商、质检等部门信息，为物流企业、制造企业、流通企业提供信息共享服务，建设在线咨询服务系统。紧盯国际国内绿色技术发展方向和市场趋势，加强与国内主要技术产品交易市场合作，打造国内国际交易枢纽节点，积极争取创建国家绿色技术交易中心。

（四）智慧物流枢纽建设

推进中老跨境智慧物流枢纽建设是为了促进中老两国之间的贸易和投资合作，提高物流运输的效率和便捷程度，降低物流成本，促进区域经济的发展，推动国际物流合作的发展。推进中老跨境智慧物流枢纽建设需要结合新型基础设施建设，建设中老跨境智慧物流枢纽，建成一批物流园区、物流节点、配送中心和智慧仓储，形成辐射东南亚的国际智慧物流体系。加强磨憨口岸服务区、海关检疫检验服务区的物联网、智能终端建设，在昆明、玉溪国际物流园区布局大数据中心和工业互联网。鼓励第三方物流在老挝布局海外仓储基地，与线下门店结合构建虚拟海外仓，建立高效安全的国际物流专线。在口岸推行出入境车辆“提前审结”、全信息化智能通关模式。在磨憨—磨丁经济合作区打造国际智慧物流城，发展国际中转物流，开展与国内主要港口相连接的中转集拼业务。探索建设智能无人仓。支持跨境物流企业与东盟国家本土企业开展深度合作，在快运、冷链、同城快递等领域实现多元化布局。

（五）合作新机制搭建

搭建中老绿色合作新机制是为了深化中老两国在环境保护和绿色经济领域的合作，推动绿色发展和可持续发展，促进两国人民的共同福祉。这不仅有利于中老两国的长远发展，也有利于全球环境保护和可持续发展的进程。搭建中老绿色合作新机制需要两国在澜沧江—湄公河合作、中老政府间科技合作联委会、中老经贸合作委员会和中国云南—老挝北部合作工作组框架下，推进合作需求和产业政策对接。积极与中国—中南半岛经济走廊、孟中印缅经济走廊以及成渝地区双城经济圈、长江经济带有效衔接和相互支撑。积极争取亚洲基础设施投资银行和“丝路基金”重大合作项目，尽快取得早期收获成果。定期举办中老科技展、云南绿色食品国际论坛等活动，打造具有影响力的国际论坛品牌。推动双方海关、质检、知识产权、司法、市场监管、检验检疫等部门建立联动工作机制。鼓励云南省有条件的企业、科研院校“走出去”，带动绿色技术在东盟国家转化应用，完善国有企业海外投资经营管理机制。对云南省开展绿色产业对外投资、境外园区建设的企业，在投资前期风险评估、项目融资和境外投资保险等方面给予政策扶持。

第三节　加快建设面向南亚东南亚科技创新中心

加快建设科创中心是贯彻落实习近平总书记要求云南建成中国面向南亚东南亚辐射中心的重要任务和使命。建设面向南亚东南亚科技创新中心（以下简称“科创中心”）和构建新发展格局之间有密切联系。新发展格局要求我国在对外开放方面要坚持互利共赢的原则，加强与国际社会的合作，推进国际科技合作和技术转移，加快形成开放型经济新体制。而建设面向南亚东南亚科技创新中心，也是云南省推进对外开放和加强与南亚东南亚国家合作的重要举措。云南省作为中国和南亚东南亚国家之间的重要枢纽和交通通道，有着独特的区位优势和资源优势。通过建设科技创新中心，可以推动云南省与南亚东南亚国家在经贸、科技、文化等多个领域的合作，加强区域间的交流和沟通，进一步推进中国和南亚东南亚国家的区域合作和发展。新发展格局下，进一步夯实数字经济发展动力，运用数字技术赋能科创中心建设，有利于实现各类创新要素快捷流动、各类市场创新主体加速融合，打破国别地域空间限制，畅通国内外经济科技循环，延伸创新合作链条，进一步提升云南数字经济的国际竞争力、科技影响力，有力推动云南省高质量建成面向南亚东南亚辐射中心。

一、建设现状与优势

云南省委、省政府高度重视科创中心建设，2016 年正式出台《建设面向南亚东南亚科技创新中心专项规划》，明确“面向南亚东南亚辐射中心”由区域性国际经济贸易中心、科技创新中心、金融服务中心和人文交流中心 4 大部分组成，旨在建成面向南亚东南亚具有区域影响力的科技创新中心。为支撑面向南亚东南亚辐射中心建设，进一步提升云南科技创新发展面向南亚东南亚的影响力和辐射力，2021 年 11 月，云南省建设面向南亚东南亚科技创新中心办公室正式出台了《加快面向南亚东南亚科技创新中心建设行动方案》，旨在为科创中心建设提供行动指导，通过推进与南亚东南亚国家在科技人文交流、联合实验室共建、科研开放合作、科技园区合作、技术转移转化等方面合作，培育科技辐射载体，科创中心全面进入实质化建设阶段。

目前，云南省的环境优势正在倒逼科创中心加速建设。一是区位优势。云南是“三亚之枢纽”①，是中国唯一可以同时从陆上沟通南亚、东南亚（以下简称“两亚”）的省份。从云南向东可与珠三角、长三角经济圈相连，向南延伸，未来可通过建设中的泛亚铁路东、中、西三线直达河内、曼谷、新加坡和仰光，向北可通向四川和中国内陆腹地，向西可经缅甸直达孟加拉国吉大港沟通印度洋，连接南亚次大陆，为建设科创中心提供了有利的地理条件。二是物流通道优势。2021 年 12 月开通的中老铁路为云南省建设科创中心提供了重要的物流通道。中老铁路让云南与东盟之间货物的运输时间和物流成本大幅压缩，成为国际物流的黄金线路，通过其发运的货物已覆盖泰国、缅甸、老挝、马来西亚、柬埔寨、新加坡等 10 余个国家和地区，有力促进了沿线货物运输效率和经贸往来，使得云南有机会依托经济通道发展通道经济。中老铁路开通 4 个月以来，已累计开行货物列车 2023 列，发送货物 131 万吨，这为促进科创中心建设提供了重要的物流交通保障。三是经贸优势。云南与两亚之间良好的经贸合作基础与正式生效的《区域全面经济伙伴关系协定》为科创中心的加速建设提供了良好的经贸条件。东盟与云南省贸易互补性强、地理距离近、物流成本低、文化习俗相近，长期以来是云南省第一大贸易伙伴。近年来双边贸易程度持续加深，2021 年云南省外贸进出口总额为 3143.8 亿元，东盟占外贸进出口总额的 39.53%，双向贸易和投资持续扩大，跨境电子商务蓬勃发展，产业链供应链更加紧密。

二、数字经济提供新机遇

过去十年，数字科技正逐步取代能源，成为全球经济增长的核心推动力，也开启了信息科技的第一轮社会经济价值呈现。2020 年我国数字经济在逆势中加速发展，《中国数字经济发展白皮书》表明，2020 年我国数字经济增加值规模达到 39.2 万亿元，占 GDP 比重为 38.6%，同比提升 2.4 个百分点，有效支撑疫情

① 指云南位于东亚、东南亚和南亚“三亚”之枢纽之地。

防控和经济社会发展。2021 年 10 月，习近平总书记在中共中央政治局第三十四次集体学习时强调："数字经济发展速度之快、辐射范围之广、影响程度之深前所未有，正在成为重组全球要素资源、重塑全球经济结构、改变全球竞争格局的关键力量。"云南省委、省政府高度重视数字经济发展，坚持把数字云南作为推动高质量跨越式发展的重大举措，颁布了《"数字云南"信息通信基础设施建设三年行动计划（2019—2021 年）》，云南省数字产业增势喜人。截至 2021 年，全省电信业务总量达到 5648 亿元，同比增长 34.9%；信息产业主营业务收入达 1703 亿元，同比增长 16.2%。数字化转型步伐加快，推动产业提档升级。

云南省应把握住数字经济发展对科技创新中心建设带来的新机遇，推动数字驱动科创中心建设。一是实现合作领域的数字化提升。围绕现代农业、生物医药和大健康、电子信息和先进装备制造、矿业与新材料、生物多样性与环境保护、公共安全与防灾减灾等科创中心建设重点领域，开展数字技术创新，持续推动数字产业化、产业数字化；二是推动创新合作平台载体数字化升级。利用大数据、移动互联网、云计算、5G 等新一代信息技术，推动国际科技合作示范基地、联合研发中心、技术转移中心、国际科技创新园、海外科技示范园等平台载体数字化建设与运营。

三、思路及设想

建设面向南亚东南亚科技创新中心是云南省融入新发展格局，实现高质量发展的重要举措。在这新的机遇条件下，建议通过打造数字技术应用及成果转化高地、建设中国面向两亚的产业数字化示范合作基地、打造中国面向两亚的数字枢纽、加快数字化平台载体建设、营造数字研发合作创新生态来加强面向南亚东南亚科技创新中心建设。

（一）打造数字技术高地

打造数字技术应用及成果转化高地，可以推动面向南亚东南亚科技创新中心的数字化转型和科技创新，促进经济发展和社会进步。这需要充分借助和运用中国－南亚东南亚智库论坛、中国－东盟创新中心、中国－南亚技术转移中心等平台，积极推动云南与两亚数字技术合作交流平台和机制建设。以需求为导向，加快资源数字化建设，开发两亚信息资源。数字赋能经济社会发展，与两亚共同开展数字防疫、数字边境、数字旅游、数赋双碳、数字治理、数字防灾减灾等方面合作，与两亚共同推动数字命运共同体建设，优化双边治理体系，发挥地区和全球经济“稳定器”与“助推器”的作用，与两亚共同加快推动疫后经济复苏。推进数字边贸、数字农业、数字制造业、数字服务等建设，充分提升两亚市场的数字化水平，促进两亚市场的贸易便利化、一体化。推进数字产业化，拓展云南与两亚的数字技术合作深度，打造中国（云南）面向两亚的数字技术应用高地，释放两亚数字红利。促进科技成果孵化和科技企业孵化数字化转型，建立数字创新联合实验室，建设技术转移和科技成果转化数字平台。

（二）建设数字化示范合作基地

建设数字化示范合作基地是建设面向南亚东南亚科技创新中心的重要举措。这需要云南省加强数字云南建设整体布局，加快数字信息基础设施建设，推进5G规模化应用，以数字科技赋能实体经济，充分激发数字经济与传统产业的“化学反应”，推动制造业、服务业、农业等传统产业数字化，促进产业数字化转型。利用互联网新技术对传统产业进行全方位、全链条的改造，提高全要素生产率，加快建设培育数字产业链，落实产业链链长制，持续补链延链强链。围绕云南重点产业，培育数字高原特色农业产业链、数字旅游文化产业链、数字信息产业链等重点产业链。推进数字化应用典型模式指引，支持企业做大做强，实施企业梯次培育行动，遴选培育数字产业链领航企业、龙头骨干企业，让“数字+农业”“数字+制造业”“数字+服务业”成为云南实现高质量发展的重要抓手和有效助推，最终形成面向两亚的产业数字化示范效应，进而加强面向两亚的产业数字化转移。加大培育面向两亚的技术先进型服务企业，促进数字技术外包业务，让技术先进型服务业成为云南省数字技术产品走向两亚的重要支撑。

（三）打造面向两亚的数字枢纽

打造面向两亚的数字枢纽有利于加快推动我国建设面向南亚东南亚科技创新

中心。这需要云南省加快建设中国连接两亚国际信息大通道，以多语言技术为突破口，深化与头部企业合作，持续攻关小语种软件和机器翻译技术，积极推动在昆明建设国家级多语言技术研发和产业示范基地。加快提升跨境信息服务能力，扩大地区产业影响力，加快推进国际大数据产业合作，积极推动与两亚共建中国与两亚间的大数据存储加工中心、算力中心，并把总部设在昆明，提升科创中心的数字功能。以大数据储存加工中心与算力中心为牵引，推进与两亚网络设施互联互通，引导经济贸易、科技创新等领域多双边区域合作机制建设，为小语种服务、跨境电子商务、跨境物流、跨境金融、数字文化等产业提供算力支撑，加快推进面向两亚的科创中心建设。在培育云南数字边境物流、数字口岸、数字特色农业、数字旅游文化等产业链中心的基础上，实现云南成为“链接全国、覆盖两亚”的关键技术研发和数字科技人才培育中心。

（四）建设数字化平台载体

建设数字化平台载体的可以提升数字经济和数字化转型的效率和质量，促进各个领域的数字化发展，从而加快推进科技创新中心的建设。这需要云南省积极探索建立面向两亚的工业互联网平台、行业数字公共服务平台、数字化转型促进中心，利用一体化智能化公共数字平台高效配置数字资源，积极推动智慧管理、智慧翻译等数字平台的开发和迭代升级，探索谋划跨应用场景建设，融合线上与线下，以数据联动，打通国内与两亚市场。以高标准平台管理为抓手，促进数字平台经济健康有序发展，加强对数字化平台的监管强度，降低监管成本，增强监管效果，推动数字化平台的发展走向规范。结合高新技术产业开发区、经济技术开发区等园区高质量发展，聚焦数字经济产业，建设一批具有国际先进水平的创新型综合数字产业园区。推动数字经济园区发挥集聚和带动作用，推进数字经济和实体经济融合发展，加快形成“产业＋配套、平台＋生态、技术＋赋能”的数字产业生态，加快建设与现代产业体系高效融合、创新要素高效配置、科技成果高效转化、创新价值高效体现的开放型区域创新体系。

（五）营造数字研发合作创新生态

营造数字研发合作创新生态与建设科技创新中心有着相互促进的关系。数字研发合作创新生态的建设可以为科技创新中心提供更多的创新资源和合作伙伴，促进科技成果的转化和应用。同时，科技创新中心的建设可以为数字研发合作创新生态提供更多的支持和保障，为数字产业的发展提供更加稳定和可持续的发展环境。营造数字研发合作创新生态需要加强数字创新的法规研究、制度设计、规划部署、治理能力等，全省一盘棋，统筹推进数字生态构建。同时，还需要提升数据安全水平。一方面要加强相关技术研发，落实主体责任，包括政府、企业以及个人的责任；另一方面要增强数字主权，加强对数字相关的法规标准、算法、安全共享、知识产权保护、隐私保护、反垄断以及用户权益保护等方面的研究。借助区块链技术，建立协调机制和标准，提供可信、可追溯的交易和服务，促进区域信息开放共享和数据溯源监管。积极搭建与两亚的双边、区域和国际合作平台，充分发挥中国—南亚博览会等主场平台作用，创建良好的营商环境。推进“数字丝绸之路”建设，深入拓展“丝路电商”合作，持续推进跨境电子商务综合试验区建设，着力打造开放、互利、共赢的数字生态。

第四节　推动曲靖先行融入粤港澳大湾区

曲靖是珠江发源地、云南的“东大门”，是粤港澳大湾区面向南亚东南亚的重要连接点。作为云南副中心城市，曲靖工业基础好、农业劲头强、经济实力足、人口规模大，在对接粤港澳大湾区、探索区域协同发展方面有需求、有优势。把曲靖打造成为对接粤港澳大湾区产业发展首选地、科技协同创新示范地、面向南亚东南亚重要陆路出口地、高端绿色食品供给地和人才创新创业高地，可以为云南省构建新发展格局做出积极贡献。推动曲靖先行融入粤港澳大湾区，是云南省推进对外开放和加强与粤港澳大湾区合作的重要举措，也是云南省融入国内大循环，构建新发展格局的重要抓手。曲靖作为云南省的重要城市，其经济结构以农业和资源型产业为主。通过与粤港澳大湾区的合作，可以引进更多高端制造、科技创新和服务业等新兴产业，促进曲靖市的产业升级和转型，推动经济向高质量发展转型。曲靖与粤港澳大湾区之间地理位置接近，交通便利，可以进一步提高区域间的交流和沟通，增强曲靖与粤港澳大湾区之间的合作和联系，促进区域协同发展，为构建新发展格局奠定基础。

一、曲靖的基础和优势

曲靖具有得天独厚的区位优势和资源优势，政治、经济、文化基础雄厚，交通便利、基础设施完善，发展潜力巨大。曲靖的优势包括：独特的区位优势，丰富的农业资源和产业基础，丰富的人文历史和文化遗产，交通便利、基础设施完善，发展潜力巨大。这些优势使曲靖成为一个具有很大发展潜力的城市，未来的发展前景非常广阔。

（一）区位优势明显

曲靖位于云南省中部地区，与广东、香港、澳门等粤港澳大湾区城市距离较近，与深圳和广州只有不到千公里的距离，这种地理位置优势可以为曲靖与粤港澳大湾区的贸易往来提供便利，还具备便捷的物流优势。同时，曲靖是出省入滇的重要通道，沪昆高铁、贵昆铁路和沪昆、汕昆、银昆等高速公路纵贯全市。随着渝昆、深昆、成昆高铁连接线的规划建设和现代物流体系的加速形成，曲靖全国性综合交通枢纽的地位不断彰显。加之曲靖海关开关运行、曲靖经开区获批中国（云南）自由贸易试验区联动创新区、中老铁路建成通车，使得曲靖对外开放有了新渠道，为打造粤港澳大湾区面向南亚东南亚的重要陆路出口提供了有利条件。

（二）工业基础扎实

曲靖市政府高度重视工业发展，在市域内建设了多个工业园区，为企业提供了便利的投资环境和完善的基础设施。2016—2020 年，曲靖共引进世界 500 强企业 10 户、中国 500 强企业 15 户，为全市打造新能源电池、绿色硅光伏和绿色铝精深加工 3 个千亿级产业提供了有力支撑，全省先进制造业中心初具规模。

作为全国优质烟生产加工基地、能源基地、高原特色农产品基地、制造业基地，曲靖围绕新能源电池、绿色硅光伏、绿色铝精深加工、稀贵和液态金属冶炼、先进装备制造、烟草等产业持续发力，“先进制造基地”建设取得了显著成效，被认定为“中国制造2025”国家级示范区。在新能源电池产业领域，曲靖市吸引了德方纳米、远景能源等入驻，磷酸铁锂电池、动力电池等取得了新突破。同时，曲靖市积极打造光伏之都，大力发展绿色硅光伏产业，产业规模不断扩大，技术不断创新，政策支持力度加大，产业链完备。曲靖市吸引了隆基、晶澳、阳光等世界一流企业落地，已基本形成全产业链布局，并荣获“绿色晶硅光伏之都”称号。在发展绿色铝精深加工产业方面，绿色水电铝材、水电硅材发展走在全省前列，基本建成“阳极碳素—电解铝—铝精深加工—铝应用—再生铝”循环产业链。在推进烟草、钢铁等传统产业转型升级方面，曲靖市不断塑造支柱产业新优势。

曲靖人口规模稳居全省第二，拥有一大批产业工人队伍，为工业发展提供了重要的人才储备，对承接粤港澳大湾区产业转移能够发挥重要作用，同时也为曲靖借助后发优势、跨越产业发展代际、推动产业结构向中高端迈进、实现高质量跨越式发展提供了有利条件。

（三）高原特色农业前景好

曲靖素有“滇东粮仓”美誉，高原特色农业居全省前列，粮食、蔬菜、魔芋、蚕桑产量和生猪、肉牛出栏量稳居全省第一。粤港澳大湾区“菜篮子”生产基地和“绿色食品牌”产业基地数量居全省第一。马龙花卉和陆良蔬菜入选全国优势特色产业集群布局，罗平小黄姜、宣威火腿入选中欧地理标志协定保护名录，沾益被列为全国农民合作社质量提升整县推进试点县。蒙牛、今麦郎等食品加工知名品牌企业落地，云淀淀粉、大天种业被认定为国家重点龙头企业。2021年，曲靖被表彰为全国食品安全工作先进集体、全国粮食生产先进集体。

（四）副中心城市辐射带动

2022年，中共云南省委、云南省人民政府印发了《关于支持曲靖市建设云南副中心城市的若干意见》以下简称“《意见》”，从总体要求、重点工作任务、保障措施等方面提出了支持曲靖建设云南省副中心城市的具体措施和重点工作任务，让曲靖迎来新的重大发展机遇。曲靖各级各部门纷纷表示，将积极结合自身职能职责，为曲靖加快建设云南省副中心城市，支撑全省经济社会高质量跨越发展贡献力量。

《意见》中提到，到2035年，曲靖市建成更高水平的云南副中心城市，地区生产总值突破1.2万亿元，进入全国地级城市50强，人均GDP、中等收入群体比重高于全国平均水平；现代产业体系全面建立，现代化基础设施体系全面形成，建成高品质宜居宜业城市和区域功能中心，与全国、全省同步基本实现社会主义现代化。

《意见》还提出曲靖市是云南省第二大城市和第二大经济体，支持曲靖市在更高起点上加快建设云南副中心城市，建成引领发展的云南先进制造业中心、支撑发展的网络型基础设施样板、承载发展的高品质宜居宜业城市、融合发展的高质量区域功能中心，成为滇中城市群重要增长极、我国面向南亚东南亚辐射中心重要支撑点，为全省高质量跨越式发展作出更大贡献。

为保障曲靖市顺利建设云南副中心城市，《意见》还提出了很多保障措施。比如赋予曲靖市更多权限。在产业发展、城乡融合发展、优化营商环境、生态文明建设、现代化治理体系等方面鼓励曲靖市先行先试，优先将曲靖市作为探索改革试点城市。强化要素保障。加大省财政转移支付力度，共同推动曲靖市财力保障水平稳步提升；由省、市共同出资，在全省率先建立与产业发展规模相适应的产业引导基金，撬动社会资本投向曲靖市优势产业集群项目；在全省国土空间规划“三区三线”划定中，给予曲靖市更大的发展空间保障，新增建设用地计划指标向曲靖市倾斜；支持曲靖市开展永久基本农田布局优化调整；探索二三产业混合用地政策和管理机制；支持曲靖市盘活利用存量土地，对重大项目用林、用地、能耗等实行应保尽保、特办快办；支持曲靖市在碳汇交易方面先行先试；支持按照适度超前原则，加快建设产业园区等负荷快速发展地区的电力基础设施，全力保障企业生产用电需求。优化发展环境。指导曲靖对标先进地区，持续优化提升营商环境；深化对内对外开放，支持参与《区域全面经济伙伴关系协定》（RCEP）项下合作，融入粤港澳大湾区、成渝地区双城经济圈等区域发展。完善协作机制。建立由省发展改革委牵头，省直部门参与的定期协调、会商、联动的工作机制，研究解决云南副中心城市建设中的困难问题，推动各项支持政策落地见效；省直部门加强服务指导，积极争取国家层面给予政策、项目和资金等支持，加快推进曲靖市建设云南副中心城市重点支撑项目的实施；曲靖市切实履行主体责任，主动加强沟通衔接，进一步细化工作措施、落实责任分工，扎实推进云南副中心城市建设。

作为推动云南跨越发展的重要经济增长极和新引擎，曲靖依托雄厚的经济实力、扎实的工业基础、健全的综合交通物流枢纽体系等，辐射带动周边地区作用不断加强。同时，副中心城市定位为曲靖迎来的重大发展机遇和政策支持，有利于精准对接粤港澳大湾区拓展区域发展空间等需求。

二、思路及设想

曲靖市对接粤港澳大湾区的发展可以帮助云南省加强产业发展，促进科技创新、拓展省外市场、加强云南省人才培引，推动曲靖市与粤港澳大湾区合作共赢，共同实现更高水平的发展。同时，推动曲靖先行融入粤港澳大湾区，是云南省推进对外开放和加强与粤港澳大湾区合作的重要举措，也是云南省构建新发展格局，实现高质量发展的重要抓手。

（一）对接粤港澳大湾区产业发展

曲靖市对接粤港澳大湾区产业发展可以有效地促进产业升级和转型发展。这需要依托泛珠三角区域合作行政首长联席会议、滇粤扶贫协作等平台，建立和完善与港粤澳大湾区高层对接对话和部门协商合作长效机制，支持曲靖与粤港澳大湾区市县建立多层次合作机制。

聚焦曲靖重点产业和未来新兴产业，面向粤港澳大湾区开展“大招商”。建立“大湾区总部＋曲靖基地”合作机制，依托曲靖经开区、沾益工业园区等打造粤港澳大湾区产业承接带，推动粤港澳大湾区新能源汽车及零部件制造、新型智能装备制造等先进制造业向曲靖转移。建立“大湾区企业＋曲靖资源”合作机制，吸引大湾区企业在曲靖发展“飞地经济”，与曲靖合作共建园区，探索建立税收征管和利益分配机制，打造“飞地经济”示范区。支持新能源电池、绿色硅、绿色铝精深加工等优势企业在粤港澳大湾区发展“飞地经济”，嵌入粤港澳大湾区先进制造业产业体系，推动本土企业发展壮大。

（二）对接粤港澳大湾区科技创新

曲靖市可以加强与粤港澳大湾区的科技创新合作，可以共同推进科技创新成果的转化和应用。这需要建立“大湾区研发——曲靖转化”合作机制，打造离岸孵化器和飞地技术研发外包中心。以曲靖经开区、沾益工业园区、富源工业园区等为重点，深化粤港澳大湾区科技创新平台合作，支持在曲靖设立创新服务中心和产业化基地。深入推进“科技入滇”行动，围绕产业链布局创新链，做强做大新能源电池、绿色硅光伏、绿色铝精深加工等优势产业。支持与粤港澳大湾区科研院所、高等院校和企业共建联合实验室、转移中心、研发中心，引进先进技术成果进行转化和产业化。支持粤港澳大湾区科研院所、高等院校和龙头企业参与曲靖科研项目，开展重大关键技术联合攻关。探索省科技厅与曲靖市人民政府共建省市一体化协同创新工作机制，推动省市两级财政科技投入稳步增长。

（三）成为粤港湾大湾区辐射两亚的重要陆路出口地

曲靖市成为粤港澳大湾区辐射两亚的重要陆路出口地，将为曲靖市的经济发展提供新的机遇和平台，有助于拓展市场空间、加速产业升级、提升城市形象和促进区域合作，进一步推动曲靖市实现高质量的经济发展。这需要曲靖市加快构建综合立体交通网，抓好渝昆高铁曲靖段建设，推进渝昆沪昆深昆高铁连接线、深南昆高速铁路曲靖段建设，积极推进宣威、罗平机场等项目及滇中城市群轨道交通建设，参与西部陆海新通道建设，全力打造中越快速出境通道，努力提升曲靖全国综合交通物流枢纽地位。

把中老铁路作为曲靖连接粤港湾大湾区和南亚东南亚的重要突破口，打造曲靖区域性国际物流中心，规划建设一批综合物流园区，支持粤港湾大湾区物流产业园在曲靖设立分园，吸引粤港澳大湾区企业参与马龙陆港型、沾益公路港等项目建设。建立多式联运协调机制，推动马龙陆港型、沾益公路港与沿海港口江海联运合作。加强与南亚东南亚的国际贸易物流合作，充分发挥曲靖海关、中国（云南）自由贸易试验区联动创新区、富源出口监管仓作用，为粤港澳大湾区产品出口南亚东南亚提供通关便利。

（四）成为粤港澳地区高端绿色食品供给地

曲靖市成为粤港澳地区高端绿色食品供给地，将为曲靖市的经济发展提供新的机遇和平台，有助于拓展市场空间、增加就业机会、提高城市知名度和促进区域合作，进一步推动曲靖市实现高质量的经济发展，进而为云南省实现高质量发展做贡献。这需要曲靖市全力对接粤港澳大湾区“菜篮子”工程，找准市场需求，建立“大湾区市场—曲靖高端绿色食品供给地”合作机制，开展大湾区“高端绿色食品供给地”城际合作，推动绿色食品定向采购，实现“产、供、销”一体化。引进粤港澳大湾区绿色食品龙头企业入驻曲靖，联合共建高端绿色食品生产、加工基地，加强集配中心等绿色农产品现代化基础设施建设，打造面向粤港澳大湾区的高端绿色食品主要集散地，加快推动产业集群发展。着力推进“农业产业化、农业科技化”，提高蔬菜应急保供能力。依托优质畜禽品种资源，打造全国一流生猪养殖基地和肉制品加工中心。加快高端绿色食品知名品牌培育，鼓励企业利用广交会、高交会等平台开展产品和品牌宣传推介，打响曲靖“珠江源”高端绿色食品品牌。

（五）打造曲靖人才创新创业高地

曲靖市成为粤港澳地区人才创新创业高地，将为曲靖市的经济发展和城市建设注入新的动力和活力，有助于吸引高端人才、促进产业升级、增加就业机会，进一步推动曲靖市实现高质量的经济发展和城市建设，有利于云南省构建新发展格局。这需要曲靖从粤港澳大湾区柔性引才，吸引粤港澳大湾区高层次科技创新创业人才扎根曲靖，支持粤港澳大湾区专家在曲靖设立专家工作站，柔性引进大湾区退休人才到曲靖开展教育、医疗等服务，打造对接粤港澳大湾区人才合作示范区。推动与粤港澳大湾区职业（技工）院校合作交流，探索建立高技能人才培养机制。探索建立粤曲劳务合作试验区或人力资源服务产业园区，共享就业创业、资源对接、人才供求信息。健全人才委托培养机制，定期输送本地人才到大湾区高校、科研院所、企业等学习。

第三章　建设产业强省

产业兴则经济兴，产业强则经济强。加快建设现代产业体系，是推动云南经济高质量发展的关键所在。近年来，云南加快推进产业结构优化升级，培育产业发展新动能，产业投资对稳住经济大盘发挥了重要作用。然而，在推进高质量跨越式发展进程中，最大短板在产业、最大难点在产业、最大潜力也在产业。云南省第十一次党代会明确提出，“要推动产业强省建设，把发展经济着力点放在产业培育、产业招商引资和营商环境建设上，把转方式调结构放到更加重要的位置，促进传统产业转型升级、新兴产业蓬勃发展，未来产业加快布局”。加快建设产业强省，探索产业兴、产业强的新路径新举措，已成为云南未来一段时期的重要任务，亦是促进经济高质量发展的首要任务。

本章梳理云南部分特色农业、战略性资源产业和新兴产业发展情况，研究产业发展中存在的短板问题，探讨产业发展的重要举措，以期能够在产业发展政策制定方面提供有益参考，更好助力产业强省建设。

第一节　加快特色农业高质量发展

农业是国民经济发展的基础产业，高原特色农业是云南最亮丽的产业名片之一，在全国农业中占有重要地位。对云南这样一个农村人口占比高的农业资源大省来说，突出资源禀赋优势，发展特色农业显得格外重要。党的十八大以来，云南省立足多样性资源的基础，高位谋划推进特色农业，2022 年，云南第一产业增加值 4012 亿元，全国排名从 2012 年的第 13 位提升到第 10 位，实现了农业资源大省向特色农业大省的转变，并持续朝着现代化农业强省迈进。推动产业强省建设，农业现代化是关键，离不开农业的高质量发展。本节重点探讨云南特色鲜明的核桃产业、香辛料产业和豆腐产业。

一、核桃产业高质量发展

云南是全球最大的核桃生产基地，核桃种植面积 4303 万亩，核桃产量超过 160 万吨，居全国第一位。近年来，云南立足核桃产业巨大经济效益和生态效益优势，全力打造世界一流核桃“绿色食品牌”，做强做优云南核桃产业，从加强核心技术攻关、培养饮食文化、培引龙头企业、促进固碳增效、推动更新种植、广泛宣传推广等六个方面着手，着力解决核桃产业“低质低端供给过剩、高质高端供给不足”问题，积极促进核桃产业提质增效，核桃产业成为 1300 多万山区农民增收的重要来源，引领和带动全国核桃产业高质量发展。

（一）核桃产业发展的优势

1. 种植历史悠久

云南已有 3000 多年的深纹核桃种植历史，是最早种植核桃的地区之一，为优良核桃品种培育提供了先天基础和优势。当前，云南传统优良品种主要有漾濞大泡核桃、大姚三台核桃、昌宁细香核桃以及华宁大白壳核桃等泡核桃和圆菠萝、桐子果、娘青夹绵等夹绵核桃品种；同时还有采用深纹核桃和普通核桃杂交选育的云新云林、云新高原等杂交品种，核桃具有个大、皮薄、出仁率高、含油率高等诸多优良特性。

2. 种植规模大

云南是全球最大的核桃生产基地，核桃种植面积大、范围广、产量高、品质好，为推动农民增收，助力脱贫攻坚实现乡村振兴起了重要支撑作用。截至 2020 年底，云南核桃种植面积 4303 万亩，产量 148 万吨，综合产值 412.36 亿元。同时，全省 129 个县（市、区）中，116 个县（市、区）形成了核桃种植产业，核桃成为了云南第一大木本经济作物。

3. 生态效益好

核桃是改善生态环境的优良树种，具备良好的生态效益。云南 4303 万亩核桃种植面积，为森林覆盖率贡献了 7.5 个百分点，对于广大山区提供了良好的生态屏障，成为了云南生态资产中最具有可持续资源能力和可持续价值再生产能力的“生态资本”。此外，核桃产业生产加工过程中产生的废弃物可加工后进行回收利用，也为实现“双碳”目标提供了重要力量。

4. 带动企业多

云南核桃企业依托产地优势发展，规模不断增加。目前，云南有核桃企业4470家，国家级龙头企业2家，省级龙头企业56家，南涧县红云核桃、云南摩尔农庄、云南磨浆、维西县康邦美味等公司相继入选云南省绿色食品“10强企业”“20佳创新企业”，省级核桃龙头企业培育取得初步成效。同时，云南农垦集团进军核桃产业，成立了云南农垦核桃产业发展有限公司，国有企业的引领作用正积极发挥。此外，包括云南信威、云南摩尔农庄等在内的核桃龙头企业，聚焦核桃种植技术、青皮去除装置、核桃仁脱衣设备、核桃油、核桃乳等深加工技术研发，推动云南省获得专利居全国前列，有效带动了云南核桃产业的发展。

（二）核桃产业发展存在的问题

1. 核桃品种多而杂

虽然云南核桃种植面积和产量均居全国首位，但核桃品种混杂，核桃丰林不丰产、品质不一等问题突出。目前，云南核桃的平均亩产50余公斤，较新疆（214公斤）和美国（221公斤）的差距较大。云南核桃以山地栽培为主，核桃采收以人工为主，机械化程度仅为20% ~ 30%，而新疆机械化程度已经超过60%，因而云南核桃生产成本较高。此外，与美国和新疆等相比，云南核桃规模化和标准化处理不完善，核桃产品的稳定性、均一性差。

2. 精深加工能力不足

云南核桃产业还处于以出售核桃坚果和核桃仁等初加工产品为主的初级阶段，以核桃油、核桃饮品为主的精深加工产品品种少，产品开发创新能力不强，核桃产业综合效益不高。加之对核桃枝干、根、枝、叶、青皮、壳等未实现深度发掘和综合利用实现增值，造成了资源浪费。

3. 企业主体多而不强

在云南4470家核桃企业中，产值亿元以上的企业仅15家，核桃龙头企业少，多为中小型企业，且普遍存在技术和设备落后、产业链不全、精深加工能力不足等问题。同时，较三只松鼠、百草味、良品铺子等国内同类产品知名企业，云南核桃企业影响力还不够，带动全省核桃产业的良性发展能力不明显。

4. 市场竞争力不强

由于核桃产品质量及品类难以满足市场需求，导致核桃价格持续走低，形成低质低端供给过剩、高质高端供给不足的反差，从而影响核桃产品市场竞争力的有效提升。由于缺少统一的核桃交易市场、核桃品牌建设力度不够、缺少拳头产品、宣传力度不够等原因，“摩尔农庄”“磨浆”等云南品牌较“六个核桃”等全国知名品牌，知名度还不高、影响力还不强。

（三）核桃产业高质量发展的举措

1. 加强技术攻关

一是推行揭榜制、赛马制开展核心技术攻关。围绕核桃油保鲜技术推行揭榜制，面向全球发榜，吸引国内外有实力的企业参与核桃油保鲜技术研发；在核桃关键核心技术研发和示范推广领域实行赛马制，支持企业开展拓展核桃用途（包括机理基础研究等）的科技研发，提升核桃精深加工能力。围绕核桃枝干、根、叶、青皮、壳等高值化利用，全方位支持创新创业，推动社会各界为核桃产业发展出思路、出方案、出产品。二是支持核桃新品种开发。加大对核桃高附加值新品种的研发投入，聚焦优化口感、提升营养，支持企业开展系列核桃品种开发，支持核桃企业设立技术中心或研发中心。搭建合作研究平台，构建“产、学、研、用”联合协作机制，为企业提供技术支撑。

2. 发掘饮食文化

一是打造核桃饮食套餐。立足云南核桃产量和品质优势，打造新时代云南三宝：普洱茶、三七、核桃。借鉴陕西“三秦套餐”（凉皮、肉夹馍和西安生产的冰峰汽水）经验，推出“过桥米线 + 核桃乳”“野生菌火锅 + 核桃乳”饮食套餐，打造不同饮食版本，如“过桥米线 + 核桃乳”浓郁版和清爽版，进行合理定价，打造质高价低的饮食产品，推动核桃产业实现供给侧改革。二是打造特色民族饮食。立足地方特色民族文化，研究和开发具有民族特色的核桃食品，营造浓厚民族核桃饮食文化，同时借助民族文化节日活动及生态旅游，积极开展宣传推广。三是开展核桃代餐品和菜品研发。发挥核桃保健功能，开发以核桃为主要原料的代餐品。积极与外婆味道、茄子恰恰等省内餐饮企业，以及喜茶、茶颜悦色等国内知名餐饮公司合作，开发新鲜特色核桃菜品和饮品，为消费者提供多样选择。四是推广使用核桃油。发挥云南核桃产量优势，大力推广核桃食用油和功能性油，实现大宗进口棕榈油和橄榄油的场景替代。

3. 培引龙头企业

一是加大本土企业培育力度。立足全国统一大市场建设契机，建设云南核桃产业统一大市场，完善物流体系建设，破除地方保护和区域壁垒，进一步降低市场交易成本，为中小型核桃企业提供更好的发展空间。积极吸引有实力的企业进军核桃产业，发挥好云南农垦核桃产业发展有限公司等国资企业的政策、规模和品牌优势，推进云南核桃产业标准化、规模化和信息化建设。加快漾濞、永平、昌宁等核桃产业园建设，推动生产企业集群发展。二是积极开展招商引资。大力引进国内外知名企业、领域领军人才，发挥好引领带动作用。着力引进在国内乃至世界知名的餐饮品牌，开展特色菜品研发，丰富核桃特色餐饮体系。

4. 发挥生态效益

一是开展碳汇项目示范。推进核桃产业园区绿色循环化改造，支持开展云南核桃产业碳汇项目示范，支持企业开展核桃产业低碳零碳负碳技术研发应用。二是加大科技创新服务。设立核桃科技特派员，组织推广专家和技术干部深入产区村组开展科技服务和科技培训，培养一批懂技术、懂管理的农民核桃技术员。积极试点推广无人机、大数据平台防治病虫害和核桃自动采收杆。三是大力推进核桃绿色循环种植。实施化肥农药减量替代计划，加强核桃废弃枝干资源化利用，促进固碳增效。建设核桃现代科技示范基地，实施林下多种经营，套种菌类、蔬菜类、药材类等。

5. 推动更新种植

一是制作高档家具。核桃木有“硬木之王”的称号，是制作高档家具的上乘材料。立足云南核桃种植面积优势，以及核桃木家具供给不足现状，创新精准经营模式，科学采伐产果率和质量不佳且种植时间长的核桃树，用于制作高档家具。支持核桃企业开拓核桃家具制作业务，加强与国内外知名家具企业合作，打造核桃木精品家具。二是推动更新种植。在采伐区域开展更新种植，推广种植咖啡树、桑树等适宜的经济林木，解决核桃产业供过于求、质低价低等问题，创造新的经济增长点。

6. 广泛宣传推广

一是搭建核桃产品宣传平台。利用旅游名省优势，定期举办核桃饮食文化节，规划建设核桃文化街，推动云南核桃文化及产品走向全国乃至世界各国。二是利用“网红”开展核桃宣传。积极发挥云南“网红”，特别是美食“网红”在各类社交平台的传播力和影响力，通过“网红”制作的美食视频或是以直播销售的方式，宣传推广云南核桃。三是提高宣传的针对性。加强与淘宝、京东等平台合作，利用淘宝、京东等电商大数据和消费者画像分析结果，分析销量高的核桃产品，引导针对性地开展品牌宣传。四是主动“走出去”推广云南核桃。积极参与各省举办的各类会展活动，开展云南核桃产品推介。利用省市合作交流机制，拓宽核桃产品销售渠道。充分利用“一带一路”、RCEP 生效和中老铁路运营契机，积极拓展国外市场。

二、香辛料产业高质量发展

香辛料是指具有香成分物质的植物，或经加工后用于食物调味的食材及加工产品。全球香料植物约 1500 多种，云南有 365 种，其中已开发利用的香辛料 40 余种，生产环节包括种植和原料初加工、食品调味品和日化用品开发、医药和化工工业等。云南是我国重要的香辛料种植基地，花椒、草果、八角、生姜、砂仁等品种已形成一定种植规模，具备产业发展的基础条件。香辛料种植主要集中在贫困山区，是怒江、文山、昭通、曲靖、红河等州、市的产业扶贫项目，在决胜脱贫攻坚过程中发挥了重要作用。

（一）全球香辛料产业发展现状

我国是全球重要的香辛料产业基地和消费市场，市场规模不断扩大，产业发展进入高速增长期。

1. 市场需求呈现逐年增长趋势

2010 年全球香辛料市场规模为 289.7 亿美元，2018 年达到 1320 亿美元，每年以 2% 左右的速度稳定增长。欧美和中国是全球香辛料的主要消费市场，我国香辛料市场复合增长率达 9%。据不完全统计，我国市场每年消费大蒜约 2200 万吨、生姜约 1100 万吨、花椒约 40 万吨、胡椒约 9 万吨、八角约 5 万吨、草果约 1.5 万吨、砂仁约 0.5 万吨，人均消费辣椒 22 公斤，每年从越南、印度等国进口大量胡椒和干辣椒。大蒜、生姜、干辣椒是我国出口创汇的重要农产品。

2. 产业发展地域分化特征明显

中国是全球重要的香辛料生产基地，种植区域集中在云南、广西、贵州、四川、海南等省份。广西玉林、安徽亳州、山东滕州是全国三大香辛料集散地，其中广西玉林交易量占全球 2/3，年度交易额超过 300 亿元。生产加工基地主要集中在广东、河南、四川、山东、湖南、贵州等省份，广东阳西建成全球最大的调味品生产基地，山东预制菜产业产值超过 300 亿元，贵州遵义拥有辣椒产品定价权，山东乐陵杨安镇形成了年交易额上百亿元的调味品特色镇。

3. 市场规模集中在食品加工端

香辛料农业产值不高，近年来以香辛料为原料的调味品市场规模持续扩大，预制菜产业成为新的增长点。我国调味品市场规模预计 2025 年将达到 7881 亿元，全国调味品企业超过 40 万家，2021 年 18 家调味品上市企业全部盈利，其中 16 家企业营收正增长、8 家企业实现营收净利润双增。预制菜产业近 10 年来复合增长率高达 18.94%，2021 年市场规模约为 3459 亿元，预计 2026 年将达到 1.07 万亿元。近年来，相关机构加大了对香辛料提取物药用价值的开发力度，已有大量药品和保健品进入消费市场。

4. 香辛料与文旅产业加速融合

四川通过建设火锅产业园、火锅文化主题公园，打造“郫县豆瓣”“眉山泡菜”等产业集群，带动了花椒、辣椒产业基地规模化发展。海底捞、小龙坎等企业充分挖掘川渝火锅的特色饮食文化，开发的火锅底料品牌年销售收入过百亿。湖南辣椒产业与湘菜特色饮食文化充分融合，拓展了香辛料产业发展空间。广西柳州大力发展螺蛳粉文旅衍生配套产业，打造了风靡全国的饮食文化品牌，带动八角、肉桂等种植基地快速发展，20 多万农村人口增收近万元。

（二）香辛料产业基础

云南省花椒、草果、八角、生姜、砂仁等香辛料种植已形成一定的规模，生产主要集中在种植和初加工环节。

1. 云南是我国重要的香辛料种植基地

云南省主产花椒、辣椒、草果、八角、小黄姜、砂仁、大蒜、胡椒等，其中草果种植面积占全国 90% 以上，砂仁种植面积占全国 80% 以上，小黄姜、花椒种植面积全国第一，八角、胡椒、大蒜已形成种植规模不断扩大。草果产量占全国 90% 以上，砂仁产量占全国的 86%，马关、富宁分别被国家农业部授予“中国草果之乡”“中国八角之乡”称号，“富宁八角”“峨山大龙潭花椒”“鲁甸青花椒”“永善花椒”“金平砂仁”获地理标志证明商标，罗平小黄姜入选中欧地理标志协定产品。

2. 香辛料产业发展已形成一定规模

怒江、曲靖、红河、文山、保山、德宏、昭通、大理、西双版纳等地是香辛料的主要种植基地和原料加工基地，初加工产品销售到 20 多个省市及欧美、澳大利亚、日本和东南亚。花椒、小黄姜、草果、砂仁的农业产值超过 10 亿元，各地通过发展“农户 + 合作社 + 龙头企业”的模式带动了当地农民增收。罗平小黄姜农业产业化龙头加工企业共 18 家，建成小黄姜冷链物流中心，带动 10 多万农户增收。花椒加工企业 33 家，其中省级龙头企业 5 家，花椒加工业已初具规模和基础。怒江草果产业形成了“天境怒江”等 39 个草果商标。

3. 香辛料生产加工呈现多元化发展

云南省香辛料生产企业多以原料和初级加工为主，形成了“尼罗非”“单山蘸水”等一批本地调味品和食品品牌。近年来，云南省大力发展药食同源和保健食品，加大对香辛料功能物质和提取物的开发利用。草果、八角干果大量用于食品添加，5% 左右应用于中成药配制、医药和其他行业。罗平生产企业开发出以姜功能性为主导的近 100 个调味品、食品、饮品、保健品、洗护用品、医用产品，云南省开发的砂仁片压片糖果已在昆明各大医院营养科广泛应用。

（三）辛料产业存在的问题

云南省香辛料产业总体规划不足，产业链条短、企业规模小、集中程度低，产业发展主要集中在中低端环节，对特色香辛料资源开发利用不足。

1. 产业链条短

云南省香辛料生产集中在产业链中最薄弱的产地初加工环节，产值受市场供需和价格波动影响较大。砂仁初加工产品每公斤仅售 150 元，销往省外加工成中药饮片每公斤售价达 3000 多元。全国花椒调味油年销售额达 150 亿元，但云南省 70% 的产品是干花椒、花椒粉等初级产品。香辛料产业与文旅产业融合度不高，对特色民族饮食文化资源挖掘不够。产业发展缺乏长远规划，香辛料种植规模虽大，但种植面积零星且分散，多以家庭农户种植为主，缺乏规模化的产业园区和大型加工交易中心。各地发展种植存在无序和同质化现象，草果年产量达 5.4 万吨，进入全国消费量不到 2 万吨，而胡椒、阳春砂仁等加工产品供不应求。

2. 企业规模小

云南省加工企业不仅规模小，产品市场占有率也不高。海天味业、老干妈等头部企业年销售收入上百亿，而云南省 18 家小黄姜加工企业累计几年销售额仅为 1.28 亿元。欧美国家从我国进口大量香辛料原料进行精深加工，占据终端产品市场高地，如瑞士罗氏公司提取八角莽草酸合成抗流感病毒特效药“磷酸奥司他韦”，在全球医药市场取得巨大收益。近年来，大量跨国企业进入中国香辛料市场，云南省香辛料企业面临更加严峻的挑战。

3. 创新能力弱

云南省缺乏大规模、现代化的优质原料基地，主要香辛料品种单产不高，65.62%的花椒园为低产园，存在连作障碍、病虫害严重等问题，栽培、保育环节技术瓶颈尚未解决，产品标准和检验检测体系不完善，良种繁育基地建设滞后。生产加工企业研发能力薄弱，生产工艺落后，缺乏具有核心竞争力的产品，品牌化水平低。355 个中成药、1082 个方剂、65 个国产保健食品中用到砂仁，草果提取液、花椒籽油、大蒜素、姜辣素、辣椒素等天然提取物有抗老化、增强免疫力、防治肿瘤等疾病的功效，但由于缺乏有力的科技支撑，云南省企业鲜少开发高附加值的保健品、化妆品和药品。

（四）香辛料产业高质量发展的举措

云南省香辛料产业具备良好的发展基础，需进一步加强统筹规划、合理布局，强化生态优先、创新驱动、龙头带动、融合发展，争取把云南建成全国最大的香辛料生产基地和加工贸易中心，为全面推进乡村振兴提供有力支撑。

1. 打造“大品种、大企业、大基地”为核心构建香辛料产业发展新格局

做优“大品种”。稳步发展草果、砂仁、生姜，坚持“跳出农业抓农业”，着力推进国家品牌建设，推动“三品一标”认证和可追溯体系建设，积极开拓成渝、京津冀、粤港澳及“一带一路”沿线地区大市场，推广直采生产基地和订单种植模式，升级生产加工体系“以工带农”。提高胡椒、大蒜、辣椒产量，主推自育品种和地方名特优品种，加大新优品种试验示范力度，大力推广应用绿色生产技术，引导农户发展“微田园”现代农业产业，到2025年力争实现规模化基地良种覆盖率达100%、绿色生产技术覆盖率达95%以上。推动花椒、八角种植基地提质增效，大力推广增产增效技术，推进绿色食品、有机农产品、地理标志农产品认证，打造金沙江流域花椒产业带，推动花椒、八角精深加工。

培育“大企业”。布局功能食品、方便休闲食品、天然发酵食品、工业化特色餐饮、天然提取物加工等产业，重点培育细分行业“链主”企业，建立“一链一案”“一链一图”“一链一策”，强化“链”上招商和“链”上服务。围绕香辛料调味品、预制菜、保健品等打造一批在全国叫得响的“云”字号绿色品牌，扶优扶强单山蘸水、云辣股份、德和罐头等本土企业，推动国内外品牌餐饮企业专属定制云南省香辛料加工产品。引进国内外行业领军企业，培育一批大型龙头企业，向主要种植区集中，形成一批配套完善、功能互补、联系紧密的香辛料产业集群。

建设“大基地”。围绕打造“世界香辛料生产加工基地”的定位，聚焦绿色优质原料基地、绿色加工集聚区、绿色物流建设，重点打造草果、砂仁、生姜、花椒四大产业集群，加快形成“科研平台＋示范基地＋科技企业＋电子商务”全产业链。支持怒江打造“中国草果城”，坚持“以产促城、以城带产”，完善商贸流通、信息咨询、检验检测认证、农业研发等上下游产业链配套，建设创新孵化中心、品牌展示中心、物流配送中心。支持罗平建设国家级生姜市场，积极争取阳春砂仁制品质量监督检验中心落户西双版纳，支持临沧、普洱、红河、西双版纳、德宏等地充分利用热区资源建设规模化、集约化、标准化的胡椒种植基地。

2. 创新驱动香辛料产业向“专、精、特、深”发展

实施“良种培育工程”。建设香辛料种质资源库、良种繁育中心，在“前端”种业发力，利用信息技术和现代种苗繁育技术培育性状稳定的优良种苗，降低人工育种成本，提高种苗均一品质，确保种源优良。围绕草果、砂仁、八角、花椒、生姜等品种繁育，积极创建国家级区域性良种繁育基地，争取纳入国家现代种业提升工程项目，大力推广优良品种、增产增效技术和绿色低碳管理，建立完善标准化、规模化良种繁育及研发体系。

构建绿色生产加工体系。加大复合调味品、绿色食品等加工研发力度，加强新工艺、新技术研究与应用，开展香辛料原料基地技术管理和质量评价标准体系建设。推动香辛料生产加工转型升级，加大生物、工程、环保、信息等技术集成应用，加快绿色高效、节能低碳精深加工技术的研发与推广，推动全领域、全链条标准化、智能化发展。鼓励和支持企业开展绿色食品认证，加大食品安全技术研发力度，建立生产、加工、销售可追溯体系，推动香辛料生产加工企业进入国家农产品质量追溯平台。开展香辛料副产物梯次加工和全值高值利用，化害为利、变废为宝，提升增值空间。

搭建高端产品创新平台。建立企业、研发机构、产业基地三方深度融合的创新联合体，研发以香辛料为原料的新优产品，逐步开发中高端系列精深加工产品，建立香辛料从食品原料到生物医药、工业原料的全产业链研发体系。充分聚集国内外企业、技术、团队、成果等创新要素，重点开展辣椒素、大蒜素、花椒碱、姜辣素、八角莽草酸、草果酮、草果苷等有效成分的提取物和提取技术研发，适时布局以香辛料为基础的生物制药、化学药研制和精准医疗。

3. 打造面向南亚东南亚香辛料生产加工贸易中心

建设世界一流的香辛料大市场。以中国（云南）自由贸易试验区为核心，打造覆盖全国、面向南亚东南亚的香辛料集散中心、交易中心、定价中心和信息发布中心，完善草果、砂仁、生姜、花椒等云南主导的香辛料品种系列价格指数发布机制，进一步掌握话语权、定价权。鼓励香辛料主产区建设区域性批发市场（集散中心）和电子商务平台，发展一批集生产、销售、推广、对外贸易和线上线下交易为一体的包销型、代销型企业，解决供需不平衡等问题。

建设大宗现货电子交易平台。开发香辛料专业化第三方线上交易平台，建立香辛料数字化市场流通体系，为B端客户提供信息服务、撮合服务、招采服务、溯源服务、物流服务、金融服务，建立供应商分级标准及考核评价体系，推广香辛料现货仓单交易模式，实现统一质检、统一存储、统一结算、统一交易，推动香辛料大市场实现数字化、集约化和智慧化。

建设香辛料国际综合物流园。围绕香辛料大市场建设，联动怒江、文山、曲靖、西双版纳、红河、昭通等香辛料核心产区初加工、趁鲜加工基地，打造国际香辛料综合物流园，全方位配套香辛料期货交易、展示交易、冷链物流、农副产品交易、生鲜加工、电商物流、国际贸易、香辛料保税仓、物流零担及城市配送等功能，辐射全国各省市及南亚东南亚国家市场。

4. 推动“食、药、康、文、旅”产业融合发展

大力发展云南特色饮食文化IP。充分挖掘滇南少数民族饮食文化资源、滇东北特色饮食文化资源和滇西茶马古道饮食文化资源，开发过桥米线、汽锅鸡、傣味食品、辣子鸡、红油蒸饵丝等预制菜特色品牌，发展以石林为核心的腐乳产业集群、以蒙自为核心的米线产业集群、以新平为核心的腌菜产业集群，开通怒江草果等“旅游美食专线”，开发“＋香辛料”和“香辛料＋”系列新产品新业态。

建设文旅融合示范项目。支持建设具有浓郁香辛料文化特色的花椒庄园、草果博物馆、香辛料主题公园、特色调味品体验店、香辛料饮食文化走廊等文旅融合示范项目，打造集产品展销、品牌培育、食品加工、康养保健、乡村旅游为一体的香辛料产业融合发展示范园，推进一、三产业融合发展，拓展香辛料产业链。

推动香辛料康养小镇建设。结合中国特色小镇建设，支持普洱、罗平、腾冲等地建设一批香辛料康养小镇，把香辛料产业延伸至中医保健、康体疗养、医疗美容、生态旅游、文化休闲及康养文化传播，开发香辛料保健食品、洗护用品，拓展康养小镇种植区的旅游、养生、研学游、科普等功能，培育具有地域特色的大健康产业，打造乡村振兴典范。

5. 健全完善香辛料产业发展政策体系

建立健全香辛料产业统筹发展机制。针对各大品种深入调研，出台香辛料发展专项规划，从统筹区域布局、优化产业链、完善要素保障等方面合理规划，明确主产区产业发展定位，引导各类资源投向香辛料产业链项目，培育产业竞争优势，壮大发展新动能，推动云南省香辛料产业实现高质量发展。

完善主产区协同发展机制。强化区域品牌培育，支持各地整合和共享产品品牌、企业品牌、区域品牌，解决产业同质发展和恶性竞争问题，凸显“中国草果之乡”“中国八角之乡”等区域品牌的市场价值，争取重点产业入选国家优势特色产业集群、现代农业产业园、产业强镇和现代农业高质量发展产业园等产业融合发展平台。

强化招商引资和金融支持。把重点产区的香辛料产业纳入云南省重点招商引资目录，围绕建立香辛料全产业链的目标开展招商推介和精准、定向、专题招商活动，通过资源招商、成果招商等吸引人才、资金、技术向草果、砂仁、花椒等产业重点地区聚集，引入实力强、资金雄厚的大型企业。引导金融监管、银保监部门创新香辛料产业链金融产品，推动地方政府加强与银行、担保、保险等金融机构的合作，出台香辛料“保险＋期货”政策，以草果等产业链为重点探索风灾指数类、价格类、收入类保险试点。

三、豆腐产业高质量发展

豆腐是起源于我国的经典美食。云南石屏豆腐名扬国内，在豆制品工业中具备传统优势，市场空间广阔。立足豆制品产业基础，强主体、塑品牌、拓市场，全方位健全豆腐产业体系，把石屏豆腐打造成为云南标志性食品，推动豆腐产业高质量发展，对促进绿色食品制造业发展和县域经济增长具有重要意义。

（一）豆腐产业发展情况

外地的“豆腐之乡”，多以规模产值为名，石屏县却以特色风味获誉。多年来，石屏豆制品产业稳步发展，2022 年实现产量 35.16 万吨，产值 43.35 亿元，分别是 2012 年的 3.8 倍和 5.9 倍，产值增速明显高于产量增速，社会效益、经济效益俱优。

1. 自然资源得天独厚

独特山水孕育独特风味。石屏地下丰富的甜水、酸水资源，利于改善豆制品易脱水、易酸败等缺陷，具有极强的地域性和不可转移性，是制作豆腐绝佳的天然原料，让石屏豆腐也像赤水河畔茅台酒一样独具风味。状元袁嘉谷在《石屏县志》载言："城内有盐水数井，涩不可饮，用以点水豆腐味极佳。"六百多年的生产实践，名师巧手代代传承，形成"甜水泡豆、酸水点浆"的特色制豆工艺，是省级非物质文化遗产。

2. 产品类别不断丰富

石屏豆制品产业正在加速转型升级，与兰州大学、云南农业大学等高校建立政产学研合作关系，开展豆腐精深加工技术研究、新品研发和产业化项目合作。建有云南省首家豆腐产业科技专家服务站、2 个人才工作示范点、豆腐创业孵化基地。石屏豆制品特色产业园现有注册商标 119 个、专利 44 个、著作权 12 个，形成鲜品条豆腐、豆腐皮、休闲食品三大系列产品，开发出保鲜豆腐、冷冻豆腐、油炸豆腐、速冻豆腐圆子等系列新产品。

3. 竞争优势不断凸显

豆腐质量管理体系逐步完善。"石屏豆腐皮""石屏豆腐"获国家地理标志保护产品认证，北门豆腐厂获"云南老字号"认定，60 余家企业取得 SC 证书，10 余家企业通过 HACCP 和 ISO 认证，建成云南唯一豆制品质量监督检验中心。产品入驻盒马、华润、大润发等大型商超，远销美、日等国家。建成大城市销售中心 5 个，开设石屏豆腐品牌形象店 20 个，线上平台和绿色物流带动石屏豆腐"走南闯北"。

4. 产业逐步迈向规模化

产业发展形成"一园三区"布局。"前店后厂"发展模式逐步形成，市场主体不断壮大。石屏豆制品特色产业园下设石屏豆腐松村园区、石屏豆腐文化产业园区、石屏豆腐精深加工园区，入选全国农村创业园区（基地），是石屏豆腐产业发展的主战场。深圳尚古堂、广州朝云等一批专业化企业落户园区，培育集聚规上企业 9 户、省州农业产业化龙头企业 6 户、州“专精特新”中小企业 5 户。

（二）豆腐产业发展瓶颈

我国豆制品企业 50 强有 40% 分布在华东地区，与浙江、安徽等省份的市、县相比，石屏豆制品发展在政策供给、主体建设、技术应用、品牌打造、文旅融合等方面还存在不足。

1. 产业规划滞后

施行十年的石屏县豆制品产业发展条例、地理产品保护管理办法需要结合发展实际进行修订。虽然制定了产业三年倍增计划，但豆制品生产、加工、流通、消费和贸易各环节支持政策较宽泛，行业协会服务功能不足。酸水资源开采统筹管理不够，部分酸水已经不再适用于鲜豆腐生产，石屏豆腐产业可持续发展面临挑战。

2. 企业“小、散、弱”

产业主体呈现“两头大、中间小”的状态，少量龙头企业和大量的个体作坊占据主要地位。豆腐工业园区入驻企业仅 62 户，依旧重复原有的市场模式，闯市场、创大业的意识不足，产业利益联结机制不完善，带富造富能力较弱。中小企业分散石屏各地，生产基础设施设备不能满足市场需求，难以做大做强。

3. 技术支撑不足

石屏尚未实现优质大豆的规模化种植，豆腐原料供应依靠外地。豆制品人均生产量仅为省外同类加工企业的 1/4，能源消耗大，精深加工不足，数字化、网络化、智能化等新技术应用不够，未能充分利用豆制品加工副产物，极易造成资源浪费和环境污染。

4. 品牌渗透力不强

未能有效发挥地理标志产品的优势，陷入“品牌多、名牌少”的境地。同类产品生产企业较多，同质化现象突出，呈现同质不同牌的乱象，削弱了品牌效应。豆制品销售渠道大多为外地经销商控制，本地企业市场地位低、市场竞争力弱。“石屏豆腐”的牌子一定程度上沦为“石屏制造”的标签。

5. 豆腐文化挖掘不够

石屏豆腐的食用、经济、养生、文化价值整合不足，创意经济发展水平不高。豆腐文化节内容与形式较为单一，商业化运作模式与豆腐文化的大众化特征不相适应。豆腐文化、名人轶事，赋予豆制产品的附加值不高，对品牌提升和推广起到的作用不够明显，对消费者没有形成持续吸引力。

（三）推动豆腐产业高质量发展的举措

以打造“一县一业”为抓手，高标准建设“一园三区”，大力发展园区经济，增强产业核心竞争力，擦亮石屏豆腐名片，进一步夯实石屏特色产业在县域经济发展中的重要支撑地位。

1. 优化软硬环境

制定豆制品产业发展规划，在政策层面准确定位产业发展方向和目标，出台可操作性强的配套政策措施。学好用好柳州螺蛳粉产业发展的经验做法，尽快修订石屏豆制品产业发展条例、地理产品保护管理办法，在原材料供应与产品加工销售、质量监督与管理、品牌建设与保护、产业扶持与发展等方面进行精细化规制。营造豆制品产业发展良好氛围，大招商、拓市场，推动大豆种植、豆制品加工、市场销售“三个车间”协调发展。

践行绿色发展理念，打造绿美园区。全力推进豆腐工业园区“集光聚能供热”项目，实施工业废渣、黄浆水综合利用项目，提升现有污水处理厂综合处理能力，实现资源利用绿色化。加强新建厂房、园区的建筑设计方案规划和施工审查，落实国家建筑节能强制性标准，推广使用绿色制造技术，打造全省绿色低碳示范产业园区，促进豆腐产业提质增效。

2. 壮大企业规模

按照“生产规模化、质量标准化、市场外向化、品牌统一化、产销一体化”的思路，加快壮大龙头企业，选择 3 ～ 5 家企业规模较大、经济效益较好、创新能力较强的优势企业，在政策、资金、服务等方面给予扶持，引导资源要素向优势企业聚集，强化核心竞争力，支持发展成为豆制品领军企业。遴选重点企业，围绕企业转型中存在的技术、产品、管理、市场等问题创建“工业诊所”，因企施策细化帮扶措施，提供个性化的企业融资服务、科技创新服务、招商引资对接服务。强化帮扶指导，推动小作坊向“小而精、名特优”转变，打造一批环境整洁、管理规范、产品可靠的小作坊示范点，建设全县豆制品上游原料中心。

政府牵头、国有企业为主体设立豆制品产业发展基金。聚焦豆制品产业链上的龙头企业，采取直投、跟投等方式，以基金扶持引导特色产业集群发展。创新“产业基金＋资本招商”新模式，打好资本运作、金融创新等组合拳，大力引进旗舰型项目。

3. 强化技术引领

加大种质资源保护利用。对石屏本地原生大豆品种，进行资源精准鉴定和评价，选育适合豆制品加工的专用新品种。围绕原种扩繁、示范推广开展协同攻关，探索本地或多基地种植大豆。大力推广大豆－玉米带状复合种植技术，完善大豆与禾本科作物、蔬菜、果树、烟草等间套作技术措施。

开展卤水资源替代研究。探明点制豆腐酸水的成因、储量、成分、范围等关键性指标，研发适用性替代配方，满足豆制品规模化生产的需要。科学制定石屏地下酸水开发和保护办法，杜绝无序开采，像保护异龙湖一样保护地下酸水资源。关键配方、古法工艺，申请专利和知识产权保护。

实施豆制产品开发工程。建设全国重要的豆制品研发和深加工中心，鼓励龙头企业建立豆制品研究院，加快先进实用技术在企业的推广应用步伐，推动豆制产品核心产区精品化、周边产区规模化。树立大食物观，不断丰富石屏豆腐产品线，做大豆腐、豆皮、豆浆等初加工产品，发展方便食品、休闲食品、特色食品以及维生素、异黄酮、软灵芝等高附加值产品。抢占预制菜新赛道，打造全省豆制品预制菜示范园区。

实施豆腐人才建设工程。挖掘培养传统豆腐制作人，支持本籍人员回乡发展，大力培养“非遗”人才，铸造特色“豆腐工匠”。重点引培一批豆制品保鲜工艺、加工流程优化、豆制品企业副产物延伸利用、物流营销等方面急需的技能人才、经营人才、管理人才。

4. 注重品牌培育

打响“石屏豆腐”品牌。组建豆腐产业联盟，发挥自律规范、信息共享、市场合作、利益联结等功能，提振石屏豆腐品牌影响力。加强地理标志管理运用，对现有准用企业进行梳理整顿，严格实行新企业准用考核辅导，鼓励准用企业优先发展。推进“石屏豆腐”制作技艺国家级、世界级“非物质文化遗产”认定，支持豆腐企业进行商标国际注册、资质认证，提升品牌国际知名度。

创新营销模式。借力各省首发首店支持政策，大力发展首店经济，在各省市开设独立法人企业或品牌首店。支持连锁经营发展，在各省市开展连锁经营建设试点，培育一批规模大、网点多、实力强的连锁经营企业。引进“新农人”，鼓励主播到农村、园区、基地等生产一线拍小视频、开直播等。加强天猫、京东等平台旗舰店运营建设，依托石屏豆腐直播基地推动跨境电商发展，积极争取跨境TSP/MCN全球服务商资格。支持成立出口销售公司，借助中国—南亚博览会、中老铁路国际班列等，开拓南亚东南亚市场。

5. 深挖文化内涵

挖掘历史故事，赋予豆腐文化内涵。充分挖掘石屏豆腐的制作工艺、传奇故事、风土人情、文化内涵，聚焦“井水”关键话题，以传统手艺来源、技艺传承为重点，讲述好历代石屏人“井水点豆腐”的精彩故事。以豆腐“清白方正”的意象为重点，传承正直清廉的传统文化，展现质朴担当的精神风貌，积极弘扬和践行社会主义核心价值观。

深化文旅融合，创新发展模式。加强石屏豆腐文化博物馆建设，打造石屏豆腐特色小镇。树立“三个一品牌”，围绕一口古井、一块豆腐、一批精品村，着力建设全域旅游示范乡镇。做大石屏豆腐文化节，举办豆腐美食文化活动、全国豆腐厨艺大赛、烹饪直播等，开发推广以豆腐为食材的典型菜品和成套菜品，形成直观体验，引领消费。吸引社会力量参与豆腐文化创意产品研发，开发网络适销产品和旅游纪念品等创意文创产品，把豆腐打造成为与鲜花饼齐名的伴手礼。打造石屏豆腐文化名城，在古城建设过程中植入豆腐文化元素，把豆腐与现代国潮文化相融合，培育豆腐文化新业态。坚持抱团发展，推动豆腐文化与美丽湖泊、花腰歌舞、石屏—建水“一湖两城”乡愁之旅、石屏杨梅田园采摘、团山—异龙湖—古城米轨、石屏特色餐饮等特色资源融合。

第二节　推动战略性资源产业可持续发展

战略性资源产业是关系国计民生、经济社会安全的重要产业，矿产资源、生物资源、石油资源是最为典型的战略资源。云南生物多样性丰富，水资源、稀贵金属资源富集，这些资源都是国家可持续发展的战略性资源，如何保护和开发利用好这些资源，进一步强化战略性资源产业的发展，对于云南产业强省建设乃至国家产业安全都具有十分重大的意义。过去很多年，云南依托资源优势，推动产业经济发展取得了显著的成效。进入新发展阶段，云南加快推动建设产业强省，需要主动服务和融入国家发展战略，把握构建新发展格局、推动高质量发展的总体要求，把战略性资源产业摆在构建现代产业体系的突出位置，不断探索保障经济安全和产业链稳定的可持续途径。本节重点探讨云南战略性生物资源产业、天然橡胶产业和锗产业。

一、生物资源产业可持续发展

生物资源是保障和协调生态文明、经济发展、人民健康和生物安全的重要战略资源，加强生物资源保护与可持续利用意义重大。云南地处全球 34 个生物多样性热点地区之“中国西南山地”“东喜马拉雅地区”及“印度－缅甸”的核心和交汇区域，生物物种资源占全国 50% 以上，在全球生物多样性保护和国家安全总体格局中具有重要地位。习近平总书记考察云南时指出，“云南生态地位重要，有自己的优势，关键是要履行好保护的职责”，要求我们在努力建设我国生态文明建设排头兵上不断取得新进展。云南省理应抓住机遇，重点聚焦战略性生物资源，在保护与开发利用上加强统筹、长远规划，为筑牢国家西南生态安全屏障、推动云南经济社会高质量发展打下坚实基础。

（一）生物资源保护利用现状

云南战略性生物资源十分丰富，在收集、保存和开发利用方面已取得积极成效，是保证可持续发展的重要基础，也是守住生物生态安全边界、防范化解重大风险的关键一环。

1. 拥有五类具有重要战略意义的生物资源

云南的生物资源中，在生态系统处于重要地位、具有重要开发利用价值、关系国家安全和核心竞争力的主要有五类。一是药用生物资源，共有6559种，占全国总量的51.2%；中药材种植规模连续5年居全国第一，常规种植中药材品种占全国的48%，规模以上种植品种占比10%，大宗药材品种占比25%。二是实验动物资源，年生产能力约20万只，目前有实验猴约3万只，树鼩约6000只。三是作物种质资源，拥有栽培植物近500多种，占全国的80%；农作物种质资源5万多份，保存量和种类居全国各省前列。四是濒危物种资源，共847种，属于绝灭等级的18种，云南3432个特有物种受威胁率为25.96%。五是生物遗传资源，"中国不同民族永生细胞库"保存了85个民族群体（包括民族支系）、6000多份永生细胞，建立了相应的DNA细胞库。野生生物、畜禽等遗传资源也有一定储备量。

2. 生物资源开发利用为重点产业发展奠定基础

蔡希陶和俞德浚从美国引进驯化优良烤烟品种"大金元"，吴征镒、蔡希陶提出橡胶种植规划，聂瑞麟从露水草中发现含量高达3%的蜕皮激素，周俊从昭通天麻中发现天麻素，孙汉董研究发现具有抗癌有效成分的冬凌草甲素和乙素，这些研究为云南省重点产业发展奠定了重要基础。疫苗技术的重大突破、特色中药材的开发利用，培育出云南白药、沃森生物、昆药集团等知名企业。宫血宁、天麻素、灯台叶碱等重要药物的开发已具备一定基础条件。自主选育的"滇榆一号""楚粳28号"等作物品种有效保障了粮食供应。习近平总书记在云南考察时提到，云南农业生产基础好，茶叶、花卉、水果、蔬菜、坚果、咖啡、中药材、肉牛等产品优势明显，为保障国家粮食安全和农产品供给作出了贡献。

3. 生物多样性保护和生态安全防控取得成效

在全国率先出台了《云南省生物多样性保护条例》，率先发布了《云南省生物物种红色名录（2017版）》《云南的生物多样性白皮书》；随后相继发布《云南省生态系统名录（2018版）》《云南省外来入侵物种名录（2019版）》《云南大百科全书·生态卷》等。完成两次野生动植物资源调查，摸清580个物种资源分布情况。多年来持续开展生物多样性优先区本底调查，强化自然保护地监管，广泛开展生物多样性宣传和科普教育工作，生物多样性保护力度不断加强。国家安全部和中国科学院联合支持在云南省建成“生物检材检测联合实验室”，为跨境生物安全防控提供重要支撑。

4. 战略性生物资源保护利用具备基础和优势

重点科研院所和高校已形成植物学、动物学、微生物学等在全国有影响力的优势特色学科。植物资源、动物基因与灵长类生命科学、生物多样性等领域的人才团队和科研水平位居国内一流。科研团队经过数十年的科学考察和研究，已基本摸清云南省生物资源现状。国家重大科技基础设施——中国西南野生生物种质资源库2009年已投入使用，在植物化学、生物安全、天然药物、生物育种等领域建成了一批高水平的科学设施、标本馆和创新平台。全省范围建有畜禽品种资源保护基地、保种场和药材种植（养殖）基地。

（二）生物资源产业发展面临的困难

云南是全国生物多样性最丰富的省份，然而受环境污染、气候变化等影响，近年来众多珍稀物种数量不断减少，种质资源流失严重，生物多样性遭受威胁，在资源储备与开发利用、数据管理、风险防控等方面面临诸多困难和挑战。

1. 战略性生物资源储备不足

经济社会发展与生物资源保护存在一定冲突，缺乏针对战略性生物资源保护利用的长远规划。重要的生物资源储备不足，尤其是野生稻等作物遗传多样性、物种多样性及生态系统多样性的保护存在空缺。生物资源的收集保存标准、质量控制、区域布局、优先物种及技术支撑等方面有待加强和完善。各类机构在生物资源保存、研究与开发利用上各自为政，存在重复建设和资源浪费的情况。

2. 战略性生物资源开发利用不够

与发达省份相比生物领域的研究开发不够，尚未建立完善的生物资源鉴定评价和研究开发体系，已开发利用的资源数量十分有限。90%的杂交籼稻种子从省外调入，80%的蔬菜品种来自国外和其他省份，90%的花卉品种所有权属于外国公司，资源优势尚未转化为产业优势。生物资源利用率不高，深精加工和综合利用少，现代生物技术创新不足，产业链延伸不够，能够支撑高原特色现代农业、生物医药和大健康产业发展的重大品种和产品稀缺。相关企业创新能力弱，产业化水平低，以生物种业为例，销售收入上亿元的企业仅有 1 家，超过 5000 万元的仅有 7 家。

3. 战略性生物资源数字化融合程度不高

目前，利用大数据和新一代信息技术解决生物多样性问题、评价与开发生物资源、降低新产品开发成本已成为主要发展趋势，而云南省的生物数据资源尚未实现数据共享和集成应用。云南省通过植物园、标本馆、资源库、生物多样性监测网、实验动物平台等已收集了大量的生物数据资源，但分布在不同的平台和系统中，收集、储存、管理和使用缺乏规范性和一致性。随着人工智能等技术的进一步发展，云南省的生物资源数据价值有待进一步挖掘整合和提升利用。

4. 生物安全风险防控体系尚未建立

发达国家不断出台有关生物资源的战略计划，在关键领域对我实施打压制裁。美国于 2018 年 9 月发布《国家生物防御战略》，在全球布局 200 多个生物实验室，将中国列为“战略竞争对手”。在我国大陆及香港地区、泰国、新加坡、印度等国家频繁活动的生物黑客已达 1.9 万余人，占全球生物黑客的 30%，对我国生物安全构成严重威胁。中缅、中老边境动物及相关产品非法交易活动，存在外来物种入侵、动物疫病等生物安全隐患。然而云南省尚未建立综合性的生物安全风险防控体系，缺乏对生物安全风险进行监测、预警和快速反应的技术手段。

（三）生物资源产业可持续发展的举措

加快推进战略性生物资源保护和开发利用已迫在眉睫，应尽快启动相关实施计划，集中资源优势和科研力量，统筹策划一批重大项目，重点在生物资源战略储备、重大品种开发利用、生物资源数据共建共享、生物安全综合防控等方面做好长远部署。

1. 扩大生物资源战略储备

在中国西南野生生物种质资源库一期基础上，推动种质资源库二期列入国家“十五五”规划，结合国家重大需求和战略布局对种质库进行扩充升级，实现收集保存规模翻倍，开展种质资源选育、持续利用研发与示范。加快建设国家植物博物馆、高黎贡山国家公园、哀牢山－无量山国家公园、云南农作物种质资源库等，加强战略性生物资源的收集和保存。建设实验动物资源保种基地，建立非人类灵长类动物实验资源储备制度，保障重大疾病研究和医药成果转化。建立天然化合物及活性分子库，研究和挖掘与医药相关的生物资源。建设农业基因资源库，与南亚东南亚国家在农业种质基因资源领域开展研究合作，建设活体保存基地和野生生物种质库，以 COP15 为契机发起成立农业基因资源合作联盟。筹建“云南种业实验室”，推动种子种业发展。推进“模式动物表型与遗传研究”国家重大科技基础设施项目（灵长类设施）建设，支撑以人类重大神经与精神疾病、传染病、心血管与代谢性疾病等为主的前沿领域研究。

2. 推动重大品种开发利用

围绕稻作、玉米、麦类、薯类、大豆等主要作物，开展重要功能基因挖掘、核心育种材料创制、品种设计和良种繁育，创制有重大应用前景的新种质。围绕烟叶、茶叶、花卉、蔬菜、油料、甘蔗、橡胶等特色优势经济作物，开展种质资源收集和评价、重要功能基因挖掘、生物技术选择育种等，培育一批优质、高产、高效新品种。在云南重要天然药物资源中选取 5 ～ 10 种中药材大品种及特色药材品种，开展选育评价、绿色生态标准化种植（养殖）和加工技术开发，大力推进生物技术药、中药民族药及健康产品的新产品研发。围绕猪、牛、羊、鸡等主要畜禽和名优土著鱼等特色水产品，开展遗传资源挖掘、评价、保护与利用，全基因组选择育种和良种繁育，培育一批优质、高产、高效新品种。建立和完善优质遗传资源的鉴定和评价体系，开展生物资源系统评价与挖掘利用。

3. 打造生物资源数据平台

依托各类植物园、标本馆、资源库、生物多样性监测网、实验动物平台等，全面整合现有的生物资源数据信息，打造“云南省生物资源大数据中心”，将已保存的生物资源转化为数据资源，实现数据共享，开展数据挖掘，支撑战略性生物资源领域科学研究及社会应用。借鉴中国科学院战略生物资源信息中心数据平台建设的经验，开发战略性生物资源信息共享门户和综合服务平台，实现在线数据管理、数据汇交、实时发布和在线统计，在保证生物安全和保护知识产权的前提下，为产业发展、环境保护、卫生健康和科研教育提供信息资源和专业化服务。学习借鉴贵州省生物资源与环境大数据平台的建设经验，组建专业化管理团队，负责开发、运营和管理大数据中心。

4. 实施生物安全监控工程

开展涉及生物安全的生物检材检测专项工作和综合应用实验，建立系统化、智能化的生物安全鉴定、检测、通信、监控及预警网络体系。开发生物安全监测网络集成平台，整合传染病监测系统、动物疫病监测系统、出入境监测系统、野生动物监测系统等数据资源。借鉴上海的做法，建立生物安全大数据超算平台，研发多元数据协同的生物安全监测预警技术，提升病毒解析及公共卫生事件预防分析的计算能力。建立多部门协同的生物安全评估机制，基于国家生物安全指数评估云南省的生物安全形势。

二、天然橡胶产业可持续发展

天然橡胶是关系国家安全和国计民生的重要战略物资。我国是天然橡胶消费及进口大国，2021 年进口天然橡胶折干后约 537.4 万吨，占全球总产量的 40.6%，天然橡胶自给率不足 20%，产区主要分布在云南、海南、广东。20 世纪 50 年代初，云南开始发展天然橡胶产业，经过 70 余年的努力，为保障国家天然橡胶战略物资安全和边疆民族地区脱贫致富做出了重要贡献。云南要进一步夯实天然橡胶产业链供应链基础，推进产业绿色生态转型，加快培育产业大主体、大平台，加强全产业链科技支撑，以强化云南省天然橡胶产业在国民经济中的战略地位，推动天然橡胶产业可持续发展。

（一）天然橡胶产业发展基础

1. 全国优质的天然橡胶种植基地

云南省天然橡胶种植主要分布在西双版纳、普洱、红河、临沧、德宏和文山等 6 州（市）、28 个县（市）的低海拔湿热区。目前，全国 3 个主要植胶区（海南、云南、广东）中，云南省植胶面积、总产量、单产水平均处于“全国第一”的领先地位，其中种植总面积 845.55 万亩，占全国 50.5%；天然橡胶总产量

47.21 万吨，占全国 57.1%；平均单产 1304.5 千克 / 公顷，已成为全国天然橡胶最优质的种植基地，在保障国家天然橡胶战略资源安全中的作用越发突显。

2. 拥有一批天然橡胶产业上中下游企业

云南省在天然橡胶种植、加工、研发、销售等领域拥有一大批企业，有较高影响力的企业如云南天然橡胶产业集团，经营业务涉及橡胶种植、加工、贸易、金融衍生品和电子商务等，年营业收入超百亿元；震安科技股份有限公司在国内天然橡胶制品细分领域（减隔震产品）的市场占有率超过 40%，行业排名第一。除此之外，还有海胶集团、广垦集团、中石化、中石油等涉胶大企业集团。全省天然橡胶加工企业 67 家、大小不等的加工厂 173 个，设计总产能达 175 万吨，主要集中在西双版纳。

3. 天然橡胶产业的原料和各类制品较为丰富

云南省生产的天然橡胶主要有浓缩天然胶乳和颗粒胶两大类，主要以颗粒胶为主，已淘汰各类胶片的生产，产品以全乳胶 SCRWF、SCR10、SCR20 居多，也生产少量的各类子午线轮胎专用胶，航空轮胎专用胶仅云胶集团江城公司（与桂林曙光院合作）能少量生产。随着市场需求的变化，部分橡胶生产加工企业逐渐转产高氨浓缩胶乳。

（二）天然橡胶产业面临的困难

1. 产能不稳定

近年来，天然橡胶市场价格低迷，物价水平和人工成本上涨，导致橡胶生产企业亏损。橡胶种植方式单一，抵抗胶价波动能力较弱，胶农收入逐年减少，胶农弃割、砍树现象日益严重；胶园管理不到位，割胶技术水平不高，弃管弃割现象逐年突出。虽然云南橡胶产量在逐年攀升，单产面积却有所下滑，2020 年较 2019 年减少了 39.68 千克 / 公顷，同比减少 2.95%。

2. 产业效益低

目前，云南的橡胶初加工厂有百余家，但普遍存在生产企业开工不足、加工规模小、水平低，设备利用率低的问题。除已建成投产的少数几个万吨以上大型初加工厂外，单个加工厂产能低，大部分在万吨以内，布局分散，加工工艺技术落后、设备老旧、产品质量性能一致性较差，废气、废水排放不达标，环境污染较严重。由于产品质量难以保证，导致市场竞争力偏低，影响了经济效益。

3. 产业链条短

多年来云南省天然橡胶产品加工仍停留在为下游产业提供原料产品的初级阶段，全省天然橡胶初加工产品主要以技术分级橡胶和轮胎专用胶为主，面对快速增长的天然橡胶消费需求，云南省天然橡胶产品结构调整相对滞后。同时，橡胶制品精深加工不足，以生产低附加值的橡胶制品为主，缺乏高等级轮胎专用胶、国防军事领域橡胶等高附加值橡胶制品。产业链条不够完整，没有形成橡胶产业集群，抗御市场风险能力弱。

4. 科技贡献低

目前，云南省从事橡胶种植和产品研发的科研机构较少，且主要集中在云南农垦集团有限责任公司。由于专业研发人才团队匮乏，天然橡胶新产品研发能力较弱，普遍存在资源利用效能差、加工技术差、产品技术含量低等问题，与云南省现有橡胶资源地位不相适应。此外，在橡胶发展规划、生产指导、胶农培训、新技术新品种推广、病虫害防治、企业管理等科技推广和服务方面相对滞后，广大民营胶园的科技贡献率较低。

（三）天然橡胶产业可持续发展的举措

1. 保持产业链供应链稳定，扛起保障国家天然橡胶战略物资储备安全重任

建设天然橡胶储备库。实施“扩胶稳胶”战略，加强与云南省周边国家政府组织共同编制橡胶区域发展规划，将天然橡胶产业纳入农业经济合作框架，建立橡胶资源长效发展与安全供给机制。以老挝为重点深化橡胶经济技术合作，提升老挝橡胶产业研究院和橡胶实验室研究与服务能力。建立境外天然橡胶资源储备基地，扶持有开发合作基础和实力的农业龙头企业以租赁土地、技术管理、劳务输出等多种形式，开展橡胶替代种植、产品及木材加工贸易等合作开发，构建形成稳定的橡胶资源供给源，提升保障供给能力。

开展“天然橡胶种质资源安全保护”行动。着力推进种质资源安全保障能力建设，在种质资源收集、整理、鉴定、评价和创新的基础上，加强天然橡胶种质资源保存及利用。积极参加国际天然橡胶研究与发展委员会组织的各类国际合作与交流，开展种质材料交换或引进橡胶原产地野生种和近缘种，丰富云南省天然橡胶种植资源圃。挽救原有天然橡胶品种，如矮生、半矮生资源，早花资源、多倍体资源等对橡胶杂交育种有益的资源。研究发掘适合不同生态区的高产种质资源和产量相关性状的基因，促进橡胶树新品种选育。

实施“保面积、保产能、保队伍”专项政策。研究制定云南省提升天然橡胶生产能力、供应能力和控制能力的发展规划，保障国民经济关键领域用胶安全。对云南省在境外投资天然橡胶资源开发、符合条件的天然橡胶种植项目，参照云南省有关专项资金管理办法和规定给予资金支持。出台天然橡胶生产保护区精准支持政策，把扶持天然橡胶产业发展纳入主产区地方政府乡村振兴重点政策清单，支持云南省主产区开展天然橡胶收入保险试点，全面落实现有橡胶良种补贴、农机购置补贴、橡胶政策性保险试点等政策，积极争取国家有关部门设立地力保护补贴政策，大力实施橡胶非生产期抚育补贴政策，提高胶农植胶积极性。研究提升民营橡胶企业科技创新能力的政策，在技术培训、技术推广、技术咨询等方面给予普惠性政策支持，对生产加工企业给予金融方面政策扶持。

2. 坚持生产与生态保护相协调，推动橡胶产业向集约化和生态化转型

实施胶园更新计划。按照产业化、规模化、标准化、商品化发展目标，调整优化天然橡胶种植结构，在天然橡胶优势植胶区域，全面更新树龄在35年以上的低产胶园，提高国内新选育橡胶树高产高抗优良品种比例。在适宜植胶区域，逐步推广应用更适宜开展长期复合种植的宽窄行和宽行密株橡胶新型种植模式，改善橡胶单一生产方式，提高抗市场风险能力。加强中幼龄胶园抚育管理，加大对低产低质胶园更新定植，构建综合生产条件优异的胶园。超前谋划对多年割胶达到更新标准的老胶园逐年更新计划并落实更新指标，加强胶园水电路等基础设施建设，加快品种换代、新品种繁育和新栽培生产技术的全面推广应用，建设速生、高产、稳产、优质、高效的新一代胶园。

大力推进生态胶园（胶厂）建设。研究适宜云南植胶环境的区域性生态胶园建设标准，大力推广生态胶园绿肥覆盖、测土配方施肥技术，集成示范复合生态栽培管理和绿色防控技术，改造升级植胶装备，增施缓释肥、有机肥，构建以橡胶种植为主的复合生态系统。兼顾经济和生态效益，建设一批橡胶新型复合种植示范基地，因地制宜发展橡胶－魔芋、橡胶－香蕉、橡胶－中药材、橡胶－灌木／牧草－畜等橡胶林下经济套种模式，推行“林下植灌、灌下养畜”为主导的立体复合种养型模式。在橡胶种植中心区，关、停、并、转生产条件差、环保不达标、产能低下的初加工厂，建设或改建一批符合国家节能减排、环保标准、10万吨以上的加工厂，解决好橡胶初加工废水废气处理问题。

3. 培育大主体、建设大平台，提升天然橡胶产业国际市场话语权

内培外引“大胶企”。充分发挥云南天然橡胶产业集团在橡胶产业中组织管理、生产技术、产品品牌等多方面的优势，按照市场和价值规律，对云南省天然橡胶资源进行整合，形成集团化、股份化、产业化经营，增强省内市场控制力。支持云胶集团在国内主板上市，做优“云象”“金凤”等商标品牌，加强天然橡胶新产品宣传，做大做强天然橡胶产业，坐稳国内天然橡胶行业的龙头地位。加强与福建等国内省（市）的龙头鞋企合作，创建高端产品线和品牌，联合研究开发满足国内外新潮流的胶鞋（运动鞋），进军国内高端运动鞋市场。抢抓胶价低迷的市场机遇期，支持云胶集团进军东南亚市场，通过贴息、直接投资或资本金注入的方式，并购在天然橡胶种植、加工、贸易等全产业链各环节的优质公司，优先批准高端橡胶产品和橡胶衍生产品生产线建设用地的申请。引入天然橡胶产业“链主”企业，打造世界一流的天然橡胶全产业链集团，增强云南在国际天然橡胶行业中的话语权和地位，提升国际市场影响力和竞争力。

打造国际“大胶场”。建设中国（云南）天然橡胶商品交易专业市场，采取产销直挂、网上交易等现代化营销方式，拓宽橡胶产品销售渠道。加强橡胶产业信息渠道及网络平台建设，及时向社会提供国内外橡胶产业发展动态、橡胶产品供求信息和科技信息，为橡胶企业和胶农规避市场风险提供可靠依据。打造云南国际橡胶交易中心升级版，构建集仓储、物流、贸易、信息和服务一体的现代化产业生态体系，努力建设中国乃至世界天然橡胶定价中心和交易中心，增强对国内外天然橡胶资源的掌控。依托上海期货交易所，与具备实力的期货公司和保险公司通力合作，继续开展“保险＋期货”试点，在全省植胶区大力推行天然橡胶场外期权产业扶持项目。

4. 加速科技创新赋能，助推天然橡胶产业走深走精走长

建设天然橡胶技术创新中心。支持云南省天然橡胶加工工程技术研究中心发挥关键作用，依托云南农垦集团创建云南省天然橡胶技术创新中心，鼓励天然橡胶产业链省内相关企业、高校、科研院所参与，通过组建新型研发机构、平台型公司等共同投资建设。实施天然橡胶重大科技专项，联合国内重点科研院校，重点开展以橡胶树新品种培育、种植栽培管理和天然橡胶加工工艺、新产品开发为核心的多学科创新性研究，提升云南省天然橡胶产业科技创新能力。开展橡胶全产业链信息化、数字化、智慧化试验示范，推进科技创新和共性技术研发，探索橡胶树智能割胶、橡胶园智慧监管、天然橡胶智慧收购等橡胶产业人工智能技术应用场景，推动橡胶产业转型升级。

实施天然橡胶延链创新工程。聚焦橡胶产业链中的高附加值环节，在巩固和发展现有橡胶制品工业的基础上，推进天然橡胶原料初加工向高性能、复合型橡胶材料发展。加大精深加工领域技术改造和研发投入力度，增加高端轮胎胶、航空用胶、设备用胶、建筑用胶、特种浓缩乳胶等专用胶在橡胶深加工产品中的比重，提高橡胶深加工产值和效益。依托各类园区引进技术合作伙伴、新技术及新设备，扩大建筑桥梁减震垫、动车减震垫、橡胶工业部件等橡胶制品生产规模，培育橡胶产业发展新优势。加快研发用于医疗、军工、航空航天等领域天然橡胶高科技产品，提高橡胶产品科技含量和附加值，推进产业链延伸、价值链提升。

三、锗产业可持续发展

锗资源作为一种战略性稀有资源，广泛应用于红外光学、光纤通信、航空航天、核物理探测、电子和太阳能光伏、聚合催化剂、医药保健等，在战略性新兴产业和国防军工领域发挥着重要作用。我国锗资源优势明显，锗资源储量占全球储量的41%，居世界第二。同时锗资源开发利用率高，目前已成为世界锗产品的最大生产国、消费国和出口国。云南省锗资源储量丰富，占全国储量的34%，且品位高、品质好，应通过发挥资源禀赋优势，加快推进产业结构转化升级，加快精深产品和技术研发，拓宽锗资源应用领域，推动相关企业发展壮大，促进锗产业可持续发展，为国家战略资源储备和能源安全服务，为地方经济发展做贡献。

（一）锗产业发展现状

1. 锗资源储量丰富

云南堪称“锗的王国”，锗资源在云南具有得天独厚的资源优势。云南锗资源金属储量约为 2500 ～ 3000 吨，约占全国储量的 34%，仅次于内蒙古的 46%。云南的锗资源主要分布在铅锌矿和锗（煤）矿中，且 70% 以上锗资源伴生于锗（煤）矿。云南锗（煤）矿重要矿床有大寨锗矿（593.92 吨）、中寨锗矿（68.64 吨）、韭菜坝锗矿（93.38 吨）、昌军锗矿（43.14 吨）、华军锗矿（18.88 吨）、文强锗矿（42.51 吨），合计锗金属量为 860 吨；云南典型的铅锌矿矿区是会泽矿区，该矿区铅锌矿品位较高，锗储量可达 500~600 吨，是我国主要的铅锌矿锗生产基地之一。

从产量来看，全球锗供给受中国影响较大，中国锗供给受云南影响较大。2020 年中国锗产量为 86 吨，占全球锗产量的 66.2%，居世界第一。在国内的锗产量中，内蒙古虽然锗资源储量位于全国首位，但品位低且开采难度大，因而产量不高。云南锗品位高且便于开采，产量占到了全国总产量的 60% 以上。因此，云南省锗的供给对全国乃至全球有着较大影响。

2. 锗精深加工产品不断拓宽

锗具有高红外折射率、低色散率等光学性质和优良的力学性能，在红外光学、光纤通信、电子和太阳能光伏、聚合催化剂等领域发挥着重要作用。云南锗产品主要应用于红外光学和光纤通信。在红外光学领域，用锗单晶制作的红外探测系统是现代国防高科技装备中的重要组成部分。全自动红外测温仪被广泛应用于民用领域，新冠疫情爆发期间，用锗单晶制作的全自动红外测温仪被广泛用于人体体温监测筛查，在应对新冠疫情防控工作中起到突出作用。在光纤通讯领域，随着 5G 通信市场的深度发展，四氯化锗在光纤市场的需求潜力巨大。

3. 锗产业重点企业不断发展壮大

我国锗产业集中度较高，国内锗矿主要生产企业、全球较为重要的锗矿资源供应商主要集中在云南、内蒙古等地。云南是我国最主要的锗产品生产基地，锗产品的生产主要集中在云南临沧鑫圆锗业股份有限公司和云南驰宏锌锗股份有限公司两家企业。云南临沧鑫圆锗业股份有限公司是全球最大的锗系列产品生产商与供应商，新材料行业领军企业。目前拥有集研发、设计、加工于一体的国际先进、国内领先的红外光电产品生产基地和检测平台，形成了高纯锗材料、高纯光纤四氯化锗、锗晶片、红外光电、光电半导体磷化铟晶片、砷化镓晶片等核心产品。云南驰宏锌锗股份有限公司目前已发展成为全国最大的原生锗生产企业，市场份额约占全国 1/3、全球 1/4，主要装备、环保和工艺技术处于“国内一流、国际先进”水平，构建了从冶炼到材料精深加工、终端应用的锗全产业链。

4. 锗资源采冶和综合利用技术全国领先

在锗开采技术方面，云南锗企业主要采用“下向水平分层膏体充填采矿法”，装备水平高、生产安全保障、矿体回采率高。在锗金属冶炼和加工环节，随着化工提纯技术、还原技术、区熔技术、拉晶技术以及切磨抛加工技术不断提高，形成了高纯锗材料、高纯光纤四氯化锗、锗晶片、红外光电、光电半导体磷化铟晶片、砷化镓晶片等核心产品，产品质量达到国际市场的标准，引领中国锗行业完成从高端锗系列产品输入国到输出国的根本转变。

同时，锗资源综合利用水平不断提升。锗蒸馏残液环保处理、锗金属废料回收、生产废水综合回用等行业难题得以有效突破。锗蒸馏残液综合利用技术实现了废酸循环利用；生产废水综合利用技术实现了高氯废水的零排放；锗金属废料处理新工艺，无废液产生、残渣少，锗直收率从 90% 提升到 96% 以上，在从锗废料中回收锗的技术方面处于全国领先。

（二）锗产业存在问题与困境

1. 锗资源保护力度不够，资源配置效率有待提高

云南锗资源主要分布在铅锌矿和锗（煤）矿中，在开采过程中综合利用率低，容易造成资源浪费。锗资源的开发利用过程中还存在着生态环境保护问题。锗资源开发起步相对较晚，锗行业市场管理秩序还有待提升。锗产品长期供应国内、国际市场，锗资源过度开发、储备不足、资金外流、国内供需失衡等问题不同程度存在。

2. 高附加值锗产品有待拓宽，关键技术有待突破

云南省锗产业仍以中上游产品为主，初级产品产能过剩，金属锗和锗初级产品的市场竞争较为激烈。深加工产品以红外和光纤领域产品为主，但红外和光纤领域使用的高端锗产品的制作技术壁垒高，电子级高纯四氟化锗、航空航天用锗单晶、8 英寸太阳能锗单晶及晶片等高端锗产品和器件、超高纯锗单晶、锗烷等关键核心技术受制于人，高附加值锗产品大量依赖进口。应用于聚合催化剂和太阳能等领域的锗产品较少，尤其是将有机锗应用于医疗、保健方面的研究和应用能力还有待进一步提升。

3. 产业创新平台缺乏

云南省锗产业创新平台主要依托云南锗业和驰宏锌锗两家企业建立，且以企业自主创建或企业与高校联合共建为主。两家企业注重加强与高校、科研院所的合作，联合建设产学研合作平台及人才培养基地、红外联合实验室、车间实验室等。具有代表性的创新平台有云南锗业新材料产业基地、云南锗业企业技术中心以及驰宏锌锗建设的云南省锗资源综合高值利用工程研究中心。总体而言，锗产业创新平台建设有了新进展，但随着锗产品的应用领域不断拓展，国际国内对锗产品的需求不断增加，现有锗产业创新平台无法满足现时发展需求。

（三）锗产业可持续发展的举措

1. 合理开发利用

围绕临沧创新示范区生态环境保护要求，实施发展与保护并重的锗产业推进行动，加强对锗资源的统筹规划和管理，合理控制锗资源开采量，提高勘查开发准入门槛，加强审批管理，实现锗资源合理开发利用。引导和扶持资源二次回收行业发展，提高锗资源综合回收利用率。围绕 2030 年前二氧化碳排放达到峰值和 2060 年前实现碳中和的远景目标，加快推进锗行业绿色低碳技术创新和应用，构建市场导向的绿色技术创新体系，持续推进锗行业绿色化改造，加强矿山“三废”综合治理，开展近零排放和清洁生产技术研究及应用示范。加强锗行业规范管理，避免不正当的竞争及垄断行为，维护锗行业正常的生产秩序。制定严格的出口管控政策，加强资源储备，严防资源流失。

2. 加强技术研发

随着美国低空卫星“星链计划”、亚马逊低空互联网卫星计划、国内互联网卫星计划、华为互联网卫星计划的提出，近期内预计将建设卫星近6万颗，因而对卫星电池需求巨大。要着力提高太阳能电池用6英寸锗晶片产能，加大力度研发8英寸锗晶片，充分发挥锗衬底化合物半导体电池在卫星电池产业的作用，推动航空航天、5G/6G通信产业发展，满足卫星电池的迅猛发展需求。要加强二氧化锗在聚合催化剂领域应用，提升制备纤维、树脂、瓶、薄膜、片材、食品容器及电器零部件等产品质量，提高市场占有率。积极对接云南省生物医药产业，加强含锗保健品、药品、化妆品等产品的研发和相关技术研究，充分发挥有机锗在医疗、保健、美容方面的作用。

加强铅锌矿和锗（煤）矿中伴生锗提取技术的精细研究，积极引进国外先进的提锗技术，提升锗的提取率。积极研发先进设备与生产工艺，提高锗矿资源利用率。加快突破国外对电子级四氟化锗、高纯锗烷、超大口径红外锗单晶的国外技术封锁，解决国产化替代。加强回收技术研发，鼓励企业加强锗的回收，实现锗的循环利用。

3. 加强合作交流

加强部门协同联动，政府部门推动建立全国锗企业交流机制，定期开展技术研发、人才队伍建设等方面的交流合作。同时，推动企业与高校深入开展产学研合作，加大对锗生产企业的资金扶持力度，建立健全事前投入和事后补助机制，为提高企业技术研发能力和水平提供支持。搭乘云南建设“面向南亚东南亚辐射中心”快车，立足“双循环”新发展格局，积极参与境外锗矿资源调查研究与勘查开发，实施锗矿资源“走出去”战略。

4. 加强人才队伍建设

完善企业、高校联合培养人才机制，建立人才培养基地。建立高效管理研发团队，加强人才管理和培训，提供良好发展空间和晋升渠道，吸引并留住人才。积极融入临沧国家可持续发展议程示范区人才建设，坚持人才导向，加强人才自主培养，探索采取柔性引进、人员外聘、购买服务等办法，聚集优秀锗研发技术人才，打造创新团队，突破高端锗产品国外技术封锁，解决“卡脖子问题”，实现国产化替代和锗材料高质量发展。

5. 加快锗产业创新平台建设

加快锗产业创新平台建设，围绕技术创新、人才建设、产品研发等，加强与省内外企业、高校和科研院所合作交流，联合共建创新平台。积极建设院士专家工作站，为锗行业优秀人才提供更好的创新环境，激励产品技术创新。立足云南现有资源和平台优势，积极申报国家级锗新材料创新中心，促进人才、资金和科教资源互联互通；整合行业内产学研用资、上下游创新资源，增强高端聚集、示范引领和辐射带动作用，开创产学研用的良好局面，促进技术创新工作再上台阶。

第三节　推进新兴产业蓬勃发展

发展新兴产业是推进产业升级、加快经济发展方式转变、促进高质量发展的重大举措。站在新时代建设现代经济体系的新起点上，只有推进新兴产业加速崛起，才能点燃高质量发展的强大引擎。近年来，以生物医药、新能源汽车、节能环保等为代表的战略性新兴产业在我国不断发展壮大，成为稳定经济运行、推动高质量发展的强劲动能。云南推进新兴产业发展，既是形势所需，也是大势所趋，需要下好新兴产业发展“先手棋”，为产业强省建设增添强劲动能。本节重点探讨云南具有发展潜力的大健康、乡村旅游、实验动物、智慧交通等新兴产业。

一、推进大健康产业发展

党的十九届五中全会提出，全面推进健康中国建设。云南省加快打造世界一流“健康生活目的地牌”，大健康产业迎来新的使命和最好的发展机遇。纵观全国，云南是发展大健康产业条件最好的省份（区域），坚持把发展大健康产业作为谱新篇走新路的战略举措，明确产业发展重点、聚焦关键要素、开展先行先试、优化营商环境，进一步擦亮“大健康”牌子，有望在全国发展中起到引领和示范作用，成为产业强省建设的鲜明旗帜。

（一）大健康产业发展基础

近年来，云南省大健康产业产值持续增长，特色优势领域逐步凸显，健康服务业领域持续延伸和拓展，新产品、新服务、新业态不断涌现，产业影响力不断提升。

一是中药材种植面积、产量居全国第一。种植面积超 900 万亩，三七、重楼、石斛、砂仁、木香等 15 个中药材品种种植面积突破 10 万亩，中药材标准化种植基地面积 146 万亩，其中获绿色认证基地 2.2 万亩、有机认证基地 12.6 万亩。2020 年，中药材种植（养殖）业实现营业收入 516.11 亿元；建有 60 个“云药之乡”、103 个“定制药园”；文山三七、昭通天麻、红河灯盏花等 6 个品种获得国家地理标志产品保护。

二是生物医药制造业初具规模。2020 年，生物医药制造业实现营业收入 595.92 亿元，规模以上医药制造业企业达 163 户，白药集团、昆药集团、沃森生物等一批龙头企业快速发展。以疫苗为重点的生物制品制造业成为云南大健康产业增长最快的亮点板块，疫苗批签发量全国第一、货值全国第二；云南白药膏、薇诺娜医用护肤品等医药保健和天然日化品市场影响力不断扩大。

三是健康服务业发展势头较好。据不完全统计，近五年来，健康服务业主营业务收入年均增幅保持在 20% 以上。中医治疗艾滋病处于国内先进水平，远程医疗技术服务水平全国领先，基因检测、干细胞诊疗服务快速发展，中医治疗与中药（民族药）、旅游、民族文化等产业融合发展的保健养生服务业在国内异军突起，华大基因、美年大健康等一批健康服务企业发展势头良好。

（二）大健康产业面临的挑战

云南省大健康产业在气候、资源、区位环境等方面拥有独特的优势，但起步晚，外部竞争激烈，面临一些问题和挑战。

一是产业融合度低。医药、医疗产业与养生、保健等产业融合发展不够，缺乏场景开发和业态创新，需要加快产业链再造和价值链提升。

二是企业小、散、弱。具有一定规模、带动能力强的龙头企业不多，研发投入不足、市场开拓不够，有影响力的拳头产品不多，产品和品牌竞争力不强。

三是政策环境不优。现有大健康产业政策吸引力不够，优质企业引进困难，高端创新人才留不住，缺乏支持力度大、具有突破性的扶持政策。

四是外部竞争加剧。国内健康产业发展迅猛，优质健康产品和健康服务竞争激烈，而云南省健康需求挖掘不够面临潜在消费市场打不开的挑战。

（三）大健康产业发展的举措

针对当前云南省大健康产业发展存在的问题和挑战，开展深入调研，进一步确定大健康产业未来发展的路径，加快产业崛起，在全国形成影响力。

1. 加快打造“医、药、养、食、健、游”全产业链发展格局

大健康产业涉及细分领域多、产业链覆盖面广，要坚持有所为、有所不为，尽快明确云南大健康产业发展的重点和方向。

一是做大做强以中药（民族药）和生物技术药为重点的“云药”产业。做优现代中药（民族药）品质，加快中药材良种繁育研究、中药大品种和独家品种二次开发。充分挖掘民族药资源，结合基因芯片、高通量筛选等前沿技术创新药物研发，加强对药材深加工、中药有效单体成分研究，发展有效单体成分新药。扩大提升以疫苗为重点的生物技术药产能和技术水平，支持联合疫苗、基因工程疫苗、抗体药物研发和产业化，推进疫苗国际化注册和 WHO 预认证；支持创新药和高端仿制药研发以及仿制药一致性评价，打通从药物前期研究、成药性研究、临床研究再到新药研制产业链条，做大做强“云药”产业。

二是加快推动从诊断、治疗到康复、养生养老深度融合的医疗健康产业。在技术、设备、理念等方面，全方位提升云南省医疗系统的整体水平。加快发展基因检测、干细胞诊疗、中医（民族医）特色诊疗服务机构。按规定实施医疗技术准入，支持具有资质的干细胞临床试验机构，开展干细胞治疗重大疾病临床试验和转化应用研究。建设以中医药健康养老为主的护理院、养老院、疗养院，以老年病、慢性病防治为主的中医药诊室或中医馆，支持养老机构开展融合中医药健康管理的老年人医疗、护理、养生、康复服务。支持老年产品、中医诊疗仪器设备、健康监测设备、康复辅助器具研发生产。推动医疗与旅游融合，加快发展健康旅游产业。

三是做精做优满足不同人群需要、不同消费层次的健康保健品产业。大力发展以天然提取物为基础的优质健康产品、药食同源特色保健品，片剂、胶囊、口服制剂等不同剂型的日用品、特膳食品，具有抗氧化、减肥、增强免疫力、辅助改善记忆、养护皮肤等功能的系列保健食品和国产特殊用途化妆品，各类药膳、药酒、药茶等健康产品，适用于外科、肾内科、肿瘤科、儿科和老年康复科的特殊医学用途配方食品，全方位提升大健康品牌竞争力和产品市场占有率。

2. 大力实施大健康产业升级行动

围绕“补短板、破瓶颈、育精品”进行重点布局，加速优质资源聚集，努力实现“量”“质”提升，促进产业高质量发展。

一是实施龙头企业培引工程。优化存量、做大增量，培育壮大一批有实力、带动示范作用强的龙头企业。引导现有龙头企业围绕上下游企业、关联企业跨行业兼并重组，实现聚合优化发展。继续采取“一企一策”方案，进一步支持白药集团、昆药集团、沃森生物、贝泰妮等再迈新台阶。在创新药和高端仿制药领域，瞄准国际 500 强、生物医药国内 100 强、行业领军企业，加大引进力度。在中药（民族药）、生物技术药、健康产品领域，培育一批成长性好的本土企业。

二是实施拳头产品打造工程。支持创建“名、精、优、新”大健康产品品牌，开发一批差异化、特色化、品牌化的大健康产业拳头产品。充分发挥绿色食品原料优势，围绕三七系列、灯盏花系列独家品种、天麻、石斛、微藻等系列大品种，开发一批中药配方颗粒、医疗机构制剂等“云药”拳头产品，争取纳入国家基本医疗保险药品目录和国家基本药物目录。加强动植物有效活性成分和安全性研究，开发一批提取物、保健食品、功能化妆品等优质品牌产品。在传统疫苗、新型疫苗、动物疫苗方面，形成一批签批发量大、市场认可度高的产品。

三是实施产业人才培引工程。加强对省内医学专业人员的培养，促进省内医院与全世界知名医疗机构的交流合作，支持境外医技、医护人才来滇执业，加紧制定实施编制外紧缺高级专业人才、三医（医疗、医学、医药）高技能人才发展相关政策，加快高层次医学科研人才、高端养老护理人才、健康经营管理人才等大健康产业人才的培育，为产业发展提供智力支撑。

3. 争取民族药审批和生物治疗试点政策

积极争取国家政策支持，力争在大健康产业优势领域改革发展中率先取得新突破，为全国做出示范和样板，提升云南“大健康”影响力和显示度。

一是积极争取国家在云南省开展民族药审批权下放试点政策支持。考虑到民族药的独特性，现有的新药审评体系很大程度上无法将民族医药独具特色的差异化和精华展现出来。建议国家食品和药品监督管理局对疗效确切、安全、质量可控的民族药放宽新药审批的限制条件，将云南省作为试点地区，把民族药审批权下放给部分民族自治州（市、县）政府职能部门，经审批的民族药应允许在部分民族自治州（市、县）内流通，要在国内市场流通的，才需报国家局批准。鼓励民族自治地区在国家法律法规允许的前提下，结合实际出台促进民族医药发展的地方法规。

二是积极争取国家支持昆明国家大健康产业示范区开展生物治疗试点。支持示范区内符合条件的医疗卫生机构，依法依规开展具有国内领先水平的干细胞治疗、基因治疗、再生医学、肿瘤免疫临床诊疗新技术、新方法研究及示范应用，建立项目备案绿色通道，并给予省科技专项资金支持。鼓励示范区内具备资质的临床医院与生物医药企业合作，建设个体化细胞治疗省级技术创新平台。支持建立干细胞产品快速审查通道，对国外上市的干细胞产品经快速审查批准后可先行开展临床研究。

4. 推动云南省大健康产业顺时顺势加速崛起

一是研究制定大健康产业规划政策。加快编制专项规划，对大健康产业的目标定位、发展方向、重点工作、支撑条件、政策措施等作出具体安排和责任分工。出台扶持产业发展的政策意见，突出财税、金融、用地等要素保障，在市场准入、项目立项、土地供应、技术创新、市场开拓等方面给予优惠。

二是发布大健康产业发展机会清单。聚焦从现代中药、疫苗、干细胞应用，到医学科研、诊疗，再到康养、休闲的大健康全产业链关键环节，紧扣大健康产业发展的重大项目平台建设、重大科技成果转化、健康产品创新、健康应用新场景，面向全球适时发布一批产业发展机会清单，为产业技术发展、产品研发、健康服务提供场景，创造投资机会，推动大健康产业链高质量发展。

三是健全大健康产业融合发展机制。探索建立适应大健康产业新技术、新产品、新业态、新模式融合发展的包容审慎监管制度，建立健全大健康产业重点企业运营和重大项目建设督导服务机制，推行行业准入负面清单。完善大健康产业统计分类标准，开展大健康产业核算工作，加强对大健康产业发展的监测分析与评价，形成大健康产业发展年度报告。

四是营造大健康产业发展的社会氛围。以“健康云南”为引领，超前考虑开展健康城市创建工作，引导全社会树立“大健康”理念、开展“大健康”教育、提升“大健康”服务，为发展大健康产业打牢社会基础。精心策划组办大健康产业发展大型研讨会、论坛，大手笔打造健康生活目的地博览会和昆明大健康国际论坛影响力。加强对云南康养资源的宣传和营销，在重点新闻媒体和门户网站上宣传推介，迅速提升“大健康”名气、打响“大健康”品牌。

二、推进乡村旅游产业发展

乡村旅游是巩固脱贫攻坚成果同乡村振兴战略有效衔接、助推农业农村现代化的重要途径。云南是农业大省、民族大省、旅游大省，乡村旅游发展有基础、有空间、有潜力。云南有必要大力推进乡村旅游产业发展，围绕资源挖掘、农旅融合、基础和服务三个方面下工夫，为乡村旅游增添内涵、丰富业态、提升品质，加快打造乡村旅游升级版，全面激活乡村旅游高质量发展新动能，把乡村旅游打造成乡村振兴的新引擎。

（一）乡村旅游产业发展现状与机遇

近年来，云南乡村旅游发展速度较快，取得了一定的成效，探索出一些有益经验，迎来重要的发展窗口机遇期。

1. 乡村旅游发展资源独特

云南地处祖国西南边陲，具有良好的区位条件、独特的地理环境以及典型的立体气候，孕育了丰富的自然资源。悠久的历史文化和众多的民族聚居，构成了云南民族文化的多样性和丰富性。依托独特的旅游资源优势，旅游业一直是云南经济发展的重要支撑。云南省委、省政府高度重视发展乡村旅游，大力实施“以旅促农、农旅结合”发展战略，深入推进乡村旅游高质量发展，全省乡村旅游呈现点状发展、以点带面、精准扶贫、整体联动的特征，培育了一批生态美、环境美、人文美的乡村旅游目的地，打造了一批有特色、有内涵、有品位的乡村旅游精品线路，带动了一大批贫困群众发展乡村旅游、共享乡村旅游成果。

2. 乡村旅游发展取得明显成效

云南有 708 个村落入选中国传统村落名录，占全国传统村落总数的 10.4%；共创建全国乡村旅游重点村 43 个、全国乡村旅游重点镇 3 个，推出省级旅游名村 213 个、旅游名镇 101 个，形成了乡村民宿带动型、民俗文化依托型、景区发展辐射型、生态资源依托型、田园观光休闲型、旅游扶贫成长型等多种乡村旅游发展模式，成为可借鉴、可复制的乡村旅游发展典型经验。“十三五”期间，云南乡村旅游接待游客 11.65 亿人次，实现乡村旅游总收入 8600 亿元，累计带动 80.85 万人增收脱贫，占全省脱贫人口的 12.3%。

3. 乡村旅游迎来发展窗口机遇期

2023 年中央一号文件就全面推进乡村振兴工作重点进行了部署，明确要“实施文化产业赋能乡村振兴计划和乡村休闲旅游精品工程，推动乡村民宿提质升级，推动乡村产业高质量发展，拓宽农民增收致富渠道，扎实推进宜居宜业和美乡村建设”，为新阶段云南乡村旅游发展、全面推进乡村振兴指明了方向。随着国家高位推动乡村振兴战略深入实施，以及相关政策的推进落实，云南乡村旅游将迎来发展窗口机遇期。

（二）乡村旅游产业存在的问题

云南乡村旅游发展从质量上看，存在模式单一、文化内涵不丰富、融合发展滞后、缺乏地域特色、服务跟不上等问题，与国内乡村旅游发达地区相比还有差距。

1. 文化价值开发与乡村旅游融合不够

从现有乡村旅游内容来看，多以餐饮、传统建筑游览等为主，发展同质化突出，乡村旅游低水平重复建设严重，尚未真正展现和充分挖掘云南各民族自己的文化和特色，在彰显文化底蕴、展示地方区域特色等方面，还有进一步发力和提升的空间，应该把不同民族的历史、风俗、文化作为吸引游客旅行的招牌，增强游客想来、想留下来、想再来的动力。

2. 农业产业发展与乡村旅游融合不够

云南普遍存在传统农业乡镇结构类型单一、产业链延伸不足、基础与公共服务设施建设滞后、农产品附加值低、农作物种植和初加工收益占比过高等问题，传统农业乡镇在旅游产业实施过程中缺乏系统规划，大融合、大互动的产业发展观念还未形成，乡村旅游“绿色”底色不鲜明，缺少以先进理念推动旅游经济发展的特色农业项目，未能很好利用打造世界一流“绿色能源牌”“绿色食品牌”“健康生活目的地”的有利条件。

3. 旅游资源挖掘与乡村旅游宣传不够

乡村旅游资源的潜力和价值没有被完全挖掘和释放，包装、宣传、推广、深度开发的力度不够，呈现出有资源、少名气，有需求、少运营，有产品、少亮点，有市场、少业态的困境。总体而言，云南乡村旅游发展不平衡，社会经济条件较好、旅游业开展较早的地区，如大理、西双版纳等州（市），乡村旅游发展模式较多、类型较全，社区、政府、企业等参与较多、驱动带动力较强；反之，其他大部分州（市）乡村旅游发展的层次较低、类型较少、驱动带动力较弱。

（三）乡村旅游产业发展的举措

从过去的发展来看，发展乡村旅游，是脱贫攻坚的重要手段。面向未来，云南乡村旅游将成为一种新的产业形态、一股新的发展动能。有必要抢抓机遇，发现、开发和提升乡村价值，推动云南乡村旅游高质量发展。

1. 挖掘地方特色文化资源，增添乡村旅游内涵

建设乡村旅游文化村落。鼓励历史文化名镇名村、传统村落、民族村寨等发展乡村旅游，建立乡村旅游重点村名录。立足地方资源，鼓励各地自成特色，有效利用农业遗迹、传统建筑及非物质文化遗产等，培育一批农民画村、剪纸村、传统民俗表演村、手工艺制作村等“非遗”村落，依托历史文化生态资源，打造一批画家村、摄影村、影视村。

培育最美乡愁旅游精品。围绕“一环、两带、六中心”的发展布局，充分

挖掘各地乡愁元素符号，重点建设10条“云南最美乡愁旅游带”、50条“云南地域特色乡村旅游精品线路”、100个“云南最美乡愁旅游地”，传承乡村文化，留住乡愁记忆，努力打造叫得响的“云南乡愁”旅游形象品牌。

打造乡村旅游文化“活舞台”。以文促旅，以旅彰文，依托传统民俗文化氛围，建立乡村文化站、乡村文化博物馆，将历史文化编排成节目展演、故事讲演等形式提供给游客，将旅游元素、文化创意与乡村发展有机结合，建立网络文学创作基地，定期组织作家、画家、文艺工作者、非遗传承人等在乡村旅游点展演和传技，以深层次、立体式的文化内容吸引游客、留住游客，提升云南乡村旅游的休闲性与参与性。

2. 探索农旅融合新模式，丰富乡村旅游业态

开发休闲农业“周末游”市场。推进乡村旅游与城市休闲有机对接，依托农村麦田、花海、茶山、果林等资源，大力开发“城里人游乡村”“周边省区来滇游乡村”市场和产品，设计精致化、时间短、品质高的周末乡村旅游线路产品和营销主题，编制“周末休闲农业”旅游手册和旅游指南，为城镇居民周末外出休闲度假创造便利条件。

打造农旅融合示范标杆。不断挖掘农业多种功能和多重价值，建设一批综合性、示范性的休闲农业园区、农业公园、休闲农庄，培育一批美丽休闲乡村和休闲星级示范企业。依托特色农业资源发展观光休闲农业旅游，开发田园采摘、科普教育、农事体验、乡村亲子游、乡村研学游等农旅融合项目，在农业产业链某一环节赋予旅游功能，打造农业生产、景观、文化、生态与旅游产业“吃、住、行、游、购、娱”融合示范点。

创新农旅融合经营管理模式。引导农户以土地承包经营权、闲置房屋、劳动力等入股旅游企业和乡村旅游合作社，激活农民主体、乡村资源、社会力量等多方动能。探索创新民宿业态，培育推广共享农庄、共享民宿等经营模式，以“合作社＋企业”、村民自办、社会资本介入等形式，盘活农村闲置房屋发展乡村旅游民宿，努力为农民创造更多就业机会和增收渠道。

3. 强化基础和服务能力建设，提升乡村旅游品质

实施乡村旅游数字赋能行动。抓住“云南数字乡村试点”的有利契机，以数字技术赋能乡村旅游，推进线上支付、人工智能等技术与乡村旅游深度融合，以“一部手机游云南”为载体，整合当地“吃、住、行、游、购、娱”六方面的资源，以“互联网+”全面推动云南乡村智慧旅游发展，激发乡村旅游消费潜力，改善游客体验内容和体验质量。

打通乡村旅游“最后一公里”。推进乡村旅游基础设施建设，加快完善乡村旅游美丽公路、景区专用道路、通达乡村旅游重点村道路建设，打通全省涉及乡村旅游景区（村）的“最后一公里”，统筹布局乡村旅游生态停车场，解决乡村旅游停车难问题。

拓展乡村旅游消费场景。支持乡村旅游重点村在临近的景区景点、高速公路服务区、主要交通干道旅客集散点等设立旅游商品销售专区，开办旅游商品网店，开展旅游商品线上线下一体化销售，扩大乡村旅游消费服务。策划举办乡村旅游节、美食节、采摘节、音乐节等节会活动，吸引游客，聚集人气，让乡村旅游者一站式观光、体验、品鉴、休闲与购物，培育乡村旅游消费新增长点。

做好乡村旅游营销宣传。强化云南乡村旅游整体包装和对外形象宣传，推动云南乡村旅游宣传营销方式创新。启动“滇”字号网红打卡地“乡村生活”类推选活动，借助互联网平台的传播力、影响力，利用直播、影视剧宣传等手段增加曝光率。推出一批促进生态保护、弘扬传统文化、讲好红色故事、带动农业发展、促进农民增收的乡村旅游典型。

三、推进实验动物产业发展

实验动物是生命科学研究的基础和重要支撑条件，其发展程度已成为一个国家生命科学发展水平的重要标志。近年来，随着生命科学研究的进步，对实验动物的需求随之加大。非人灵长类实验动物（以下统称“实验猴”），是生命科学研究领域重要的实验动物品种之一，已成为生命科学研究、生物医药研发不可或缺的重要战略资源。新冠疫情爆发以来，国内科研、疫苗研发等对实验猴需求量激增，但受国内外多种因素影响，国内产能有限，供应不足，已严重影响到我国生命科学研究和生物医药研发工作的进展。云南省是国内首个将实验猴出口到国外服务于科学研究的省份，也是唯一一个建有“国家非人灵长类实验动物资源库”的省份，有着发展以实验猴为代表的实验动物产业的良好基础和有利条件，加大对云南省实验动物产业的培育及支持，提升云南省实验动物行业发展水平，将会对云南省生物医药产业的高质量发展取得极大的促进作用。

（一）实验动物产业发展态势

1. 实验动物身价上涨，实验猴资源紧缺

据 2022 年 5 月财政部网站发布的《中国食品药品检定研究院实验用食蟹猴采购项目中标公告》显示，中国食品药品检定研究院采购的食蟹猴每只单价高达 12.2 万元。2014 年食蟹猴的单价为 6567 元 / 只，2019 年涨至 3 万元，近期单只已经涨至 16 万元，涨幅达 20 多倍。尽管如此，国内医药行业对实验猴的需求量还在不断扩大，过去 5 ～ 10 年我国实验猴市场长期处于供需紧张的状态。统计数据显示，国内现有的商品猴数量不足 10 万只，但因现有实验猴老龄化问题突出及预售合同限制等原因，真正在国内市场流通的仅剩 0.5 ～ 1 万只。市场上“有价无猴”的现象表明，目前国内医药行业正出现“猴荒”，实验猴成为类似于芯片一样的“科技战略资源”。

在实验动物中，小鼠生产规模占比最大，约占所有实验动物的 7 成。在新药研发持续升温的大背景下，医药相关产业链快速发展，已诞生药康生物、南模生物、百奥赛图等多家主营小鼠相关业务上市公司。药康生物近年来营收、净利润、毛利率持续攀升，其部分品系的小白鼠单价高达万元，毛利率高达 95.65%。

2. 实验猴价格上涨现象的背后原因

药物研发需求爆发式增长造成了巨大的需求缺口。随着近年大分子药物研发产业的快速发展和新冠疫情的影响，国内实验猴的需求在近年呈爆发式增长，与人类基因同源度最高的实验猴成为临床前试验的首选。约有 70% ～ 80% 的生物药会用到实验猴做临床前试验，而正常一款新药临床前研究需要用到至少 60 只实验猴。据中国灵长类养殖开发协会统计数据，2018 年国内主要使用单位的实验猴使用量为 18140 只，2019 年为 28913 只，2020 年为 33876 只（其中 2.5 万只用于药物安全性评价，0.9 万只用于其他科学实验），而 2020 年实际市场需求约 5 万只左右。2009 年国家暂停实验猴的进口，致使国内猴场的种群老化严重，

繁殖率降低。2019 年国家林业草原局逐步恢复实验猴的进口，但 2020 年受新冠疫情的影响又暂停进口，进一步加剧实验猴供应不足。突然爆发的猴痘以及其他病毒，让各大药企不断加大生物实验、药物研发的力度和进度，未来会出现更大的实验猴缺口。

实验猴养殖门槛高、产出量有限、周期较长。实验猴属于国家保护动物，国内猴场数量有限，门槛较高，捕猎、繁育、交易需拿到相关批文，还需获得科技管理部门的《实验动物生产许可证》《实验动物使用许可证》，且每次交易要额外办理《出售国家重点保护野生动物审批》。在全国范围内，显示生产类有效、适用范围为猴的许可证只有 57 张，其中广西、广东、云南、海南及四川等地分布较多。此外，实验猴的繁殖能力弱，食蟹猴（实验猴主要品种之一）每年繁育 1 ~ 2 次，1 胎产 1 仔，一生约能繁殖 8 ~ 12 只，且只有病原微生物检测为阴性、人工饲养的子二代及其后代才能用，整个过程淘汰率约 20%。我国的食蟹猴是通过进口引进种源繁殖的，如今进口被禁止，无法扩大种源，导致种群退化，繁殖率低。

头部企业大量囤积，供需不平衡。国内大猴场在过去几年间陆续被医药研发合同外包服务机构（CRO）控股或者持股。药明康德 2019 收购苏州康路生物科技公司 100% 股权（包括其下属的全资控股子公司广东春盛生物科技公司和广州春盛生物研究有限公司）；康龙化成先后获得肇庆创药生物科技公司 50.01% 控股权和中科灵瑞（湛江）生物技术公司 100% 股权；昭衍新药收购云南英茂生物科技公司和广西玮美生物科技公司 100% 股权。目前，在 57 家具有实验猴生产许可证的养殖场中，康龙化成的养殖面积约 1.6 万平方米，药明康德的养殖面积 2 万平方米。但即便已经占据了猴源的“半壁江山”，这些 CRO 企业纷纷表示实验猴储备还不够，公司每年能用于实验的猴还不能满足业务需要，需要持续向外采购。

3. 国内实验动物产业发展走势

产业发展向“产研结合”模式转型。随着新冠病毒株种的反复变异以及国内医药行业的继续快速发展，国内各大实验猴养殖企业和医药企业在上演“养猴大战”的同时，也在积极寻求转型之路。国内的实验猴养殖企业逐渐从“买猴卖猴”的模式转向“产研合作”模式。随着多家养殖企业被大型医药研发企业并购或与高科技生物医药集团形成新型产业联盟，成为集团产业链的一部分。

相关省市积极布局，推动本地实验动物产业发展。广西近年来非常重视实验动物产业的发展，经广西的积极争取，2021 年 5 月国家发展改革委、国家林业和草原局等 11 部委联合下发了《关于支持防城港国际医学开放试验区改革创新若干政策措施的通知》，明确将实验动物进口审批委托下放给广西实施；防城港市规划建设 3460 亩的广西非人灵长类实验动物保育基地，并出台《防城港市灵长类医学实验动物培育利用扶持办法》，对当地灵长类实验动物产业建设进行多种补贴，并制定系列人才引进政策吸引高端人才入驻；南宁市规划建设食蟹猴等人工繁育实验猴国际新药实验室集聚区；昭衍新药已在梧州市开工建设大动物繁殖基地，并完成检疫场建设，拟建超 1.5 万只大动物的饲养能力场所。重庆市今年开工建立实验动物养殖及非人灵长类动物实验研究平台，该平台为重庆首个以猴类动物为载体的药物临床前评价研究平台，将填补重庆以猴类动物为载体的药物临床前评价研究空白。上海市正在筹建高等级生物安全非人灵长类动物实验平台，以填补华东地区没有非人灵长类高等级生物安全实验室和生物安全四级实验室的空白。

（二）实验动物产业发展基础

1. 实验动物科技工作的发源地和摇篮

1946 年，科学家齐长庆教授在昆明将引入的瑞士小鼠培育出国内第一个实验动物品系——昆明小鼠，一度成为国内应用范围最广、使用量最多的实验动物。1982 年在西双版纳，原国家科委主持召开了全国第一届实验动物工作会议。2019 年科技部、财政部批准依托昆明动物研究所建设“国家非人灵长类实验动物资源库”。2007 年成为全国第三个对实验动物工作立法的省市，实验动物和动物实验的工作步入了规范化、标准化、法制化管理轨道。2022 年，云南共有 6000 多实验动物从业人员；共颁发 70 个实验动物许可证，其中 25 个生产许可证，45 个使用许可证；实验动物年生产能力在 20 万只左右，使用保守统计约 25 万以上，包括大小鼠、猴、兔、豚鼠、犬、微型猪、树鼩等十几种实验动物。经过几十年的发展，云南省实验动物在我国生物医学、生命科学、食品药品和生物安全等领域中发挥了不可替代的重要作用。

2. 基础研究成果丰硕

云南省实验动物管理的法制化建设、灵长类实验动物饲养繁殖管理与科学研究、实验动物应用于生物制品研发与生产、小型猪资源建设与科学研究、树鼩实验动物标准化和种质资源建设及科学研究等方面始终走在国内前列。已建成拥有国内最大非人灵长类细胞和 DNA 数据库的“国家非人灵长类实验动物资源库”“模式动物表型与遗传研究国家重大科技基础设施”；基于猕猴肾细胞生产的脊髓灰质炎减毒活疫苗为我国消灭脊髓灰质炎病毒起到了决定性的作用；国家昆明高等级生物安全灵长类动物实验中心为我国防治新发、突发重大传染性疾病和保障人类健康发挥了重大支撑作用。2014 年由昆明亚灵生物科技有限公司牵头联合国内其他大学和研究机构，开展猕猴和食蟹猴的基因靶向修饰研究，获得世界上首例经基因靶向修饰的小猴。2019 年中国科学院昆明动物研究所发布高质量中国猕猴参考基因组数据，在灵长类动物学基础理论研究、实验动物技术创新和转化医学等领域产生了深远的国际影响力。

3. 具有一定的品种优势

实验猴、树鼩等是云南省具有比较优势的实验动物资源品种，在国内外已具有较大影响力。这些品种在重大疾病机理、转基因、疾病动物模型、新药研发、脊髓灰质炎疫苗等科学研究中发挥了重要作用。云南省已建立大规模树鼩繁殖种群并突破人工繁殖难关，是国内最大的树鼩饲养繁殖基地，已向国内外数十家单位提供使用，实现了规模化生产，同时向美国、德国、日本、马来西亚等国出售。

（三）实验动物产业存在的问题

1. 未形成标准化、规模化生产

目前，云南大多数实验动物养殖企业生产规模小、质量差、与社会化和产业化生产和使用相差甚远，远满足不了全省的市场需求。实验鼠是云南省使用量最多的实验动物，但全省却没有一家标准化和规模化生产的单位，也没有一家企业生产供应符合 SPF 级的实验，并缺乏动物资源集中保藏机制，无法长时间保存。因本省自身供应实验鼠质量不高，在开展要求较高的动物实验中，基本都需要从省外、国外引进。据云南省、昆明市动管办统计，云南每年都需要从省外、国外引进高品质实验鼠约 5 万只左右。实验兔、豚鼠等使用量相对较少的几种实验动物，与实验鼠一样面临相同的问题。

2. 市场主体竞争力弱，生产与供应问题紧张

截至 2022 年 7 月，云南省具有实验猴生产许可证的单位共 8 家，即昆明亚灵、云南英茂、昆明动物所、医学生物学所、云南金杰康、云南仁利坤元、金岩生物、宜普肽生物，分布在昆明、西双版纳、玉溪、耿马、普洱、丽江 6 个地区，其中 3 个单位（昆明亚灵、云南英茂、昆明动物所）拥有通过国际实验动物管理评估与认证协会（AAALAC）认证资质，并且昆明动物研究所是全国首家通过中国合格评定国家认可委员会（CNAS）认可的实验动物机构，实验猴饲养设施及管理达到国际水平及国内先进水平。但目前具有竞争力的昆明亚灵 / 科灵、云南英茂均已被省外大型医药企业收购。受目前国内外需求的影响，云南省同样陷入“一猴难求”的困境，加之实验猴价格飞涨，使相关科研项目和生物医药研发中实验动物经费支出大幅度增加，有的甚至无法正常开展动物试验。

3. 缺少统一布局，产业链尚未形成

实验动物产业包含实验动物生产、实验动物质量检测和动物实验等重要组成部分，是一个大的产业链。云南实验动物虽然资源丰富且有一定规模，但因缺乏产业科学合理布局，实验动物产业化发展不平衡，特色实验动物（实验猴、树鼩）政府单位重视、投入大、起步早、发展较快，而实验鼠、小型猪、兔、犬等其他实验动物产业发展以及配套质量检测机构等未得足够重视，资金投入不足，发展缓慢，从而导致全省未能形成完整强健的产业链，实验动物的质量也得不到保障。目前，云南有资质能同时进行实验动物的质量检测和环境检测的综合机构只有云南医疗器械检验所，由于未形成常态化服务，实验动物质量检测项目不全，全省大部分实验动物质量检测需到省外第三方机构进行检测。

（四）实验动物产业发展的举措

1. 充分发挥地域等优势，牢牢把握实验猴种质资源

主动协调国家林草、海关等主管部门，积极争取实验动物进口审批委托下放给云南省实施，并尽快放开实验猴的进出口许可。依托“一带一路”建设和中老铁路的优势，从老挝、柬埔寨、越南、缅甸等实验动物资源较为丰富的国家引进高质量种源，为当下实验用猴紧张现状打开绿色通道。在行业内选择 3 ～ 5 家实力强、信誉高、软硬件条件好的企业和单位作为代理机构引进实验猴，科学、合理引进补充，保障实验猴质量，避免国外哄抬猴子价格。另外，结合云南丰富野外保护非人灵长类资源，科学合理野捕一些作为种源保存。同时发挥云南省自贸区优势，简化实验猴流通的行政审批手续，解决“实验猴”现行行政审批手续繁琐、时效太长等问题，有效提升实验猴的流通。以“国家非人灵长类实验动物资源库”为主体扩大实验猴战略储存规模，联合实力强、信誉高、软硬件条件好的企业作为种源保存基地，有计划地供给和科学合理贮备，为国家及云南省提供实验动物战略资源储备。

2. 打造培育供应—检测—科研服务全产业链

推进实验动物人工繁育的规范化、标准化养殖，充分利用已建成的研发平台开展实验动物种质资源建设、疾病动物模型研发，促使实验动物产业由养殖为主向科技研发服务为主转变。择优选择 1 ～ 2 家基础条件较为完善的企业进行重点扶持，在资金、政策上给予倾斜，对标省外国外先进企业规范做法，制定行业养殖标准和体系规范，培育一批具有市场竞争力的实验动物生产供应企业或机构，将云南省打造成国内最具特色的实验动物标准化生产基地。建立云南省实验动物检测中心，完善实验动物质量检测项目，常态化服务于各实验动物机构，实现高质量规范化的检测服务。支持实验动物饲料、垫料等企业的发展，提高云南省实验动物配套产品的质量与性能。支持实验动物开发与保存、规模化生产与共享服务、疾病动物模型研发及新药研发等工作，构建具有云南特色的实验动物生产及动物实验服务为一体的产业链。

3. 优化整合资源，构建实验动物共享服务平台

整合云南省实验动物资源，大力培育标准化、规模化的实验动物资源平台和

动物实验平台，把资源保存、模型筛选、模型创新研究以及应用服务结合起来，打造融合繁殖、饲养、研究、创新、应用、服务于一体的符合国际标准的灵长类实验动物共享服务平台，开展一站式动物实验服务，吸引高端人才和国内外优质企业落地入驻。与国内国际高校、科研机构和跨国公司等联合建立攻关研发平台、重点实验室、工程技术研究中心、院士专家工作站、成果转化中心，探索建立“政、产、医、研、资”五位一体的“协同创新共享平台”，实现政产医研资一体化发展。

4. 充分利用沪滇协作机制，支持企业开拓市场

我国近三分之一的新药出自张江生物医药城。云南省应充分利用沪滇协作机制，支持及鼓励云南省相关企业、科研机构加强与长三角地区相关生物医药开发公司、CRO 以及如上海实验动物中心等企业和机构的合作与交流，拓展市场，引进先进技术，学习其高效的管理模式和运行机制，吸引长三角生物医药产业和生命科学研究各项资源，进一步提升云南省实验动物产业发展水平。

5. 科学合理布局，培育优势品种，推进实验动物产业蓬勃发展

科学合理布局，充分利用云南特色实验动物资源，打造以实验猴、树鼩、大鼠、小鼠等为重点品种，小型猪、实验兔、犬等其他品种共同发展的格局，多种品种并行发展，扩大生产规模和提升品种质量。并以昆明为中心，建立覆盖全省至全国的实验动物生产供应网络，在保障云南省实验资源供应足够的同时，辐射全国，积极推动我国生物医药产业健康发展。

第四章　区域协调发展

促进区域协调发展，是贯彻新发展理念的重要内容，也是实现高质量发展的必然要求。党的二十大报告提出，“促进区域协调发展”。当前，我国进入高质量发展阶段，对区域发展提出了新的要求，京津冀协同发展、粤港澳大湾区建设、长三角一体化发展、东西部科技合作等系列重大战略，成为国家区域协调发展的大棋局。云南走高质量发展之路，也要下好区域协调发展“一盘棋”，以省会城市为引领做强发展的火车头，以区域性中心城市为主体培育若干增长极和发展新动能，以县域为基本单元探索差异化发展路径，加快构建优势互补、高质量发展的区域经济布局和特色鲜明、梯次联动的区域协调发展新格局。

第一节　做强区域发展火车头

省会城市因在一个省份中综合实力强劲，具有完善的基础设施、丰富的科教资源和较强的创新要素聚集能力，是带动区域协调发展的主导力量，对省域和城市群竞争优势的形成产生着越来越重要的引领带动作用。推动区域协调发展，应重视省会城市、中心城市重要作用，打造具有引领带动作用的“强省会”。[①]昆明是云南的省会城市、我国面向南亚东南亚开放的前沿城市，也是“一带一路”、长江经济带等战略交汇点，区位优势、资源优势、开放优势明显。昆明兴，则滇中兴；昆明强，则云南强。云南省委书记王宁在昆明调研时对昆明发挥全省排头兵、火车头作用寄予了厚望。昆明作为全省创新基础最好，科技支撑引领作用最凸显的地区，必须在科技创新引领高质量发展上有新作为，在牵引带动

① 万劲波：《打造“强省会”引领区域协调发展》，载《光明日报》，2019-01-26（06）。

全省高质量发展上有新担当。

一、昆明在云南发展中的地位

（一）经济社会发展的排头兵

作为云南唯一的特大城市，昆明集中了全省各种优质资源，集中了全省 1/7 的人口和 1/4 的 GDP，是经济、社会、文化中心。2021 年，昆明全域经济总量达到 7222.5 亿元，在 27 个省会城市中排第 13 位，在中国城市综合经济竞争力的排名较 2020 年上升 10 位，担当领跑全省经济的“火车头”。

昆明是云南省产业发展的龙头。近年来，产业转型升级步伐加快，基于大生态、依托大数据，重点发展大健康、大旅游、大文创，构建具有昆明特色的现代产业体系，形成石油化工、文化旅游、大健康等千亿级产业集群。斗南花卉交易市场成为亚洲最大的鲜切花交易基地，生物医药、文化创意、电子信息、数字经济、新材料、先进装备制造等新兴产业加快成长。“十三五”期间，昆明市全社会 R&D 经费投入年均增长 11.6%，科技进步贡献率从 42.1% 提高到 60%，经济发展“含金量”越来越足，发展质量稳步提高。

昆明是我国面向南亚东南亚的开放前沿。昆明综合保税区、跨境电商综合试验区、国家外贸转型升级基地相继获批，高新保税物流中心、腾俊保税物流中心封关运营，昆明成为国家物流枢纽承载城市和一级物流节点城市。COP15、南博会、上合昆明国际马拉松赛等展会活动影响力不断提升。

（二）科技创新的主引擎

昆明市全力推进区域性国际科技创新中心建设，是云南省第一个国家创新型城市、国家小微企业创业创新基地示范城市、国家知识产权示范城市，科技创新综合实力强。在 2022 年科技部发布的 72 个国家创新型城市创新能力排名中，昆明位列第 34 位，西部第 4 位。

昆明是云南省优势创新资源集聚洼地和高地。汇集了云南省 90% 以上的科研机构和高等院校，拥有全省近 70% 的高新技术企业、国家创新型（试点）企业和 80% 的国家级高新技术产业化基地。截至 2022 年，全市共有高新技术企业

1788家，占全省高企数量的87%。技术合同成交额84.26亿元，居全省第一。长期在昆工作外国人1000余人，在滇两院院士基本集中在昆明。

“十三五”期间，昆明创新成效显著。创新成果产出水平和能力有大幅提升，全市有效发明专利达11736件，专利授权60559件，较“十二五”分别增长119%、170%。每万人口发明专利拥有量达16.9件，超过全国平均水平。累计获得中国专利奖50项，其中金奖3项、银奖1项、优秀奖46项，登记重大科技成果获得国家科技奖励1项，省科技进步奖126项。科技服务业营业收入达508.61亿元，科技服务业营业总收入占地区生产总值比值由6.44%增长到7.55%。

昆明是全省创新环境最优的区域。科技投入在全省各州（市）中长期领跑，全社会R&D经费投入由2015年的73.73亿元提高到2021年的128.23亿元，较“十二五”末增长73.92%。创新制度建设逐步完善，创新举措走在全省前列。近年来，昆明市先后出台了《昆明市关于加强基础研究和应用基础研究的实施办法》、《加速昆明区域性国际科技创新中心建设若干措施》《昆明市国家知识产权示范城市建设工作方案（2019—2022年）》等政策文件，围绕创新平台培育建设、技术转移体系建设、知识产权运营服务体系建设、创新人才引培等方面出台了系列政策举措，基本建立了适应创新需求的科技创新政策体系。

二、做强区域发展火车头的思路

昆明作为云南最大最强的市域经济体，省会城市的天时地利人和是造就昆明火车头地位的重要因素，但距离能够担起全省发展的火车头来说，还需下工夫。与国家平均水平和国内先进城市相比，科技创新还存在很大差距。

第一，还需在创新引领上下工夫。2021年，昆明市R&D经费投入强度为1.78%，比全国平均水平低0.66个百分点。每万人口发明专利拥有量和高新技术企业数与广州、杭州、成都、西安等城市相差甚远。急需培养引进一批具有国际领先地位的高端科技人才，创造更多优质科技成果供给。特别是在管理创新上，部门创新管理协同、科技资金使用管理有待提升效率，科研机构评价考核机制和科研奖励激励制度有待健全。

第二，还需在科教融合上下工夫。昆明市丰富的科教资源需要进一步转化为产业发展优势，畅通高校院所成果、人才服务产业的通道，挖掘科技资源服务云南经济社会发展的潜力。科研院所、企业、高校等各类创新主体部门间缺乏战略协同、分配和风险承担机制，产学研合作不够紧密，成果转化和技术转移成效不明显。支柱产业、新兴产业公共技术服务平台建设亟待完善，新材料、大健康、数字化等新兴产业的服务平台较少。

第三，还需在产业创新服务上下工夫。科技服务业市场主体少，缺乏骨干领军型龙头。科学研究和技术服务业营业总收入远低于成都、西安等城市。科技金融发展薄弱，以天使投资、创业投资为代表的社会资本参与科技创新的活力不足。昆明与省内其他州市缺乏产业创新协同，需要进一步强化产业链分工协作，优化创新资源配置。

做强区域发展火车头，关键要加快形成科技创新引领高质量发展的动力源，从 4 个方面发力。

一是在强化省内纵横协同上发力。继续深化省市一体化协同创新工作机制，在布局协同创新重大任务、创新科技管理运行机制、保障一体化经费需求、加强监督检查、实现省市无缝衔接等方面建立完善省市共同推进落实的工作制度。加强滇中城市群协同创新，建立健全推进一体化发展的组织机构和工作机制，提升创新体系整体效能。发挥领头羊作用，带动其他州市创新发展。设立昆明 + 其他州市创新联席会议机制，设立联合创新专项，对接州市发展需求，推动两地或多地产学研联合开展关键核心技术攻关与重大科技成果转化项目，联合共建共享创新平台和创新服务，推动昆明与省内其他州市创新链、产业链深度融合。

二是在强化创新主体协同上发力。加强顶层设计与政策引导，整合高校、科研院所的创新资源，吸纳企业和社会资本参与，建设一批“政产学研”协同创新的新型研发机构。推进环大学城创新创业街区、高校成果转化产业带建设，打造“大学城创新创业走廊”，形成具有昆明特色的政产学研协同创新经验。成立“昆明市政产学研协同创新联盟”，探索建立区块链、大数据、细胞产业、贵金属材料等产业技术创新联盟，打造高水平、专业化服务机构，提升资源整合利用效能，打造政产学研协同创新和成果转移转化“一张网”格局。

三是在强化国内外协同上发力。充分发挥昆明国内国际双循环节点优势，搭建多主体、多层次、多类型科技合作交流机制，推动更深层次、更宽领域、更大力度的全方位高水平协同创新。一方面，拓展国际协同。定期召开昆明－南亚东南亚城市创新论坛，组织专家、企业家开展专题创新对话，加强科技人文交流，扩大昆明在南亚东南亚的创新话语权和影响力。用好南博会和友好城市网络等，巩固和拓展政府间科技创新合作，切实落实政府间科技合作协议。鼓励各类创新主体积极主动融入全球创新网络建立联合研究开发基地。面向南亚东南亚优化联合研究布局，打造一批海外创新中心、联合实验室、联合研究中心等国际科技合作平台载体，开展联合创新研发、双向技术转移与创业孵化。在金砖国家技术转移中心建设经验上，加强与东南亚南亚国家共建技术转移平台，聚焦先进制造、生物技术、人工大数据、绿色技术等建设若干联合研发中心和技术转移中心。另一方面，深化国内协同。加强与京津冀、长三角、粤港澳大湾区等科技创新中心的合作交流，在科技体制机制突破、提升科教水平、参与全球科技合作等方面相互协作；强化与合肥、武汉、重庆、成都、西安等中西部城市的合作交流，加强重大关键技术攻关、重大技术产业化和应用示范，促成一批重大合作项目。探索与西部地区共建科技展会合作平台，促进昆明优秀科技成果在西部与毗邻国家的示范应用和推广。

四是在强化部门协同上发力。加强部门联动、资源整合，推进创新举措落到实处。强化组织协调，加强横向、纵向协调联动，形成各司其职、各负其责、齐抓共管、相互配合、运转高效的工作新格局。建立重大创新事项部门联席机制，定期商议落实国家政策、重大立项等事宜。产业部门、科技部门每年开展技术需求痛点调查研判，联合制定发布产业核心技术需求榜单，构建从科技研发到技术改造、成果应用的协同支持机制。科技部门与纪检监察部门要建立定期交流机制，就科技体制重大改革和政策创新取得共识，为创新营造良好等环境。

三、做强区域发展火车头的路径

云南省委省政府对昆明市发挥全省经济社会发展排头兵、火车头对作用给予很大期望，在新发展阶段，昆明要以更高占位、更广视野、更大决心服务国家战略，服务云南高质量发展大局，强化省会担当和垂范，为创新型云南建设贡献昆明力量。

（一）实施科技创新强昆行动

以行动为抓手落实“硬作为”，大力实施科技创新强昆行动五年计划，加快提升科技创新源头供给和辐射能力、创新驱动产业高质量发展水平和促进民生福祉保障能力，树标杆、作表率，做强做大云南高质量发展更具牵引力的火车头主引擎，成为服务全国、带动云南的科技创新策源地和我国重要的人才、技术、资本聚集地、创新驱动高质量发展的先行区。

1. 产业赋能创新行动

围绕数字经济、现代农业与乡村振兴、先进制造、生物医药大健康、新材料新能源等领域加强核心技术攻关，加快突破一批关键核心技术，提供高水平科技创新供给和科技服务，在科技支撑做大做强实体经济上发力见效，努力成为“技术发明的第一创造者”和“创新产业的第一开拓者”，为云南产业强省建设排头兵提供支撑。

2. 科技支撑城市更新行动

在数字化综合智慧管理、安全综合风险感知与应急处置、绿色低碳和生态环境智慧监管与生态风险精准防控防治、智能高效基建、重大疾病精准智能诊疗和精准防控等领域加强先进技术成果应用和场景开发，为在城市建设管理上当好排头兵，打造首善之区、平安春城强化科技创新保障力。

3. 创新主体聚合行动

统筹利用科技入滇、央企入滇、民企入滇机制，加大创新主体引进力度，优化高新技术企业培育、提升规上企业研发能力、布局产业技术创新平台、增强科教融合能力，加快新型研发机构建设，推动科技型企业、研发平台、高校院所等创新主体持续、联动发展，提升以企业为主体的全社会研发投入水平，进一步夯实整体创新能力。

4. 英才汇春城行动

深入实施“1+2+N”春城计划，聚天下英才而用之，率先实行更加开放、便利的人才引进政策，积极引进培育高层次人才、拔尖人才和团队，特别是对青年才俊，贯彻落实人才引领发展战略，建设面向南亚东南亚的科技创新人才高地。强化以人为本的综合服务保障，提升人才事业支撑和生活品质，培育优良的创新创业人才生态。打造自贸区国际人才试验区，建设国际人才枢纽，大力吸引海内外高层次人才，构建高端人才流动机制，提供配套服务能级。培育塑造一批诸如顶尖科技学家论坛、创新创业青年论坛、“双创在昆明”大赛等人才类活动品牌等。

5. 科教融合升级行动

鼓励高校院所围绕昆明经济社会发展需求，依托优势学科和国家级平台，建立新型研发机构；围绕主导产业，设立和发展急需专业，培养紧缺人才，切实把教育链、人才链与产业链、创新链有机衔接起来，让校市双方结成“共同体”，实现产学研融合发展。突出大学科技园承接高校综合智力资源溢出的特色和优势，强化大学科技园品牌效应和引领作用，加快提升“创业孵化、成果转化、人才培养、辐射带动”四大功能，建立市场化、专业化、国际化、多层次、开放性的大学科技园体系，深化大学校区、科技园区、城市社区联动融合，辐射带动高校周边区域形成若干个产值规模达到千亿级的创新创业集聚区。

6. “双创之城”打造行动

打造双创基地升级版，完善政策支持体系，创新园区运作模式，建设各类低成本、便利化、全要素、开放式的创业园区和“全托式”孵化器，“零门槛”“体验式”众创空间，提升园区在创业孵化、科技金融、知识产权、技术交易等多方面的服务能力，建设“互联网 +”企业和创新创业平台，构建“孵化 + 产业 + 投资”全方位创业生态圈。按照“政府搭台、市场运作”的原则，引进了一批专业化运营团队，全面负责园区的规划建设、招商引资、市场开发和内部管理，实现园区错位发展。筹划举办南亚东南亚国际创新创业大赛，将自贸区建设成为面向南亚东南亚的国际青年双创中心。

7. 区域创新领头羊行动

完善跨区域协同创新机制，建设“昆明 +”其他州市科技创新共同体，加强创新资源互联互通和开放共享，逐步实现创新券通用通兑，增强高新区、经开区与各州市园区的创新联动，探索飞地分园模式，联合打造创新型、融合型、生态型的协同创新承载区。推动技术市场一体化、双创服务联动、科技金融，以及创新人才资源互通共享。

8. 面向南亚东南亚的科技创新国际枢纽建设行动

多模式、多载体、多渠道，加快建设面向南亚东南亚的科技研发和转移转化服务中心、跨境技术贸易中心、科技创新创业金融服务中心等国际创新协同载体，参与科技领域的国际治理。建成以昆明为枢纽，链接南亚东南亚，与京津冀、长三角、大湾区、中西部地区的国际国内创新合作网络，为来自全球的创新活动者提供最佳的创新创业生态系统。

（二）优化区域创新和支撑体系布局

1. 打造科技示范“圈、廊、带、区”

按照优化布局、协同承载、功能优化、全域联动的原则，重新审视昆明市创新地图，做好县域创新布局。一是环滇片区和所辖县市打造绿色科技惠民示范圈带，作为生态环保、绿色食品、绿色低碳技术成果转化承载地。二是联合五华、盘龙、西山、官渡、呈贡、晋宁等五城区打造社会治理科技创新走廊，大力推进智慧城市、“互联网＋”等，深化区块链技术应用，实现城市服务全程全时、管理高效有序、数据开放共享，加快社会治理现代化。三是高新区、经开区、空港经济区打造先进制造技术创新示范园区，持续做好科技赋能增链延链壮链工作，率先在推进产业链现代化上做引领。四是自贸区打造对外开放创新样板区，在科技体制机制改革、集聚国内外优势创新资源、构建面向南亚东南亚的科技创新创业基地等方面加强探索。

2. 打造“三个一”创新支撑体系

一是重构提升“一批重大平台”，构建以国家级省级实验室为引领，国家级省级重大科技基础设施集群为代表的战略科技平台，重点承担原始创新和关键核心技术攻关任务，着力形成重点领域核心基础原创能力。围绕新材料、生物医药、电子信息等重点产业，打造若干产业创新平台，重点开展产业关键共性技术研发和工程化研究。发动社会力量建设一批覆盖科技创新全链条和各环节的功能服务平台，聚焦研发设计、检验检测、知识产权、科技金融、技术转移、创业孵化、科技中介、国际合作等领域，大力发展科技服务业，加快建设功能强大、配套完备的科技创新服务平台，促进创新资源要素高效流动、集聚转化。

二是打造“一个科技融合创新区”，以五华区、呈贡大学城为主，建设云南省科教融合创新区。鼓励高校院所围绕昆明经济社会发展需求，依托优势学科和国家级平台，建立新型研发机构、科技创新创业服务机构等；围绕主导产业，设立和发展急需专业，培引紧缺人才，切实把教育链、人才链与产业链、创新链有机衔接，加速科技成果产业化，建设校地发展共同体，实现产学研融合发展，将其建成云南科技创新火车头“智核”。

三是培育“一群创新企业”，实施高企和科技型中小企业“双倍增”行动，形成一批独角兽、隐形冠军企业和创新型领军企业。加大头部企业培育力度，推动产业链上中下游、大中小企业融通创新，打造“头部企业 + 中小微企业 + 服务环境”创新生态圈，推动科技型企业扩能提质。

（三）深化科技项目、人才和科研机构改革

1. 改革完善科技项目管理制度

改革科技项目形成机制，建立重大项目政府主动布局机制，科技攻关与产业链打造专班工作机制和常态化科技需求征集机制。创新科技项目遴选组织方式，综合运用公开竞争、定向委托、揭榜制、赛马制、悬赏制激励等多种方式，遴选省内外具有优秀创新能力和管理水平的科研队伍承担项目。选择部分定向委托和科技揭榜制项目，实施“军令状”制。改革项目经费管理在项目经费预算中增设人员费科目，用于列支高层次人才年薪、协议工资、项目工资等。善于做减法，填报项目年度预算指标时，只填列到经济分类的类级科目。实行部门预算批复前项目经费预拨制度。允许将部分科技项目经费按规定从本单位零余额账户向本单位或本部门其他预算单位实有资金账户划转。探索国际科技合作项目经费跨境使用。项目直接费用科目调剂权全部下放给项目承担单位。结余资金留归项目承担单位使用。开展科研差旅费“包干制”试点。

2. 改革完善科研机构体制机制

加快推进现代科研院所改革。完善使命和创新绩效为导向的科研机构差异化

管理和稳定支持机制，深化扩大机构管理、人事和薪酬等自主权，推进章程式管理。统筹推进科研事业单位绩效评价试点并强化成果应用。推进事业单位类新型研发机构体制机制创新。对从事战略性、前瞻性、颠覆性、交叉性领域研究的事业单位类新型研发机构，不定行政级别，不定编制，不受岗位设置和工资总额限制，实行综合预算管理，探索实施经费使用负面清单管理，构建充分体现知识、技术等创新要素价值的收益分配机制，完善相应的机构注册、资产配置等机制。促进企业和社会组织类新型研发机构繁荣发展。建立完善企业类和社会组织类新型研发机构认定和动态管理机制，实施新型研发机构绩效评价和择优补助机制。

3. 改革完善科技创新人才管理服务体制机制

建立健全更加开放包容的科技人才体制机制，进一步下放用人自主权，支持高校、科研院所自主组织公开招聘。优化市属科研事业单位科研人员绩效工资增长机制，对全时全职承担重大战略任务的团队负责人以及引进的高端人才实行清单式管理和年薪制，充分发挥用人单位人才评价主体作用，对从事基础研究、应用研究、成果转化和科技管理服务等不同类型人才，规范科技人才分类评价机制，进一步下放职称评审权限，充分发挥科研单位在职称评审中的主导作用。支持科研人员按规定兼职兼薪、离岗创业。鼓励高校、科研院所和企业为科技创新人才“双向设岗”，支持科研人员离岗创办企业开展成果转化。充分发挥用人单位选才、识才、用才自主权，夯实“谁聘请、谁负责”的主体责任，为用人单位聘请海外人才来昆工作提供更多便利。试点推进创业孵化期内的外国人才及团队办理工作许可，便利外国青年人才、科研团队成员、科技企业骨干办理工作许可。完善海外人才在昆服务体系。设立“海外人才服务之家”，发布多语种政策服务信息，为在昆海外人才提供更加精准、内容丰富的优质服务。

第二节　培育区域发展新增长极

区域发展增长极一般指区域经济增长极。培育区域增长极是推动区域经济发展的重要手段，在增长极的形成与发展过程中，会产生极化效应和扩散效应，对引领带动地区经济增长具有显著作用。习近平总书记强调，“不能简单要求各地区在经济发展上达到同一水平，而是要根据各地区的条件，走合理分工、优化发展的路子”。云南在推动高质量发展的进程中，需要培育若干新的区域发展增长极，进一步缩小地区间发展差距，为推动区域协调发展注入新动能。本节以促进区域协调发展为主线，分别以文山壮族苗族自治州（以下简称“文山州”）、大理市、红河哈尼族彝族自治州（以下简称“红河州”）、普洱市为研究对象，探讨如何培育云南区域高质量发展新增长极。

一、文山州沿边开放发展

文山州位于云南东南部，是云南的开放前沿。云南省委省政府明确了文山打造“兴边富民示范区”的新定位和新使命，对文山“大抓产业、大兴实体，奋力开创高质量发展新局面”给予厚望。发挥文山区位优势、补足产业短板、增强发展后劲，塑造文山成为沿边开放高质量发展新增长极，走出一条兴边富民、跨越发展的路子，确保文山在云南高质量发展中不缺席不掉队，进一步增强云南发展的平衡性协调性。

（一）重要性及意义

1. 有助于培育产业强省建设新引擎，优化云南生产力空间布局

文山经济总量长期处在云南第八的位置，后发展的潜力较大。进入新发展阶段，文山加快构建以绿色铝、绿色食品、康养旅游等为核心的绿色产业体系，正在成为全国重要的绿色铝工业基地和绿色食品加工基地。可见，文山做优经济质量潜力巨大、做大经济总量未来可期。立足资源禀赋条件，打造“中国绿色铝谷”核心区、世界“三七之都”，加快产业集群化、绿色化、高端化发展，塑造文山成为新增长极，推进产业强省建设进程，有助于云南培育经济发展新动能，优化生产力布局。

2. 有助于打通沿边开放合作新通道，加快塑造云南在新发展格局中的新地位

文山是云南连接粤港澳大湾区最近最便捷的通道、云南通往出海口最便捷的州（市）。新发展格局下，文山正逐渐成为云南“联东融湾向南”发展的重要节点。发挥区位优势，塑造文山成为新增长极，助推云南深度对接粤港澳大湾区先

进生产力，加快形成区域协同联动发展新局面，有助于云南构建“承接东西、通边达海”的综合交通物流网络，进一步发挥云南在全国内陆省份开放合作中的“桥头堡”作用，塑造国内大市场和南亚东南亚国际市场之间的战略纽带新地位。

3. 有助于兴边富民强边固防，开创云南民族团结进步事业新局面

文山全境位于左右江革命老区，是典型的边疆民族欠发达地区。新形势下，守好祖国“东南”大门是文山的“国之大者”，需要树立“边境兴则边疆稳、边民富则边防固”的理念，把发展作为民族团结进步的总钥匙，通过实施兴边富民行动确保云南沿边地区民族团结、长治久安。坚持高站位、新起点，塑造文山成为新增长极，有助于巩固脱贫攻坚成果与乡村振兴战略有效衔接，加快革命老区后发赶超，促进云南沿边地区民族团结进步、经济持续发展与社会繁荣稳定。

（二）面临的困难和挑战

1. 革命老区实现赶超跨越的难度不小

从历史看，文山长期处在支前参战的最前沿，是新中国成立后经历战争时间最长的边疆地区，改革开放比内地整整晚了 10 余年，同时期国内大部分地区已开始“开发开放”，而文山还在“支前支边”，处于政策“洼地”，错失了“首发”机遇，经济社会发展与周边城市拉开了不小差距。比较突出的问题是城市和乡村发展滞后，文化资源深度挖掘不够，开放合作水平不高，边境地区治理能力不足等。要想尽快赶上现代化建设步伐，需要给予文山政策倾斜和重点支持。

2. 基础设施条件与开放前沿的地位不相匹配

文山是云南为数不多拥有“水陆空铁”立体综合交通网络的州（市），但基础设施建设水平不高，交通密度低，区域间快速通达能力有限，尤其当前经济下行压力持续加大，基础设施投资增长后劲不足，很大程度上影响了文山沿边开放发展的前进脚步。文山地处中越交界处、滇桂交汇点，有边境经济合作区和 3 个国家级口岸，但口岸建设发展水平低，边境经济贸易不景气，“向东联东、靠海向南”的优势与沿边开放发展没有很好地统筹起来，在云南融入“大循环、双循环”中的特殊地位作用没有充分体现出来。

3. 科技创新能力薄弱制约产业迈向中高端

文山工业不大、农业不特、服务业不优。工业领域，如铝材等新材料产业链条短、下游企业少；农业领域，稻米、蔬菜、水果、中药材、肉牛等多为初级加工产品，产品附加价值低，品牌影响力和市场占有率不高；以旅游业为代表的第三产业还处于起步阶段，产品模式创新短板突出。大资源小产业问题背后的重要原因之一，是科技创新资源和力量不足，创新主体不多不强，产业更多停留在卖资源、卖初级产品的发展阶段，科技创新在支撑产业高质量发展中的作用不突出、效果不明显。

4. 能耗“双控”政策背景下带来发展压力

文山正处于工业化快速发展的历史阶段，对能源和原材料的消耗不断增长，能耗“双控”政策对矿电等传统产业产生直接或间接影响，产业转型升级压力与日俱增。文山已经由云南用电末端成为电力负荷中心，特别是刚起步得以快速发展的绿色铝产业面临生产稳定性降低、产能释放远低于预期的困难局面。随着国家“碳中和、碳达峰”战略部署持续推进，在文山还没有达到发展顶峰的背景下，淘汰落后生产能力，加快转方式、调结构，推动经济社会全面绿色低碳转型发展压力巨大、任务艰巨。

（三）发展路径

1. 发挥区位优势，构建云南“承接东西、通边达海”的战略枢纽

一是支持文山全面参与西部海陆新通道建设。强化文山交通网络与云南沿边开放经济带、广西西江经济带的衔接，构建沿边开发开放铁路大通道，加快推进文山至广西（靖西）铁路建设，打通富宁至百色铁路连接线，为云南“联东融湾向南”发展开辟新通道。织密文山州内综合交通基础设施网络，增强普者黑、广南、富宁高铁站交通枢纽功能，提升滇东南地区交通便捷通达能力。建设珠江航运云南富宁港、右江百色库区（云南段）高等级航道，打通云南内陆港与广西北部湾国际门户港的出海大通道，构建“公铁水”联运、内联外延的交通网络。

二是打造粤港澳大湾区“菜篮子”云南总部基地。加快构建以文山为集散地（中心）的“菜篮子”生产流通平台和服务体系，在文山成立粤港澳大湾区菜篮

子云南研究院，筹办“菜篮子”绿色食品供需对接会，鼓励和引导文山将粤港澳大湾区发达城市与对口帮扶云南地区的绿色食品优质生产基地联结起来，扩增外销粤港澳大湾区果蔬品种和规模，形成稳定的绿色农产品供应链。

三是加快提升文山的产业转移承接能力。支持文山加快融入粤桂黔滇高铁经济带，依托文山现有园区建设高铁经济带云南产业试验园区，与粤港澳大湾区核心城市共建产业转移承接园，加快粤港澳大湾区先进适用技术在文山转移转化，吸引东部外贸型生产出口企业以文山为枢纽开拓东南亚消费市场。

2. 补齐产业短板，提升绿色制造和绿色健康产业链现代化水平

一是建设绿色铝制造业创新中心。实施延链补链强链行动，围绕绿色铝全产业链发展构建科技创新支撑体系，提升与产业相配套的科研攻关能力。支持文山建设合金铝重点实验室，引进一批绿色铝配套的创新型企业和下游高科技企业，以云南绿色铝创新产业园区、文山三七园区等为载体申报建设国家高新技术产业开发区，打造铝行业碳达峰试点园区。

二是推进绿色能源与绿色制造融合示范。统筹考虑文山绿色铝产业用能需求，在文山布局新能源基地，支持新能源开发和储能建设，给予风电、光伏建设指标倾斜；优先启动桂气入滇（百色—文山）天然气管道建设；将云南新增转移的电解铝产能指标倾斜支持文山，争取国家将电解铝项目能耗单列，巩固文山打造“中国绿色铝谷”核心区产能基础。

三是筑牢世界“三七之都”地位。将三七产业纳入云南“产业强省三年行动”，在专项基金、科研等方面给予重点支持。支持文山围绕三七全产业链布局创新链，建设三七技术创新中心、国家级三七研发中心、中药材数字化基地、三七数字化园区。引导提升三七全产业链标准体系，推动产品、技术、标准全面输出。支持文山争取国家相关部委修订现行国家《药典》，丰富、更新三七主治功能内容和范围。

3. 增强发展后劲，探索革命老区赶超跨越发展的新路子

一是提升文山中心城市发展能级。支持砚山撤县建市拓展发展空间，推进“文砚”同城打造文山州城市经济核心增长极，联袂红河“个开蒙”城市群加快发展滇东南经济圈，引领区域经济能级的跃升。

二是打造左右江革命老区红色文化旅游经济圈。深度挖掘左右江革命老区红色文化内涵，重点培育以“老山精神”“西畴精神”为代表的红色文化旅游，建设滇东南红色文化旅游示范区。支持文山接入贵州、广西红色文化资源，共同建设左右江革命老区“红色精神谱系”旅游大环线。

三是打造科技支撑乡村振兴文山样板。鼓励文山全面参与云南科技支撑乡村振兴六大行动，重点支持富宁县开展乡村振兴科技创新示范县建设，建设一批科技创新示范村，打造依靠科技创新驱动乡村振兴的样板。

四是支持文山提升沿边开发开放水平。推动马关、富宁边境贸易加工园区高质量发展，积极争取将麻栗坡边境经济合作区升格为国家级边境经济合作区，打造云南面向东南亚新材料生产和进出口制造加工基地，进一步扩大农产品、蔬菜、建材等商品贸易，培育云南沿边开放经济新的增长点。

五是支持文山提升边境民族地区现代化治理水平。应用先进技术、适用技术开展重金属污染、河湖生态修复、石漠化治理等生态文明创新示范，提升打击跨境违法犯罪和疫情防控智能化管控能力，为云南智慧边境建设做出示范。

六是将文山纳入特殊类型地区政策支持范围。给予文山脱贫地区、革命老区、边境地区基础设施建设政府专项债券资金支持。在文山喀斯特地貌地区探索健全生态保护补偿机制，开展生态修复的产权激励机制试点。建立文山革命老区“人才飞地”政策，在实施地区附加津贴制度、调整艰苦边远地区津贴实施范围和类别等方面给予政策倾斜。

二、大理市生态宜居发展

大理市位于云南省西部，湖光山色美，民族古域美，在云南推动绿色发展中的地位十分重要，有望成为绿色发展增长极。大理需积极践行“两山”理念，坚持生态立市，加快把大理建设成为生态宜居之城、水美山青之城、数字文旅之城、绿色产业之城、绿色交通之城，构建绿色低碳新发展模式，走出一条以绿色为底色的生态宜居高质量发展之路。

（一）发展优势和条件

1. 绿水青山底色鲜明

大理以“风花雪月”著称，境内苍山洱海珠联璧合，自然资源禀赋得天独厚，生物多样性丰富，森林覆盖率高，拥有优良的绿色生态本底基础。同时，大理初步形成了以苍山世界地质公园和洱海公园为主体、50 余个绿地和公园为支撑、129 公里生态廊道为脉络的公园体系，苍山洱海一体化保护取得实质成效，洱海流域美丽乡村建设成果显现，“大祥巍一体化”保护和发展顺利推进，产业绿色转型加快推进，发展空间不断拓展，生态文明、绿色发展优势日益凸显，绿水青山底色更加鲜明。

2. 绿色发展势头强劲

能源结构具有低碳基础，绿色能源与绿色先进制造融合发展。能源产业超越烟草产业成为经济增长第一拉动力，以电力为主的能源产业成为工业第一支柱。近年来，大理全力推进电力体制改革，积极开展“互联网 + 智慧能源”建设，加快建设新能源汽车制造基地，推动云铝溢鑫铝业、四川其亚铝业绿色铝材一体化项目落地，能源产业发展步入“快车道”。产业结构呈现“绿色”特征。2021 年，大理三次产业结构调整为 22.8∶28.2∶49.0，世界一流“三张牌”打造势头良好。一是“绿色食品牌”不断彰显。洱海流域农业绿色发展先行区建设成效显著：已建成云南最大的核桃生产基地，奶牛养殖、牛奶加工、乳制品外销基地，奶产量云南第一。二是国际康养城市影响力不断提升。成功打造一批国际品牌酒店、高端半山酒店以及杨丽萍艺术大剧院等文旅精品，入选中国康养城市排行榜 50 强。三是推动烟草烟辅、食品饮料、生物制药等产业不断实现转型升级。四是数字经济取得重大突破。中国长城（云南）制造基地建成投产，科大讯飞等 36 户企业签约入驻云南信创（大理）产业园，大理经开区跻身国家级绿色园区，数字洱海等项目投入使用。

3. 民族古域底蕴深厚

大理是我国西南边陲文明发展较早的“文献名邦”，南诏、大理国多元文化特征明显，历史文化底蕴深厚，文物古迹众多。同时也是以白族为主的多民族聚居区，民族风情浓郁，多文化、多民族、多宗教融合共生，被誉为“亚洲文化十字路口的古都”“多元文化与自然和谐共荣的典范”。立足民族古域文化的独特优势，大理文旅融合发展不断开创新局面，“文创之都”品牌越发响亮。普德赋主题公园、“两馆一中心”等一批重大项目签约落地，各类文艺文化活动不断开展，“文献名邦”影响力不断提升；环洱海生态廊道智慧廊道等智慧化项目加快推进，文旅融合植入“数字”新方向；以“一带三道十八廊”为重点的“漫步苍洱”世界级康旅品牌建设成效显现，大理古城被列为第一批国家级夜间文化和旅游消费聚集区，双廊镇入选第一批全国乡村旅游重点镇，目的地品牌品质不断提升。

4. 乡村振兴走在前列

探索形成了大理市古生村“活化乡愁”、洱源县佛堂村“农文旅融合”等可复制可推广的典型经验。洱海海西国家级乡村振兴示范园创建全力推进，洱海保护及海西田园风光保护核心区逐渐形成。大力推进“一县一业”“一村一品”，塑造了核桃、中药材、乳业等 6 个特色农业产业新优势。成立“大理乡愁研究院”，举办“2021 乡愁中国 · 大理论坛”，“乡愁大理”样板影响力不断扩大。

（二）发展路径

深入贯彻“绿水青山就是金山银山”理念，坚持“山水润城”“公园美城”、“文化塑城”“产业兴城”原则，夯实生态本底基础，发扬民族古域文化特质，激发产业发展活力，构筑绿色交通体系，着力构建大理城市生态文明新场景。

1. 打造生态宜居之城

立足生态本底优势，塑造大理“公园城市”新面貌，打造生态宜居之城。一是构建城园融合的空间格局。以苍山、洱海为生态骨架，以环洱海生态廊道、环苍山国家步道、千年茶马古道“三道”为主线，推进山水融城，打造公园城市优美形态。推进“两城一区”一体化建设，拓展城市发展空间，疏解大理城区非核心功能。二是完善公园体系布局。打造环洱海湿地公园体系，围绕西洱河、金星河布局建设河岸公园，建设景观长廊；打造红山城市公园和者摩山、九顶山等城际森林公园；开展老旧公园功能优化整治。依托生态廊道、城市绿道体系实现“百园相连相通”。三是塑造大理“公园城市”特色风貌。统筹协调新老城区形态风格，推进老城区建筑美化，突出新区民族古域文化特色。开展老旧小区改造及环境整治，完善配套设施，提升人居环境品质。四是加强体育强市建设。建设国家综合体育训练基地，把大理建成全国体育运动队高原训练地，健全全民健身公共服务体系，推进全民健身，促进“体育强市”“健康大理”建设。五是打造环洱海美丽乡村示范带。依托洱海生态廊道推动美丽乡村建设，创建休闲宜居乡村环境，将洱海流域作为绿色生产、低碳生活先行先试区，弥补城市功能短板。

2. 打造水美山青之城

统筹推进全域山水林田湖草治理，守好大理“湖光山色”。一是加强以洱海为代表的湖泊保护治理。持续推进“三禁四推”，加快洱海湖滨生态红线和湖泊生态黄线落地，加快农田尾水末端拦截消纳项目建设。健全洱海流域生态监测体系，实施清水疏导及重点沟渠生态治理。开展洱海“绿水青山就是金山银山”实践创新基地创建，积极探索“两山”转化的有效路径和模式。二是强化系统治理。持续打好蓝天、碧水、净土保卫战，确保洱海水质保持总体向好，集中式饮用水源地水质达标率 100%；加强大气污染联防联控，积极应对污染天气，严防出现中度及以上污染天气；持续开展土壤污染源管控，提高土壤环境管理能力。三是加强生物多样性保护。实施封山育林、森林抚育、人工造林等生态修复工程，开展综合科学考察，建设“天空地”一体化全面监测感知系统，提升生物多样性保护水平。以苍山国家地质公园建设为契机，推动花卉产业和林下经济发展，开展 GEP 核算、森林碳汇等领域研究和结果运用，加强珍贵自然遗产保护。

3. 打造数字文旅之城

立足苍山洱海的秀美风光和民族古域文化的深厚底蕴，推动数字文旅深度融合发展，打造数字文旅融合示范区。一是开发“互联网 + 文创 IP”。围绕白族特色文化和古域历史文化挖掘特色文化主题，推出一批以网络电影、网络直播、网络表演等形态呈现的高品质数字化创意产品与特色旅游 IP，为传统文化注入新元素，制造新亮点。二是打造全域数字文旅产业互联网平台。整合全域文化、旅游、出行、吃住、体娱等资源，将线下资源通过线上化手段整合打包，覆盖全域的信息整合手段，将其提供给各类互联网平台进行在线营销，打造文旅产业互联网平台。三是推动数字赋能乡村旅游发展。推进海西乡村振兴示范园、喜洲田园综合体等项目数字化建设，打造“旅游＋农业＋互联网”融合发展模式。支持云龙打造科技支撑乡村振兴示范县，强化科技特派员支撑。四是实施数字文旅品质提升工程。打造风花雪月、五朵金花、妙香佛国、文献名邦四大名片，推出“风花雪月”等VR全景，打造沉浸式体验全新模式。数字赋能传统文化保护，利用数码显微技术、三维虚拟技术等数字化手段，修复和保护传统文化，打造大理古城、喜洲古镇、双廊艺术小镇3个不可复制的特色小镇。建设好“一部手机游云南”大理板块，推进旅游智能化，为游客提供目的地“游前、游中、游后”智慧化一站式服务。

4. 打造绿色产业之城

围绕实现碳达峰、碳中和目标，积极推动传统产业转型升级，加快调整优化产业结构、能源结构，建设绿色发展示范区。一是做大绿色能源产业链。大力发展光伏产业、氢能产业、锂电产业，建设新能源汽车研发制造基地。加快“风光水储”一体化清洁能源示范基地建设，打造世界一流“绿色能源牌”。二是做强绿色食品产业链。抓好洱海流域绿色农业发展，加快引进和培育绿色食品龙头企业，实施绿色食品产业重点项目，推动产加销一体化发展，打造绿色食品产业发展集群。抓好绿色食品原料、生产基地建设，开展生态产品精深加工，打造“小、精、贵”高端产品，打响下关沱茶、大理啤酒、大理乳品等品牌，建设一批绿色食品、保健食品产业园。三是唱响数字经济产业链。强化新型基础设施建设，建好云南省信创（大理）产业园，推进城市大脑建设，着力打造“苍洱数谷”，推动建设新一代信息技术产业集群。

5. 打造绿色交通之城

一是构建绿色现代交通体系。打造“轨道—公交—慢行”相衔接的绿色交通体系，完善自行车专用道和人行道等慢道系统。调整运输结构，推广新能源交通工具的使用，科学布局建设充换电设施、加氢站等交通基础设施。利用大数据等技术开展智能路网改造，推进融合基础设施建设。打造绿色物流运输体系，推动多种运输方式有效衔接，建设绿色货运配送示范区。二是实施道路增绿行动。以大凤路、大丽路、机场路三条美丽公路建设为重点，推动全域内道路绿色化提升改造和环境整治全面铺开。三是引导绿色低碳出行。推进定制公交线路服务，引导市民选择公共交通出行。构建“1公里步行、3公里骑车、5公里乘坐公共交通”的“1+3+5”绿色出行模式。推广使用清洁能源车辆。四是完善大理综合交通运输网络。建成“北上川藏、东联滇中、西南出境、内网互通、空中辐射”的全国性综合交通枢纽，更好地满足大理经济社会发展需求，支撑大理作为南方丝绸之路的重要节点城市和滇西城市群核心的发展定位。

（三）主要措施

1. 制定总体方案

从国家战略层面出发，制定《大理打造“两山”理念示范区总体方案》，明确发展定位、目标和要求，为大理打造“两山”理念示范区提供具体路径和方向。把大理“两山”理念示范区建设纳入部省会商、省院省校合作和民企央企科技入滇等机制，推动给予相关政策支持。加强招商引资，重点引进环保、服务等龙头企业，增添持续发展动力。

2. 建立实施机制

建立先行示范区建设专门工作机制，开展先行示范区建设战略研究和规划编制、生态场景建设管理、生态资源保护管理等工作。强化部门与地方协同，建立协商合作长效机制，推动各项政策措施落实落地。制定“公园城市”建设、苍山洱海生态环境保护和治理等专项规划，建立规划实施年度评估机制，确保取得实效。

3. 完善制度体系

建立健全以治理体系和治理能力现代化为保障的生态文明制度体系，深化生态文明体制改革。开展洱海流域生态价值核算试点，支持大理开展生态产品价值实现机制试点，指导大理完成生态综合补偿试点任务。深化森林质量财政奖惩制度，试行与生态产品质量和价值相挂钩的财政奖补机制。

4. 加强资金保障

加大中央资金争取和省预算内投资力度，推进大理绿色金融改革创新试验区建设，深化农村金融改革。推动与银行、证券、基金金融等机构合作设立专项基金，争取国家政策性银行贷款，谋划研究省级产业基金推动“两山”理念示范区建设。

三、红河州创新驱动发展

红河州是一个边疆少数民族自治州，作为云南沿边民族地区，经济总量位居云南第三位，在全国30个民族自治州中的排位名列前茅。“十四五”时期，是红河州推进高质量发展，开启全面建设社会主义现代化新征程，奋力谱写新时代团结进步美丽红河新篇章的关键时期。立足新发展阶段、贯彻新发展理念、融入新发展格局，围绕产业链部署创新链，加快建设创新型红河，有利于更好发挥红河州在云南区域发展大局中的地位和作用。

（一）形势及必要性

创新链与产业链深度融合时不我待。“十四五”及未来很长一段时期，是实现红河州高质量跨越发展的关键时期，具有重要里程碑意义。红河州在新发展阶段要开好局、起好步，就要抓住用好重要战略机遇期，主动融入新一轮科技革命和产业变革，把科技自立自强作为红河州经济社会发展的战略支撑，加快发展重点产业，培育新兴产业，构建现代产业体系，促进工业转型升级、农业提质增效、旅游创新发展，推进产业迈向价值链中高端，为全面提升红河州经济社会发展水平提供新动力。

围绕产业链配置创新链是高质量发展的必由之路。高质量的经济发展必定是创新链与产业链深度融合的发展。通过创新链产业链融合发展推动实体经济转型升级，是红河州经济实现从高速增长向高质量发展转变的关键所在。红河州要顺利实现内生型增长，就必须依靠科技创新对传统产业的改造升级实现产业结构的“突围”，通过培育新兴产业实现经济结构深度调整的“破题”，使产业层级从中低端转向中高端，产业结构从规模经济转向高附加值经济。

然而，红河州还面临着诸多难题亟待破解。一是全社会研发投入严重不足。近年来，红河州经济增长速度较快，2021年GDP总量在云南16个州（市）中排名第三，研发经费投入强度（研发经费占地区生产总值的比重）为1%，没有达到全省平均水平，居全省第四位，创新驱动发展特征不显著。二是创新主体偏少。高新技术企业数量少，仅占云南省高新技术企业总量的 2% 左右。全州创新能力强的企业屈指可数，60% 左右的企业没有研发活动，大部分缺乏创新意识和创新精神，推进科技创新缺资源、缺人才、缺成果。三是科技人才总量不足。人才发展体制机制还不完善，院士（专家）工作站数量仅占云南省总量的 4% 左右，领军人才和团队比较缺乏，科技中介服务供给不足。四是创新环境不优。省属高等学校、科研机构数量少，科技基础设施、创新平台布局偏少，新型研发机构引进与落地尚在探索阶段，核心关键技术突破能力不强，关注和实施创新的社会力量不足，有利于创新创业的制度环境有待进一步完善。

为此，红河州推动创新链与产业链深度融合，要根据产业链的布局和需要部署创新链，打通“创新—产业—经济增长”传导路径，疏导“创新—产业”传导环节，畅通技术创新向现实生产力转化的通道。主要途径是：聚焦“三个高效”，即创新主体高效联动、创新资源高效配置、创新服务高效便捷；推动“三个全覆盖”，即规上工业企业研发活动全覆盖、高新技术企业培育各县（市）全覆盖、重点产业集群中试基地或研发机构全覆盖。实现“五个新突破”，即培育领军企业实现新突破、打造重点园区实现新突破、搭建创新平台实现新突破、加强人才培引实现新突破、促进成果转化实现新突破。

（二）重大创新工程

红河州要坚持高质量是目标、产业是方向、企业是主体、开放是关键、投入是基础的工作思路，聚焦经济社会发展重大需求，举全州之力，实施建设一批重大工程。

1. 重点产业科技创新强链补链工程

以“补链、强链、延链”为重点，以提升产业技术创新能力和核心竞争力为目标，重点对有色金属新材料、绿色能源、生物医药、绿色食品等产业链的构成和产业融合载体分布情况进行清单式梳理，引导创新资源向产业链上下游集聚。对于产业链缺失领域，实施 4 ～ 5 个重大科技专项，通过龙头企业牵头成立产业创新联合体，引进或培育建设新型研发机构、高水平研究院等创新载体，对产业上下游的关键核心技术进行攻关，完善技术创新链条，提升创新链科技供给。在人工智能、区块链等“数字+”领域强化成果转化与融合创新，拓展数字化、智能化、智慧化应用场景，抢占新经济的制高点。

2. 企业创新能力跃升工程

以壮大企业创新主体，提升企业创新能力为目标，加速创新要素向企业集聚，推动形成大中小企业融通创新的创新型产业集群。一是推动建立州政府—龙头企业创新联合基金，财政与企业按照1:5投入，引导部分社会投资参与，支持企业自主选题，围绕产业链重大科技难题开展持续研发或联合研发。二是健全高新技术企业“小升高”“高变强”“强上市”三级培育体系，建立科技企业精准培育库，加大“专精特新”高新技术企业引培力度，探索省、州（市）、县（市、区）三级一体化培育机制。

3. 面向南亚东南亚科技创新中心（滇南中心）建设工程

坚持内外统筹、双向开放，创新合作机制，提升合作层次，加强资源共享，持续推动科技入滇“四个落地”取得实效，打造面向南亚东南亚科技创新中心（滇南中心）和策源地。一是主动融入省院省校合作机制，积极参与中国工程科技发展战略云南研究院建设院士专家协同创新试点，筹划建设两院科技成果转化红河基地建设，推动重大项目落地红河。二是深化区域科技创新合作。实施长三角、珠三角、京津冀、成渝双城经济圈等高校、科研院所院士专家红河行和科技成果直通车行动。围绕绿色食品、绿色能源、异龙湖治理等领域建设一批科技合作示范基地。主动融入央企入滇强链补链，构建“人才飞地”，探索“研发在外、转化在红河”的柔性引进新模式。三是全方位推动国际合作和技术转移转化，与南亚东南亚国家协力打造要素流动畅通、科技设施联通、创新链条融通的创新合作局面。在自贸区内建设面向南亚东南亚的中国创新创业基地（中心、园区），开展教育培训、联合研发、创业孵化等工作。打造沿边科技成果示范带，引入国内一流科技成果应用场景在河口、金平、绿春等地边境开展沿边示范，提升辐射能力。

4. 全社会研发投入提升工程

创新举措，激发企业、高等学校、科研院所等创新主体和社会力量加大创新投入的积极性。一是建立财政科技投入稳定增长机制。充分发挥财政资金对全社会研发投入的拉动作用，争取国家及省重大科技项目、科学工程和重大平台在红河布局。二是开展重点企业（项目）研发投入监测，推动州属企业健全研发投入稳定增长刚性约束机制，将州属企业的重大创新需求纳入州级科技计划项目，加大项目资金支持和同步匹配资金力度，试行国有企业科技成果转移转化所得收入作为上缴利润抵扣项，落实和完善国有企业研发投入视同利润的考核措施。三是强化金融财税激励作用。推动成立科技创新（成果转化）投资基金，深化“风险资金池”+“科创贷”试点工作，推动银企联动、投贷结合，引导合作银行加大对高新技术产业、科技型企业支持力度，适当扩大科技保险险种补助范围和力度。

（三）重大平台体系

围绕优势产业重大科技创新需求，高标准、高起点、高水平构建红河州“1+4+1”（1 个高能级平台、4 个功能型平台、1 个服务型平台）重大创新平台体系，优化提升平台引领力、创造力、支撑力、影响力，赋能红河州高质量发展。

1. 高标准创建云南红河国家农业高新技术产业示范区

坚持创新发展、绿色发展、融合发展理念，以工业化思路推进农业现代。一是要把农高区打造成为农业高新技术的试验场，以应用试验换产业，引入国内外农业先进适用技术开展试验示范、高价值科研成果进行转移转化，补强农业创新链。二是要把农高区打造成为“绿色食品牌”先行区，支持特色化、优质化、数字化、标准化“绿色食品牌”产业基地建设，抓有机、创品牌、育龙头，提升农产品价值链。三是要把农高区打造成为产业融合发展引领区，引领农业与旅游文化、健康养老等深度融合，带动传统农业向创意农业、健康农业、智慧农业等现代农业转变，延伸农业产业链。

2. 高起点建设产业功能型创新平台

立足云南现代产业体系构建的全局视角，争取一批省级新型研发机构和产业创新中心落地红河。一是支持浙江大学云南（红河）研究院高质量发展，与浙江大学、云南省科技厅尽快建立稳定长效的合作共建关系，重新审视研究院功能定位和产业方向，积极探索创新人才团队长期派驻、产业关键技术联合攻关、科技成果转化利益分享等管理运行机制。二是支持筹建江南大学云南绿色食品研究院红河分院，突出法人治理和实体化运营，给予稳定资金支持，赋予管理决策权和科研自主权。三是支持共建滇南水安全与水科学协同创新研究院，采取厅州（市）共建方式，协同国内水科学专业顶尖高校解决异龙湖保护治理的科学和技术问题。四是支持组建云南省锡基新材料创新中心，瞄准国家制造业创新中心目标，加强高质量创新资源导入和协同创新，促进产业链向拳头产品、高端产品、终端产品延伸，重塑国家锡基新材料外贸出口加工基地新优势。

3. 高水平打造“科技入红”高端服务平台

以主动服务和融入云南科技创新体系为先，支撑红河经济社会高质量发展为重，把“科技入红”作为州委州政府抓创新驱动发展的重大平台，高位推动、常抓不懈，提升显示度和影响力。一是以发展观策划举办战略科技人才对话活动，汇聚组织一批国内战略科技人才到红河开展对话、碰撞思想，为红河创新驱动谋发展、出思路、献举措。二是以国际视野策划举办中国（红河）南向科技合作高峰论坛，围绕科技园区合作、科技成果输出、创新创业等主题，深度开展“大学习、大讨论、大调研”，加快拓展与南向国家与地区的合作窗口和渠道。

（四）政策举措

1. 加快园区创新发展政策

集中优势创新资源推动红河创建农业高新技术产业示范区，统筹财政、用地、税收、教育、人才、金融、招商引资等政策，加大基础设施建设和重大科技创新支持力度，出台相应的促进科技成果转化、科技资源配置、体制机制改革等政策措施。支持园区（开发区）申报高新区，对建成省级高新区和国家级高新技术产业园的，给予经费奖补。

2. 建设高水平科技创新平台政策

对国家级科研院所、重点高校、国家重点实验室、国家制造业创新中心等国家级重大创新载体在红河州建立独立研发机构、分支机构并与红河州产业紧密结合的，在用地、基础建设、人才引进和成果转化等方面予以政策和资金支持。支持国内外著名科研机构和高等院校、海内外高层次人才及创新创业团队等与红河州合作共建专业性、公益性、开放性的新型研发机构，支持新型研发机构开展研发创新活动，对已建成的新型研发机构择优给予经费奖补。

3. 培育壮大创新型企业集群政策

支持企业加快转型升级，凡符合高技术产业（制造业）分类并列入统计目录的企业，优先推荐申报国家、省级各类项目，争取上级资金扶持，对列入省高新技术企业培育库、首次通过高新技术企业认定的企业或从红河州行政区域外整体新迁入的有效期内高新技术企业分别给予经费奖补。国（境）内外大企业、大集团、世界 500 强跨国公司、著名高校科研院所等来红河创办或与在红法人单位合作创办研发机构的，按照“一事一议”方式给予重点支持。深入实施“普惠与重点”相结合的企业研发费用补助政策，引导企业加大研发投入；根据企业年度享受税前加计扣除政策的研发费用数额，按照基础补助和增量补助相结合的方式予以扶持。

4. 加速科技成果转移转化政策

组织实施重大科技成果转化计划，以直接资助、后补助、贷款贴息等方式给予单个项目研发资助。支持红河州科技企业购买和引进符合红河产业发展要求、市场前景好、产业带动性强、环境友好、有望形成较强竞争能力的国内外先进技术和科技成果，并在红河州实施转化。支持（州）属科研院所、高校等国有科研事业单位通过协议或评估定价、挂牌交易、竞价拍卖等市场化方式确定持有的科技成果价格，自主采取转让、许可、合作或作价投资等方式处置持有的科技成果，成果转化收入纳入单位预算，继续用于科学技术研发与成果转化。完善科技人员激励机制，落实科技成果转化奖励政策。

（五）主要措施

1. 加强组织领导，强化部门协同

成立州委政府科技工作领导小组，形成定期研究科技创新工作机制，发挥州科技领导小组领导、统筹、协调作用，常态化研究部署全州科技创新工作。建立年度报告制度，各县（市、区）党委、政府每年向上级党委、政府报告创新驱动发展工作。健全州级行政管理部门会商机制，强化全州各部门协同，集中发力。

2. 强化政策引领，构建创新生态

深化“放管服”改革，加快制定州财政支持重大创新平台和重大科技基础设施建设、高新技术产业开发区建设、高新技术企业培育、新型研发机构发展、人才引进和培养等方面的配套政策措施，为深入实施创新驱动发展战略营造良好政策环境。弘扬科学家精神，建立健全科研诚信体系和鼓励创新、宽容失败的创新容错机制。完善科技监督体系，建立科研项目、科研经费全链条监督管理制度，健全科技管理廉政风险防控体系。持续加大知识产权保护工作力度，激发创新活力。

3. 创新管理机制，提高创新效能

落实新一轮科技体制改革任务，以提升创新体系整体效能为目标，以优化科技创新政策体系为主线，以激发科研人员和创新主体积极性、创造性为着力点，落实“四抓”要求，深化科技领域“放管服”改革，完善科技项目管理和资源配置机制，推进科技评价和科研院所改革，优化科技创新法治环境，提升科技创新治理体系和治理能力现代化水平。建立政府主动布局重大项目机制，科技攻关与产业链打造专班工作机制和常态化科技需求征集机制。综合运用公开竞争、定向委托、科技揭榜制、赛马制、非共识项目遴选等多种方式，遴选优秀科研队伍承担项目。

4. 加大考核力度，推进工作落实

健全创新驱动发展考核机制，把研发投入纳入对县（市）考核的指标，加大国有企业研发投入考核激励，与经济工作指标同下达、同检查、同考核、同奖惩。全面推进“规模以上企业、高新技术企业和科技型中小企业、高校和科研机构”研发申报“三个清零”行动，督促企业和科研机构规范管理，做到账表“应建尽建”、费用“应提尽提”、数据“应统尽统”。

四、普洱市绿色经济发展

习近平总书记指出，“草木植成，国之富也”，良好生态本身蕴含着经济社会价值。党的二十大报告明确要求，必须牢固树立和践行绿水青山就是金山银山的理念，站在人与自然和谐共生的高度谋划发展，要加快发展方式绿色转型。普洱作为全国唯一的绿色经济试验示范区，在发展绿色产业、实施低碳发展、构建绿色发展机制等方面做了积极探索与实践。面向未来，推进试验示范区建设由“试验”迈向“示范”，将成为普洱的首要任务。

（一）发展基础条件

普洱生态环境优越，森林覆盖率达 74.59%，是全国平均水平的 3.25 倍。近十年来，生态公益林面积增加了 1.82 万亩。建成国家湿地公园 1 个、国家森林公园 3 个、国家级水利风景区 4 个，4 个县成为国家重点生态功能区。获评全国森林康养基地建设试点市，入选中国环境科学研究院生态系统和生物多样性经济学研究（TEEB）示范市、国家“无废城市”，推进构建以国家公园为主体的自然保护地体系。森林面积、林地面积、森林蓄积量、湿地面积全省第一。生物多样性和生态系统服务价值位居全省之首。

普洱是全国首批产城融合示范区，形成了以“绿色能源 + 特色农业 + 现代林业 + 生物医药 + 康养旅游”为主的绿色产业体系，生态系统生产总值（GEP）价值达 7230 亿元，绿色 GDP 占比达到 96.6%。电力总装机占全省的 8.77%，绿色能源装机占比 100%，建有糯扎渡等大型水电站 5 座、风电场 2 座、光伏电站 1 座，电力产值突破百亿元，是西电东送主要地区之一。中国有机茶认证数全国第一，在全国率先发布普洱茶十项标准，普洱茶与咖啡共同入选中欧地理标志协定首批保护名录。建成全省第一个国家现代农业产业园，景谷林产工业园区入选国家林业产业示范园区、国家首批绿色产业示范基地。

普洱在全国率先编制绿色经济考评体系，率先推行 GDP 与 GEP 双核算、双运行、双考评机制，率先开展国际先进的 TEEB 评估，率先设立绿色经济发展基金。思茅松人工林碳汇项目是全国第一批、云南第一个非营利性森林经营增汇减排试点项目。思茅区被列为第三批国家低碳城市试点。云景林纸碳汇造林项目获得全省首笔林业碳汇质押贷款，碳资产融资实现突破。推行咖啡种植、生豆价格、政策性价格“三重保险”，开展“肉牛保险信贷”试点。在全省率先开展领导干部自然资源资产离任审计。建立“绿色检察”制度，提起全省首例生态公益诉讼。

（二）发展存在的短板

近年来，普洱绿色经济发展已取得一些成效，当务之急在于解决发展的质量问题，加快实现从绿起来、美起来到富起来的转变。

一是发展质量有待提升。对标高质量发展要求，与绿色发展绩效指数较高的浙江、福建、江苏等省份的地级市相比，普洱绿色产业结构较为单一、层次不高、主体不强，产品处于价值链中低端，发展动力不足。发展与保护矛盾日益突出，面临优质生态产品供给不足、生态产品价值实现不够、双向转化机制不优等问题。一、二、三产业融合发展不够，绿色能源与绿色制造融合不充分。

二是政策堵点有待突破。国家发改委批准《普洱市建设国家绿色经济试验示范区发展规划》明确的17条政策、《云南省人民政府支持普洱建设国家绿色经济试验示范区的若干政策》和支持边疆少数民族地区发展的各项政策，为普洱绿色发展奠定了良好基础，但在用好、用活、用实方面还存在较大提升空间。生态产品市场推广能力不足，价值实现机制有待健全。

三是外联内引有待深化。普洱外贸进出口规模不仅低于德宏、红河等边境州市，也低于玉溪、曲靖等滇中州市，沿边开放优势还不够凸显。绿色经济示范效应不足，国家级重大平台载体吸引集聚国内外人才、项目、资金等要素的作用未有效发挥。融入国家发展战略不足，国家清洁能源基地很大程度上立足于电力外送，需要进一步做好电产结合文章。

四是发展动能有待转换。普洱财政科技支出占财政支出比重仅为0.39%，远低于全省平均水平。R&D经费投入强度为0.33%，在云南省16个州（市）中排名倒数第三位，科技投入水平不高，投入产出效率有待提升。人才短缺严重，每10万人中具有大学文化程度以上的人数仅占8.8%，低于全省2.8个百分点。文盲率高达5.96%，比全国高3.29个百分点，比全省高1.31个百分点。面临人才缺口大、人才结构不合理等问题，缺乏科技人才、创新创业人才、产业人才。

（三）发展路径

1. 筑牢国家生态安全屏障，强化生态文明示范

加快构建生态安全体系。全力落实国土主体功能区战略，实行差异化管控，思茅区作为国家低碳试点城市率先开展碳达峰行动，探索实施碳排放强度和总量双控。支持低碳发展基础较好的园区、社区、校园、旅游景区等，开展近零碳排放示范工程和碳中和示范区建设。实施重点区域生态保护和修复综合治理项目，加强天然林、公益林、湿地等保护修复。落实云南省省委“湖泊革命”要求，推行山水林田湖草综合治理。

加快构建以国家公园为主体的自然保护地体系。推进哀牢山—无量山国家公园、亚洲象国家公园创建，构建以国家公园为主体、自然保护区为基础、各类自然公园为补充的自然保护地体系。推进管理体制创新，推动地方政府与国家公园建立共管共治、高效联动机制。明确各类自然保护地的保护对象，整合交叉重叠保护地和归并优化相邻保护地。建立生态环境指标、公园城镇建设、产业发展等一系列国家公园建设标准体系。创新生态立法机制，以法治促进国家公园保护和发展。

2. 打造绿色产业聚集区，强化绿色产业示范

推进绿色产业融合示范。推动一、二、三产业融合发展，推广融合发展典型模式，支持思茅产业园区积极创建国家级绿色产业示范基地。培育发展先进制造业、绿色供应链和数字经济产业，推动产业发展新旧动能转换。加强产城融合示范，全力推进产业园区整合提升工程建设，拓展居住、商务、休闲等城市功能，加快培育产业服务、城市服务、生活服务等配套设施，实现从传统的单一“生产”产业区向“生产—生活—服务”综合功能区的转换。

加强绿色主体示范创建。引导各类产业园区设立产业发展引导基金，支持企业开展技术创新、新产品研发和品牌培育，打造一批绿色低碳标杆企业。加快培育普洱茶产业、生物医药产业、现代物流业等产业的龙头企业，做强产业品牌，持续开拓珠三角、长三角、成渝、京津冀及“一带一路”沿线地区大市场。推动云景林纸、湄公河旅游、澜沧古茶、大唐汉方制药等企业加快构建绿色生产与技术创新体系。

加大绿色产业项目建设。发挥试验示范区优势，深化区域交流合作，吸引中东部沿海发达地区绿色产业转移，为普洱注入新的绿色业态。紧盯国内外头部企业，开展定企招商、定牌招商、定品招商等延伸产业链的精准招商，引进一批“平台型”产业运营商和“链主”企业，强化项目落地跟踪服务。优化调整产业结构，压新上项目碳排放、落后低效产能、高耗能行业能耗，为引进产业和落地项目腾出空间。

3. 搭建高水平开放平台，强化兴边富民示范

全力推动边境经济合作区建设。加快与云南自贸试验区联动发展，推进孟连边境经济合作区升格为国家级边合区。推进口岸城市和保税物流中心建设，构建“通道 + 枢纽 + 网络”的现代物流运行体系，打造重要商贸服务型物流枢纽，形成口岸、国际大通道、综合保税物流中心和边合区叠加的对外开放高地。

全力推动沿边经济发展示范。以绿色有机为主线，以“一县一业”“一村一品”为目标，走有机化、品牌化、特色化发展道路，针对具有地域特色的茶叶、咖啡、肉牛、甘蔗、中药材和果蔬等产业，提升加工水平，做好产业强链、补链、延链工作。支持龙头企业开拓境外市场，推动替代种植转型升级，实施一批替代发展示范项目。

抓好现代化边境小康村建设。扛牢责任、做实项目，加大边境地区、民族地区重点生态功能区投入力度，积极推动教育、医疗卫生等公共服务均衡配置，提高公共服务可及性和均等化水平，着力解决乡村产业发展、村庄道路、乡村绿化、垃圾污水治理等问题。

4. 优化绿色创新发展机制，强化试点经验示范

构建市场导向的绿色技术创新体系。用好省内外科教资源，加快降碳技术研发和推广应用。培育一批新型研发机构，鼓励龙头企业建设产学研用一体化的绿色技术创新联合体，推动产业链升级。加大研发经费投入力度，推动要素集聚，提升企业创新能力，让企业成为引领绿色经济发展的核心力量。加大顶尖研发人员引进和培育力度，培养适应创新需求的多层次人才，促进支撑绿色发展的核心技术实现重大突破。争取一批先进适用技术纳入国家绿色技术推广目录。

完善生态产品价值实现机制。加快建设碳资源池，提升生态系统碳汇能力。

探索将 GEP 转化为发展动能的途径，推进 GEP 核算精细化，推动核算结果应用，争创国家生态产品价值实现机制试点，把“含绿量”点化为“含金量”。

推动实施绿美行动。探索符合普洱实际的城乡绿化美化建设路径和发展模式，建设一批在全省具有示范效应的绿美城镇、绿美社区、绿美乡村绿美河湖、绿美校园、绿美园区、绿美景区。

第三节　推动县域差异化发展

县域是区域发展的重要基石、高质量发展的重要支撑，是促进区域协调发展的关键。云南省有 129 个县（市、区），有些县域能够依托融入大都市圈发展，有些县域需要借力国家发展战略和政策红利实现自身发展，有些县域则适合探索符合自身比较优势的发展途径。在区域发展大局中谋划县域发展，关键在于弄清楚县域发展在区域发展中的定位，并据以制定县域发展的战略、思路、举措等。[①] 本节选择 4 个具有代表性的县域，立足各县资源要素禀赋、产业基础、区位优势等，研究实现差异化发展的路径，以期为推动云南县域高质量发展提供实践样本。

一、打造创新驱动发展的盘龙样板

实施创新驱动发展战略，基础在县域、活力在县域。县域创新驱动有力量，支撑经济社会高质量发展就有希望。昆明作为全省发展火车头，创新主引擎潜力在盘龙。盘龙区有基础、有条件打造成为全省县域创新驱动发展排头兵，在云南县域高质量跨越式发展中塑造引领性创新高地。

（一）基础优势

盘龙区是昆明市主城区之一，是建设区域性国际中心城市的功能核心区，产业结构是典型的“三二一”格局，县域经济发展和创新走在全省前列。

① 李若鹏:《在区域发展大局中谋划县域发展》，载《人民日报》，2011-06-09。

1. 盘龙区是全省县域经济发展的模范生

近年来，盘龙区以需求牵引供给、以供给创造需求，依靠创新驱动加快转型升级，培育强劲的经济发展新动能，在全国和全省发展大局中的位势进一步提升，成为全国百强主城区、云南省生态文明建设示范区、云南省县域跨越发展先进县。全区经济总量持续攀升，生产总值由2012年的362.23亿元提升至2022年的1069.71亿元，年均增长率达11.3%，高于同期云南省和昆明市平均水平。

2. 盘龙区是全省集聚创新资源的强磁场

盘龙辖区遍布各类企业总部、省级行政单位、教育科研和金融资源。有中国铜业、昆明船舶、农垦集团、建信云能等总部集团型企业69户，其中世界500强及中国500强知名企业31户。科技、经济、人社、税务等省级行政管理部门，以及云南农大、西南林大、中科院植物所等高校院所均在盘龙区内。各大银行总部、区域性金融机构总部坐落盘龙区，有各类金融单位424家，占昆明市的1/3。盘龙区集聚各类创新资源潜力巨大。

3. 盘龙区是全省科技服务业发展的热沃土

现代服务业是盘龙区的支柱产业，其中科技服务业发展优势突出、空间巨大。2020年，全区科技服务业企业数量达4912家，占昆明市24.6%，企业规模和占比均为全市第一。科技服务业营业总收入235亿元，占GDP比重超过8%。以茨坝生物科技小镇、北京路和白塔路沿线为主的科技服务业集聚区，正加速向集群化方向发展。

4. 盘龙区是全省科技创新的主阵地

盘龙区高度重视科技创新，在全省县域中率先成立科技创新委员会，是国家知识产权强县、省科技成果转化示范区，县域科技创新基础条件优势突出。2021年，全区社会研发经费投入26.75亿元，投入强度达2.62%，高于全省平均水平，居昆明主城区第一位。2022年，高新技术企业达244家，同比增加63家，总量和增幅分别排在昆明市第三位、第一位。拥有在区院士4人，国家级专家学者38人，科技型中小企业200余家，科技众创空间21个，科技企业孵化器7个，星创天地8个。

（二）主要路径

盘龙区打造县域创新驱动发展排头兵，要以提升城区核心竞争力为重点，主动服务和融入全省“3815”战略，聚焦打造“六个春城”，着力打造“六个区”，形成“中轴盘龙”发展格局，努力成为全省生命科学新发现、生物技术新发明、科技服务业新方向、发展新理念的重要策源地，力争五年内实现科技服务业产值、研发经费投入、技术合同成交额、高新技术企业数量、万人高价值发明专利拥有量五个翻番，科技创新全面赋能高质量发展、高品质生活、高效能治理，树立全省县域创新驱动发展新典范。

1. 建设科技引领产业示范区

实施科技服务业倍增计划，将盘龙打造成为现代服务业区域性科技创新枢纽和高地。聚焦科技服务业高质量发展，提升创业孵化、技术转移、知识产权、科技金融等领域的国际化、专业化能级，培育新业态。

建设百亿级生物科技产业集群，打造盘龙产业高质量发展新动能。发挥中央驻滇、省级驻区的科研院所骨干作用，对标国际最高标准、最好水平，聚焦生物医药、生物种业前沿，加大科技攻关力度，加快突破一批关键核心技术，提供高水平科技创新供给，提升生物医药、生物种业等产业关键核心技术竞争力，努力成为生物科技产业领域“技术发明的第一创造者”和“新业态的第一开拓者”，助推云南生物产业加快迈向全球创新链、产业链、价值链高端。

大力发展科技楼宇经济，以各主题楼宇、特色楼宇促进科技服务业集聚发展。一是建设一批新经济示范和科技型企业聚集的科创服务楼宇，鼓励国内外科技组织、科技型企业、创新创业服务机构驻楼设立功能总部、地区总部等分支机构和创新平台、孵化器等。二是建设一批“空间＋产业＋运营”的数字经济楼宇，布局一批数字经济企业，采用数字经济全产业链条楼宇管理思路和经营模式，形成自成一体的数字经济生态圈。三是建设一批科技金融服务楼宇，引导商业银行、保险担保机构、创业投资机构等派驻科技金融业务员，探索科技金融工作站“点对点”服务模式，开发专属产品，提供创新创业全生命周期金融服务。支持科技楼宇运营主体承办或承接部分公共服务业务，为入驻企业提供一站式服务。

加快茨坝生物科技小镇建设升级，将其建设成为集生物科技研发、成果交易、科普文旅、科技会展等多功能于一体的园区型小镇。推进科普产业化、特色化和高端化发展。对标国际一流水平，改造升级一批高水平科普场馆。提升各类设施科普功能，打造数字化科普设施应用示范场景；鼓励科普和人文精神传播融合发展，科学传播与党建、教育、艺术、旅游、体育、卫生、应急等有机结合，形成相互融合多元化体系；推进科普与区域特色资源融合发展，打造区域特色科普生态。

搭建自贸区盘龙片区跨境技术贸易平台，打造面向南亚东南亚的专业性技术交易网络。支持创新成果跨境转化孵化，破除技术跨境流动在监管和融资等方面的障碍，促进跨境技术交易结算便利化。

实施骨干企业（机构、平台）培优行动。鼓励培育对象加强服务工具、模式和产品创新，为科技服务业增链补链。鼓励生物科技领军企业提升全产业链专业化协作和配套水平，将有条件的科技型中小企业纳入供应链管理。引导龙头企业（机构）牵头或参与制定服务标准。建设一批高能级实验室、生物制品批签发中心、药物安全评价中心，以及专业化服务外包功能性平台，打造生物科技产业外向型服务示范基地。

2. 建设创新创业活力区

推进落实国家及省市在优化营商环境、深化体制改革、激活创新创业活力等的相关战略部署和促进政策；立足区域独特的创新创业活力基因和活力优势，让“创新创业来盘龙”成为各方投资者和创业者的普遍共识，形成创新创业最优氛围。

重点打造滇池国际双创城品牌影响力。依托双创城打造双创生态圈，策划一批面向南亚东南亚的青年创新创业大赛、创新挑战赛、创客大赛、海归人才创新创业大会、专题创新创业峰会、先进科技成果展示会等顶尖赛事、高端论坛、高端会展，扩大品牌国际影响力，汇聚全球创新创业优势资源。

着力提高科技楼宇创新创业服务水平。打造要素最集中、资源最优质、环境最完善的创新创业“雨林”生态，盘活闲置楼宇资源，打造低成本、开放式的创业楼宇。对入楼创业项目、创业团队和初创企业采取一项一策、因需帮扶，加大成本减免、创业孵化、创业辅导、融资推介等个性化、专业化服务实施力度。构建完善创新创业公共服务体系，塑造盘龙创新创业新名片。

3. 建设科技入滇承载区

树立“不拼要素、拼服务”的导向，目标精准化、服务细致化科技招商，构建科技创新优势资源“盘龙落地、服务全省”的新格局。

争当科技招商引资引才引智排头兵。盘活街区、社区、商务中心、楼宇等资源，瞄准新技术、新应用、新业态，招大引强，在新能源、大数据、人工智能、区块链等领域建设一批服务全国的先进科技成果转化应用场景。发布盘龙科技招商白皮书，成立科技招商专班，主动派驻科技联络员对接重大科技需求，提供精准对接服务，着力破解落地需求多样化难题。探索市场化招商新路径，鼓励创立市场化的专业科技招商机构、猎头公司等，对招商先进单位和个人给予奖励。制定科技招商激励措施，着力落实用地、用楼和相关优惠等配套措施。搭建科技招商公共服务平台，完善信息供给，强化落地服务，吸引国内外高水平大学、科研机构、头部企业携创新资源到盘龙落地生根。

4. 建设兴滇人才集聚区

贯彻落实人才引领发展战略，聚天下英才而用之，实施全省最具吸引力的人才配套政策，营造全省最优的人才发展环境，提高人才服务能级，积极引进培育高层次人才、拔尖人才和团队，建设全省科技创新人才高地、区域性人才枢纽。

打造汇聚科技创新人才的活动平台和品牌，牵引一批高层次人才特别是青年才俊到盘龙发展、服务全省。依托高水平科研机构、新型研发机构和龙头企业、高新技术企业，对标国际通行规则和标准，优化完善管理运行机制，为一流创新团队提供事业平台，打造一批产业用得着、水平够高、能力够强的创新团队。量身定制人才可享受的政策清单，在奖补力度上坚持高标准衔接配套，在国家、省、市给予相应补助的基础上，区级叠加补助，提高配套比例。支持用人单位引进和培育具有突出贡献的科技人才，加大对民营企业引进本、硕、博人才的扶持力度。兴建人才大厦、人才家园、人才公寓，采用“租、售、补”并举机制，着力解决科技创新人才住房问题。搭建人才工作服务联络站，确保人才揭岗即可匹配政策、到岗即可兑现政策。建立健全人才绿卡服务体系，探索盘龙户籍人才参照“兴滇英才”计划B类人才政策，享受子女入学、医疗保健、休闲服务等福利待遇，让人才如沐春风、潜心钻研。

5. 建设协同创新样板区

创新机制、拓展协同创新深度和广度，争当省市区三级协同创新先行者。发挥好区科技创新委员会作用，加强对科技创新工作的组织领导和统筹协调，建立定期议科技、决科技、抓科技的工作机制，形成“一把手”带头抓创新驱动发展、各部门主要负责同志亲自抓科技创新的工作格局。用好用足省市一体化协同创新机制，积极探索省、市、区科技部门“三级联动”工作机制，形成加快创新驱动发展的合力。找准盘龙区与驻区单位共同发展的契合点，通过制定双方大事共商的有效机制、开辟信息交流的便捷途径、打造协商共事的有利平台，广结“创新合伙人”，探索“共建共治共享”新路径。建立健全产学研协同创新机制，推动驻盘龙区企业总部、金融机构、高校院所等，在创新要素流动、创新资源共享、科技成果转移转化、企业异地创新孵化、人才交流培养等方面深度合作。

6. 建设绿美春城先行区

践行“两山”理论，下好绿美科技创新、管理创新、业态创新三步先手棋，争当绿美春城建设排头兵。以社区治理、饮用水源保护、绿色低碳大厦建设等重大需求为导向，加强科技成果转化应用，实施一批绿色低碳技术应用和示范工程，推动绿色科技与社区、建筑、交通等应用场景深度融合。建设城市公园为主体的全域公园体系，鼓励机关事业单位、国有企业的附属绿地开放共享，适度向市民开放，扩大公共绿地系统范围。强化科普产业与绿美春城建设融合，开展绿美主题科普宣传活动，营造全民爱绿护绿氛围。大力发展“绿美+”创新型经济，适度发展庭院经济、生态创意农业，打造芳香类景观花园、治疗景观等口袋公园，加快世博园、植物园等由单一观光景区向主题创意文旅综合体转型，不断拓展“绿美”消费模式，打造绿色创新发展增长极。

（三）政策举措

把县域作为推动创新驱动发展的主阵地，支持盘龙区打造县域创新驱动发展排头兵，全面构建一流创新生态和一流营商环境，引领和带动其他县（市、区）

提升创新能力，培育形成更多高质量发展新动能。

1. 在科技体制改革与政策创新上先行先试

选择盘龙区内高校、院所开展探索赋予科研人员职务科技成果所有权或长期使用权试点、科研人员兼职开展科研和专业课教学活动取得兼职报酬等科技体制改革措施。支持盘龙区开展生物医药产业链、创新链、人才链、资金链融合试点。建立省、市、区三级联动的科技服务业创新发展联席机制。支持盘龙区建立以企业创新能力为核心指标的科技型中小企业融资评价体系，开展科技创新融资贷款试点推广。把盘龙区纳入云南创建国家创新型县重点培育对象，探索县域创新驱动发展典型路径。

2. 引导优质创新要素资源聚集

结合全省和盘龙产业发展需求，优先在盘龙建设省级以上重点实验室、技术创新中心、新型研发机构、院士工作站、科技企业孵化器，引进高端研发机构，在兴滇英才支持计划遴选中给予倾斜。支持盘龙打造滇池国际双创城，承办云南国际创新创业大赛，建设面向南亚东南亚的科技创新创业服务中心，吸引高新技术企业（科技型企业）研发总部、技术服务机构、检验检测机构等资源入驻盘龙，提供一条龙、一站式科技创新创业服务。支持盘龙金融机构引入人民币跨境支付系统（CIPS），为境内外金融机构人民币跨境和离岸业务提供资金清算与结算服务。支持金砖国家技术转移中心完善平台功能，引导高校院所在盘龙建设一批高水平校地合作实训基地，吸引金砖国家生源，开展科技培训和科技交流活动。

3. 发展壮大创新主体

支持盘龙区大企、大学、大院、大所提升创新能绩、增强竞争优势，提升盘龙创新阶位。支持盘龙区构建和完善科技型企业梯次培育体系，加大高新技术企业、技术先进型服务企业和科技型中小企业培育力度。支持盘龙区省属国有企业、总部集团型企业，加强科技创新，持续加大研发投入，建设高能级创新平台，引培高水平创新人才，深化高层次产学研合作，在云南关键核心技术研发、科研成果转化应用等方面有更大作为。以竞争性项目、“定向委托、定向研发、定向转化、定向服务”等方式，支持盘龙区龙头企业、院所、大学实施省级科技计划项目，每年10%以上省级基础研究计划项目数量或资金用于支持盘龙提升生命科学、生物科技等领域原始创新能力。

4. 依靠科技创新做大做强优势产业

引导盘龙区围绕创新资源配置优化生产力空间布局，加快推进产业集群化发展。积极争取科技部国家新药创制重大专项研发成果优先在盘龙落地转化。支持盘龙区在茨坝生物科技小镇打造生物医药创新型产业集群，优先在盘龙区布局重大科技基础设施。支持盘龙区联合中科院昆明植物研究所、动物研究所等科研单位，云聚生物科技领域科学家、企业家，举办生物科技创新战略峰会，纳入科技入滇对接专项活动。扶持盘龙区内龙头企业牵头或参与组建生物医药领域创新联合体。加快完善省级扶持科技服务业发展政策，重点支持盘龙区发展研发设计、中试熟化、创业孵化、检验检测认证等服务业态，面向服务贸易发展需求搭建专业化科技服务平台（机构）。

二、打造乡村振兴示范的元阳样板

乡村振兴是现代化强国建设的必由之路。全面实施乡村振兴战略是一项具有复杂性、长期性、艰巨性、挑战性的系统工程，云南省需要进一步发挥自然资源和民族文化优势，探索具有云南特色的乡村振兴道路。元阳县是国家乡村振兴重点帮扶县，在经济发展和生态环境保护互融共生、互促共进方面成效显著。加快推动元阳县创建全国乡村振兴示范县，树典型、立榜样，为云南全面推进乡村振兴提供有力支撑。

（一）特色与优势

元阳县立足世界文化遗产哈尼梯田，把生态优势转化为发展优势，具备创建全国乡村振兴示范县的良好条件。

1. 元阳是“世遗之地”

元阳县民族文化特色显著。境内有19万亩哈尼梯田，级数最多达3700多级，迄今已有1300多年历史，是哈尼族与其他多个世居民族开创的高山农耕文明奇观，以天人合一的景观、悠久的历史文化传承和保存良好的传统农业系统而举世闻名。哈尼梯田于2013年列入世界文化遗产保护名录，先后被冠以全球重要农业文化遗产、中国重要农业文化遗产和国家湿地公园等称号。

2. 元阳是“两山典范”

元阳县生态优势显著。通过实施森林保护、传统村寨保护和哈尼梯田红线保护工程，构建了森林、村寨、梯田、水系“四素同构”循环生态系统。开展“稻渔鸭”综合种养示范3.2万亩，示范区和辐射带动区亩产值分别达10174元、8095元，实现“一水多用、一田多收、一户多业”的综合效益，推动产业生态化与生态产业化有效融合，走出了一条绿色发展之路。2018年，元阳县被生态环境部命名为全国“绿水青山就是金山银山”实践创新基地。

3. 元阳是“红米之乡”

元阳县特色农业优势显著。近年来，元阳县立足哈尼梯田资源优势，因地制宜发展梯田红米产业，推进规范化、标准化种植，梯田红米实现年均销售量3500吨、年均销售收入6000万元，打造了哈尼梯田“绿色食品牌”。通过“互联网＋梯田红米”电商平台，累计实现电子商务交易额1.46亿元。梯田红米被认定为“云南六大名米”之一，元阳县先后获“中国红米之乡”“全国粮食生产先进县”“水稻绿色高产高效创建项目县”“国家级电子商务进农村综合示范县”等称号，走出了一条产业兴旺的新路子。

4. 元阳是“扶贫样板”

元阳县扶贫成效显著。通过实施“阿者科计划”，元阳县开创了内源式村集体企业主导模式，同步推进乡村振兴、传统村落保护、文旅融合发展和农耕技艺传承，被教育部列为精准扶贫典型项目，阿者科村入选国家级传统村落、“中国少数民族特色村寨”“中国美丽休闲乡村”和“全国乡村旅游重点村”。通过构建覆盖100个村庄的“乡村蓝店”，成功回引335名本土人才和100余名青年到元阳创新创业。以“项目合作＋”模式引进一批专家人才落户元阳，创立产业发展示范基地，带动建立乡村振兴人才实训基地、专家实验及成果转化工作站，为农业农村现代化注入了“源头活水”。

（二）主要短板

元阳县要推进乡村振兴蓝图，当务之急重在解决产业发展、城乡差距和人才储备等源头性、基础性的短板问题。

1. 乡村产业发展动力短板

元阳县乡村产业存在规模和质量两大短板。产业发展规模不大，元阳县人口占红河州的 10%，农业总产值仅为全州的 6%。农村一、二、三产业有待融合发展，元阳县仅有 1 家省级龙头企业、9 家规模以上工业企业，农产品加工产值与农业总产值比率比全国平均水平低 1.3 个百分点，特色农业、乡村旅游、农村电商等产业向后端延伸和向下游拓展不够，支持特色产业全链条发展的激励和保障机制有待完善，乡村经济价值有很大提升空间。农业农村现代化水平不高，全县数字技术 4G 网络覆盖率达 100%，建成开通 5G 基站 123 个，但数字技术在农业农村领域供给不足、应用不深，乡村产业创新缺乏“造血”机制。

2. 乡村公共服务资源短板

元阳县常住人口城镇化率仅为 16.5%，比全省低 33.55 个百分点，教育、健康、医疗、养老等社会资源配置不均衡，一定程度上影响了返乡创业群体参与乡村振兴的积极性。“十三五”期间，易地扶贫搬迁共涉及 2935 户 13474 人，对公共服务资源的需求明显增加，乡村公共服务体系建设面临更大压力。县、乡、村三级组织之间信息化建设不完善，卫生保健、社会保障、返贫监测等基础数据共享程度不高，影响了服务乡村的行政效率。一些乡镇还存在农村集体资产闲置、使用率不高的现象，农村新型经营主体发展面临很多障碍。农村人口外流、“钱随人走”的情况依然存在，金融产品和服务与农业产业链、价值链匹配度不高，社会资本进入农业农村领域缺乏积极性。

3. 乡村基层人才储备短板

元阳县面临人才缺口大、人才结构不合理等问题，缺乏乡村人才发展的长效机制。目前乡村产业发展规划和经营管理主要依赖龙头企业、帮扶企业，乡村内部人才产出不足。2021 年，全县引进全日制硕士研究生仅为 18 人，柔性引进人才 4 名，到乡村服务和创业的人才更少，缺乏乡村产业人才、公共服务人才、乡村治理人才、农业科技人才、创业带头人、电商人才、物流人才，乡村人才吸引力明显不足。

（三）主要路径

对标习近平总书记提出的产业、人才、文化、生态、组织“五个振兴”，元阳县要立足优势特色，率先创建全国乡村振兴示范县，着力打造云南“绿水青山第一县”“生态农业第一县”“乡村宜居第一县”，谋划一幅农业高质高效、乡村宜居宜业、农民富裕富足的现代版“富春山居图”。

1. 培育特色农业发展新动能，推动乡村产业振兴

推动乡村一、二、三产业融合发展。加强政策引导扶持和要素保障，推动“热带水果、冬早蔬菜、梯田红米”等产业成链条、成体系。以“世界一流哈尼梯田田园综合体”建设为抓手，培育“哈尼梯田＋生态农业＋电子商务＋休闲旅游＋健康养老＋文化传承”新业态，推广融合发展典型模式，做强农业新兴产业。支持各类主体建设“一站式”农业生产性服务平台，推进农业与加工流通融合，发展线上服务、线下体验及现代物流融合的农业新零售模式。高标准建设“国家级电子商务进农村综合示范县”，打造农村电子商务服务中心，持续开拓珠三角、长三角、成渝、京津冀及“一带一路”沿线地区大市场。推进元阳绿色食品园区与中国（云南）自由贸易试验区红河片区融合发展，建设面向南亚东南亚的绿色食品精深加工基地。

打造乡村智慧农业示范典型。加强农业数据资源建设，开发数字化“精确育种”研发平台，支撑种业振兴和高标准农田建设。一体化建设“红米大数据中心”、供需分析系统和电子交易平台，推广订单种植模式，积极争取接入国家粮食交易中心。充分利用互联网、云计算和物联网等技术，建设“稻鱼鸭”智慧农场，关联产业链上中下游市场主体，打造优质农产品直采生产基地。开展乡村特色产业数字化监测和农产品质量安全追溯管理，推行“一品一码”，实现全县特色农产品统一品质、统一标准、统一监管。

构建乡村产业“圈”状发展格局。培育壮大新型农业经营主体，鼓励农村集体经济组织及其成员通过自营、出租、入股、合作等方式盘活利用闲置宅基地和闲置资产，发展乡村产业。探索突破地域限制组建多种类型的强村公司，试行强村带弱村、弱村抱团发展的“飞地”抱团机制，推动形成“一村一品”微型经济圈、农业产业强镇小型经济圈、现代农业产业园中型经济圈、优势特色产业集群大型经济圈。

2. 实施人才“主心骨”计划，推动乡村人才振兴

建设乡村振兴“精英库”。围绕特色产业创建名师工作室、大师传习所、返乡入乡创业园，引进一批农业农村科技人才、乡村产业领军人才。创新专家服务基层形式，落实县域专业人才统筹使用制度。开展“万企兴万村”行动，加大返乡创业支持力度。支持科技人员以科技成果入股农业企业，建立健全校企、院企共建双聘机制。探索建立吸引优秀科技人才、经营管理人才的薪酬激励机制和考核约束机制。

组建乡村振兴学院。与省内外高校、科研院所、职业院校合作办学，以“外聘＋签约”方式建立专家教授、领导干部、“土专家”“田秀才”等组成的师资库。实施现代农民培育计划，组织农民参加技能培训、学历教育，设立专门面向农民的技能大赛，带动发展乡村特色产业。引导新型农业经营主体投入乡村振兴学院建设，创办实训基地、孵化基地、产学研协同创新基地等。

成立乡村振兴“导师团”。结合干部规划家乡，成立以原籍为元阳的退休干部、技术专家、企业家为主的乡村振兴“导师团”，开展政策宣讲、项目策划、产业规划、农技推广等指导服务，有针对性地为家乡建设发展献计献策。

3. 打造“两山”实践创新高地，推动乡村生态振兴

提高生态产品供给能力。实施“数字梯田”行动计划，加强哈尼梯田山水林田湖草沙一体化保护和修复，建设梯田监测管理智慧化系统。建设森林元阳，实施林业生态建设项目，统筹推进森林城镇、森林村庄建设，增加森林和生态系统碳汇。

拓展“两山”双向转化路径。发展高端绿色食品产业，推进有机食品、绿色食品和无公害农产品基地扩容提质和“元阳梯田红米”“元阳云雾茶”等国家地理标志产品认证。全方位推广“稻鱼鸭”绿色生态综合种养模式，打造生态循环农业样板。构建“两山”转化绿色增长价值评价体系，强化环境硬约束，推动去除落后和过剩产能，充分运用好评价结果，引领企业走绿色发展之路。

创新绿色发展机制。借鉴浙江丽水经验，探索建立生态产品价值转化实现机制，建立完善 GEP 核算体系，加快培育生态产品市场交易体系。以镇、街道、管委会或行政村为基本单元开展绿色转化试点建设，探索“两山”转化众筹机制，鼓励村民参与“两山”转化项目并获收益分红。创新绿色金融体系和绿色信贷模式，重点支持环境保护、污染治理、生态产业等绿色发展项目。

4. 建设一批“未来乡村”，推动乡村文化振兴

开发“乡村智慧大脑”。实施“数字乡村一张图”和村级综合服务设施提升工程，实现业务审批、政策享受及兑现“一图感知”，开展农村交通、消防安全、自然灾害、食品药品安全、普法宣传等数字化管理。开发“足不出村”金融服务，部署乡村自助式服务终端和便民服务站点，推进乡村金融服务数据库建设，优化创新“三农”金融线上贷款业务。

建设“低碳宜居”村庄。加大低碳交通、绿化设施、光伏发电等民生工程建设，运用物联网、云计算、大数据、5G、AI 等新技术打造人居环境治理长效管护平台。提升线上采买、智慧交通、生态管家、帮老助残等场景应用，积极构建方便、可达、管用的数字化生活圈。

打造少数民族文化 5G 示范应用试点。推广“5G+VR+ 教育”“5G+VR+ 医疗”，让少数民族地区共享城市优质教育、医疗等资源。开通元阳自媒体频道，开展少数民族文化成果展示和宣传推介。推动直播间、乡创间、全域景区大数据检测、云课堂建设，打造网红民宿、网红村落、网红民俗。

5. 深化民族地区自治实践，推动乡村组织振兴

持续开展民族团结进步创建。积极创建全国民族团结进步示范县，把创建工作重心下沉到乡镇、村寨基层，推动民族团结教育进社区、进村、进企业、进学校，建设一批全国民族团结教育基地、全国民族团结进步模范集体、省级民族团结进步示范区（单位）。

加强民族地区乡村治理。建立健全党委领导、政府负责、社会协同、公众参与、法治保障的现代乡村治理体系，用好用足少数民族发展扶持政策，实施村民自治试点，推进民主法治乡村、平安乡村和团结进步乡村建设。

加强乡村少数民族干部队伍建设。发挥少数民族优秀人才在民族地区乡村社会治理中的黏合剂作用，建立少数民族干部人才库，选拔、引导少数民族干部投身乡村振兴第一线，开展少数民族干部教育培训。

（四）政策举措

建议省委省政府把创建全国乡村振兴示范县列入农业农村现代化的工作重点，强化政策保障，支持元阳全面推进乡村振兴、积极争创示范区。

1. 完善国家乡村振兴重点帮扶县配套政策

加强国家和省级层面相关政策、试点、项目的协同联动和集成运用，支持元阳开展数字农业建设试点、“互联网＋”农产品出村进城工程和国家数字乡村试点，实施一批补短板促发展项目。统筹利用省、州、县现有财政涉农信息化政策，支持元阳开展数字乡村基础设施、基础平台、生产生活数字化应用等项目建设。建立健全县域内城乡学校共同体建设机制，完善“优质学校＋薄弱学校”“优质学校＋新建学校”帮扶机制。优先支持元阳县建设农业科技成果推广示范基地、农业科技园区和星创天地。加大对国家乡村振兴重点帮扶县信贷资金投入和保险保障力度。

2. 引导绿色低碳产业有序梯度转移

在满足产业、能源、碳排放等政策条件下，引导从事生产性服务业与制造业的优质企业，带动关联产业向元阳有序转移。支持大型流通企业以元阳为重点下沉供应链。深化与东部地区对口合作，拓展承接产业转移新空间，引导元阳有序承接东部地区产业转移，建设绿色食品加工基地，建立产值、税收、用地、能耗等指标的分享机制，完善“飞地经济”激励政策。鼓励有条件的州市通过托管、共建等形式带动元阳产业发展和科技成果孵化转化。

3. 做大做强绿色生态品牌

支持元阳做大做强生态特色农业品牌，组建红米产业研究院，发展绿色农产品、有机农产品和地理标志农产品，提升“一县一业”产业链，创建“国家农村产业融合发展示范园”和“农村一、二、三产业融合发展先导区”。支持元阳做大做强绿色低碳品牌，以元阳为基地建设生物多样性大数据库，加强种质资源收集保存，建好云南“中华生物谷”重要基地和“滇南生物基因库”，构建生态产业化、产业生态化的绿色转型产业体系，研发应用减碳增汇型农业技术，探索建立碳汇产品价值实现机制。支持元阳做大做强美丽宜居乡村品牌，创建“国家文化和旅游产业融合示范区”，建设一批“美丽乡村”“文明新风示范村”“森林乡村”。

4. 打造乡村振兴人才高地

做好国家乡村振兴重点帮扶县科技特派团选派，实行产业技术顾问制度，开展教育、医疗干部人才组团式帮扶。充分发挥院士专家工作站、重点人才项目等作用，推进高校、科研院所与元阳农业示范基地挂钩，推动更多科技成果应用到田间地头。落实艰苦边远地区基层事业单位公开招聘倾斜政策，对县（区）以下基层专业技术人员开展职称评审评聘“定向评价、定向使用”工作。完善城市人才下乡服务乡村振兴的激励政策，大力支持大学毕业生、退役军人、企业家等到元阳创业。面向农民就业创业需求，鼓励省内外高校到元阳建设产教融合基地。

三、打造生态文明建设的澄江样板

澄江是云南省玉溪市代管县级市，辖区内有世界自然遗产——澄江化石地，以及我国最大的深水型淡水湖泊——抚仙湖，是云南省生态文明建设示范区。立足生态资源，聚焦高原湖泊生态、生态经济、农业农村生态，把生态文明建设融入经济社会发展全局之中，着力打造具有示范标杆意义的县域生态文明建设新高地，加快推动生态与发展共生。

（一）基础和优势

澄江以独特、良好的自然资源为基础，在生态治理、特色生态产业、美丽乡村建设等方面形成优势。

1. 拥有世界古生物圣地

位于帽天山的澄江动物化石群面积 5.12 平方千米，目前发现的寒武纪珍稀动植物化石分属 20 个门类、280 余种，且 80% 属于新种，被国际科学界誉为“古生物圣地”“世界级的化石宝库”、20 世纪最惊人的科学发现之一。2012 年，澄江化石地被正式列入世界遗产名录。2020 年，世界遗产保护联盟（云南）在澄江成立，澄江化石地自然博物馆采用 VR、AR 等技术，对寒武纪时期古生物化石进行生动展示，入选“2020 年度全国地质古生物科普十大进展”。

2. 具备良好的生态基础

澄江的世界级资源抚仙湖，是我国最大的深水型淡水湖泊和重要的战略备用水资源。澄江围绕抚仙湖流域山水林田湖草生态修复、生态移民搬迁、森林抚仙湖建设、全流域截污治污、垃圾焚烧发电项目等持续发力，积极推进抚仙湖治理，抚仙湖水质稳定保持Ⅰ类，国家湿地公园通过验收。2021 年，全力推动“湖泊革命”攻坚战各项任务落实，实施“退人、退房、退田、退路、退村和退开发项目”等六退措施，系统推进抚仙湖治理并取得显著成效，荣获全省重点生态功能区（县）先进县。

3. 特色生态产业粗具雏形

澄江推动生态特色旅游发展，国际旅游城市、国际健康养生城市、国际会议中心城市建设不断取得新进展。近年来，澄江被认定为云南首批省级全域旅游示范区，入选 2021 中国县域旅游发展潜力百强县市、全国康养 100 强县。旅游业竞争力不断提升，建成了小湾村、马房村等民宿特色村，打造了寒武纪小镇、广龙小镇、星空小镇等一批特色文旅小镇。康养产业取得新突破，实施了国际健康旅游谷、立昌小镇等项目建设。会展产业有序推进，依托澄江化石地世界自然遗产、抚仙湖等资源，加强国际交流与合作，举办“世界遗产保护与发展”论坛、《财富》全球可持续发展论坛、中国—南亚合作论坛、傩戏文化节等。

4. 美丽乡村建设亮点纷呈

澄江全面推进乡村振兴，积极探索人与自然和谐共生的农业农村现代化发展模式。被评选为全国农村产业融合发展试点县。禄充村、明星村、小凹村入选首批国家森林乡村，小湾村入选全国乡村旅游重点村和省级农村综合改革乡村振兴试点；高西社区、马房村等 4 个村被评为云南省美丽村庄，农村人居环境整治获国务院嘉奖。其中，马房村作为澄江乡村振兴的排头兵，在基础设施建设、农旅融合特色乡村旅游发展和“企业＋村组”共同运营产业等方面形成了优势和特色。

（二）主要举措

立足澄江生态资源优势，围绕澄江“三个国际城市”定位，聚焦强化科技支撑，推进生态文明建设，做好可持续发展典型示范，走出高质量发展的新路子。

1. 生态领域科技创新发展

打造澄江化石地国际一流科研基地。探索澄江化石地自然博物馆转型升级，强化博物馆科研板块功能，加强与中国科学院南京地质古生物研究所、云南大学等高校院所合作，签署战略合作框架协议，通过共建澄江古生物化石保护研究所和院士专家工作站，开展古生物标本收藏与保护、科研科普与成果转化、技术创新与服务、人才培养与共享等，实现资源共享、优势互补，共同打造世界一流古生物化石科研基地，以一流科学研究做支撑、以丰富的标本收藏做后盾、用现代科技传播手段展示全新前沿的科研成果。

将生物多样性保护作为科技部和云南省部省会商议题的重点，统筹配置中央和地方资源，支持开展科学考察、古生物化石群和生物多样性保护与利用等科学问题研究和关键技术攻关，合力推进生物多样性保护与发展。

2. 加强高原湖泊生态文明建设

聚焦高原湖泊保护和综合治理等实施一批重大科技项目。围绕高原深水型湖泊水生态环境风险识别和生态调控综合技术研究、“一湖一策”防治试点、污染风险识别、内源污染控制、流域水资源配置和生态水位调控优化模式、流域山水林田湖草综合治理和生态功能提升、“智慧湖泊”等，实施一批“湖泊革命攻坚战”示范项目，开展重大科学问题和关键核心技术攻关，给予经费优先保障，为高原深水湖泊系统保护与综合治理提供高质量科技供给。

3. 推进碳达峰碳中和

结合澄江实际，制定澄江“碳达峰、碳中和”行动方案及年度计划，摸清碳排放和碳汇家底，研判未来排放趋势，科学确定达峰目标，围绕调整优化产业及能源结构、创新绿色技术、推动节能减排、构建绿色低碳生产生活方式、探索建立多元化生态补偿机制等，加快部署重大任务措施，推进全国生态文明建设示范市、“两山”理论实践创新基地创建和澄江“海绵城市”建设，确保“双碳”任务与省市一体联动、有序推进。

争取多渠道资金支持。借鉴外省经验，发行生物多样性保护绿色政府专项债券，同时鼓励银行、企业推出生物多样性绿色债券产品。积极争取昆明生物多样性基金支持、抚仙湖保护专项债券和其他绿色金融渠道的支持，为帽天山、抚仙湖的保护治理提供多元资金保障。

4. 培育生态新经济

加快推进数字赋能文化旅游业、健康养生、会议会展等现代服务业。丰富“一部手机游云南”澄江板块，优化文旅大数据汇集分析、市场监管等公共服务功能；强化产品和服务差异化供给，开发以市井生活、周末度假、休闲养生、生物多样性科普亲子游、科普研学游、少数民族民俗、寒武纪 VR 场景还原、体育运动等为内容的体验导向型新场景。应用数字孪生等技术，以生命大爆发为主题，积极推动“元宇宙”落地，为游客提供多维度体验，打造寒武纪科考体验和科普研学旅游基地。大力发展智慧康养，搭建集医疗、康复、养老、体育于一体的多功能康养服务平台，提供精准化综合康养服务方案。运用“互联网 +”推动会展业转型升级，建设一批数字展馆、数字图书馆、数字博物馆，推动线上线下宣传、展示、交易。

大力发展科普产业。依托澄江化石地自然博物馆，打造地质遗迹研学基地，开展地质研学旅游，设计地质研学课程，推出地质研学线路，提升科普服务效果。打造生物多样性领域的场馆类科普示范基地，推动科普产品研发与创新，为青少年打造科技创新实践阵地。依托沪滇合作等机制，加强与上海自然博物馆、上海科技馆等对接，在博物馆教育、数字技术应用、科普游戏研发、项目策划、运营管理、人才培引等方面寻求合作。

5. 加强农业农村生态振兴

推动乡村振兴成果提档升级。巩固澄江在农村综合改革、产村融合、农村人居环境治理、田园综合体和美丽村庄建设等方面的成果，深入实施乡村振兴战略，高标准建设一批乡村振兴示范点、精品示范村、美丽村庄和田园综合体，持续总结完善澄江经验，在全省范围进行推广。推广小湾村农村人居环境整治经验，带动全省生态宜居村庄建设。推广马房村土地流转休耕轮作的“澄江模式”，全面推进高原湖泊保护治理。

争创乡村振兴科技创新示范县、示范村。聚焦生态观光农业、蔬菜、林果、畜禽、水产养殖等，大力培引农业高新技术企业和具有科技示范带动作用的新型经营主体。依托抚仙湖南北两岸生态观光农业区，按照生态保护要求，建设绿色生态农业科技示范园。加强政产学研联合协作，充分发挥农业龙头企业和农民专业合作社等新型农业经营主体的作用，为乡村振兴提供科技支撑，打造科技创新支撑乡村振兴“澄江样板”。

四、打造革命老区振兴的威信样板

威信县是红军长征之路重要途经地，是革命老区。加强研究谋划推动威信依靠创新实现高质量跨越式发展，对于云南服务和融入长江经济带、成渝地区双城经济圈、成贵经济走廊等区域发展战略，塑造区域创新发展典范具有重要意义。立足新发展阶段，在威信现代化建设新征程上，需要主动抢抓机遇，充分发挥区位优势，聚焦乡村振兴、生态环境保护、绿色产业发展、“科技＋文化旅游”、科教融合等方面，打造长征之路创新发展威信样板，加快改善发展不平衡不充分问题，开创高质量发展新局面。

（一）优势条件

威信在推进革命老区跨越式发展中具有先天的区位、资源、文化等优势，主动融入周边地区发展，加强长征之路沿线地区创新发展，威信大有可为、大有作为。

1. 区位优势明显

威信位于云南省东北角，地处滇川黔三省结合部，位于泸州、宜宾、毕节、昭通4个地级城市的地理中心点，素有“鸡鸣三省”之称，拥有独特的区位优势，是云南连接长江经济带开放开发的重要前沿，融入成渝地区双城经济圈和成贵经济走廊的重要门户，在推动加快形成以国内大循环为主体、国内国际双循环相互促进的新发展格局上具有突出优势。

2. 资源禀赋良好

威信拥有良好的生态资源禀赋。境内矿产资源丰富，页岩气地质储量超

2000 亿立方米。水利资源丰富，南广河发源于此，赤水河、白水江流经，赤水河流域面积 482 平方公里，占整个国土面积的 25% 左右。森林资源丰富，国家级保护植物 16 种，野生动物 81 种（其中国家级保护动物 12 种），国家级森林公园 1 个，森林覆盖率达 50%、林木绿化率达 61%，是滇东北地区生态安全屏障的重要组成部分。

3. 红色底蕴深厚

威信有高品位的红色旅游资源。1935 年，红军长征途经威信，在此召开的“扎西会议”是遵义会议的继续、拓展和完成，使得“遵义会议”精神在此得以体现，确立了以毛泽东为代表的新的中央的正确领导，在推动中国革命进入新的阶段中具有重大历史意义。当前，扎西会议会址和扎西红军烈士陵园已成为重要红色旅游景点和红色教育基地。

（二）现有基础

伴随着高铁时代的到来，凭借突出的区位优势、丰富的自然资源、深厚的文化底蕴，威信在深化拓展周边区域合作与发展方面取得了积极进展。一是成贵铁路、宜毕高速建成通车，叙毕铁路建设有序推进，威遵高速项目有序开展，交通基础设施建设合作有了良好基础。二是充分发挥高铁高速的流通、集聚和辐射功能，深化与宜宾、泸州、毕节等沿线城市合作，商业娱乐、休闲旅游、康养居住等“线域高铁高速经济”发展有了新条件。三是与四川省川南电网的兴文县、珙县电网、贵州省网的毕节市电网互送电力，水电设施建设合作方面开创了新局面。四是积极引进四川铁骑力士、重庆猪猪侠、江西双胞胎、贵州新润丰、广东焱森集团、江苏欧蓓莎等一批知名龙头企业落户威信扎根发展，招商引资有了新进展。

（三）主要路径

深入贯彻落实新发展理念，主动服务和融合国家区域发展战略，立足威信区位、文化、生态等优势，面向长征之路沿线地区现代化建设的新起点、新征程，坚持新思维引领、新动能驱动，以大策划、宽视野、高站位重新审视威信在全省乃至全国高质量发展中的定位和方向，围绕乡村振兴、生态保护、绿色产业发展、“科技＋文化旅游”和科教融合等重大创新需求，精准推进模式创新、产业创新、业态创新，塑造威信高质量发展新生态、新优势，走出一条质量更高、动力更强、发展更绿的新路子，推动威信在滇东北乃至川滇黔渝区域发展中整体崛起，为长征之路沿线地区做出先行示范、提供威信样板。

1. 打造科技支撑乡村振兴的样板

把科技创新工作重心对焦到推进乡村振兴上来，依靠科技力量促进农业新旧动能转换、农村质量和效率变革，打造形成科技支撑乡村振兴的样板。

建立区域协调联动机制，共建农业科技园区、星创天地等平台，围绕种源“卡脖子”技术联合攻关，大力培育农业高新技术企业和高新技术产业。加快推进数字乡村建设，围绕“智慧交通”和“平安乡村”建设，着力构建信息化社会治安防控体系。加快完善物流网络体系，着力建设滇东北物流园区和物流分拣中心，把威信打造成为连接川滇黔渝的物流枢纽。做好人居环境治理，联合开展村镇生活污水、生活垃圾无害化处理技术攻关，农业废弃物资源化利用重大共性关键技术与装备研发，加强“厕所革命”建设，推广适合农村的生态环保厕所。

2. 打造生态保护创新合作的样板

树立“共抓大保护、不搞大开发”理念，通过机制创新和协同合作，形成长江上游跨地区联动的生态保护治理格局，打造形成生态保护创新合作的样板。

完善跨省区联防联控机制，构建共同参与、合治共赢的跨区界污染联防联控联治机制、帮扶合作机制、横向生态补偿长效机制。联合开展跨界污染大调研，围绕生态空间、国土绿化、生物多样性保护、生态整治、森林质量精准提升等技术领域开展关键核心技术攻关，重点在流域生物多样性保护和生态安全提供人才、资金、服务、政策等支持和帮助，突出赤水河、南广河、白水江生态环境保护治理，共同推进多种污染物综合防治和生态环境治理，促进长江上游重要生态安全屏障建设，打造生态文明排头兵标兵。

3. 打造绿色产业科技创新的样板

坚持生态优先、绿色发展的战略定位，加强产业科技创新，依靠科技创新赋能绿色产业量质提升，持续增强威信绿色经济发展新动能，打造形成绿色产业科技创新的样板。

重点围绕威信白山羊、大品种鸡、生猪、魔芋、猕猴桃等打造绿色有机农产品示范基地，发展高端产品，形成绿色食品牌供给地。探索研发平台在外、利益共享的“飞地”合作模式，在威信开展最新技术、新成果转移应用和示范，推动引领相关产业发展。加大招商引资，加大对5G项目的投资力度，推进5G等新基建建设。加强水利、电力合作，推进水利、电力设施建设，推进资源共享。

依托丰富的页岩气资源，重点围绕页岩气开发利用、储运、转化等产业链条，加强四川长宁—威远、重庆涪陵等国家级页岩气示范区的合作交流，加快推动推动页岩气产业由“资源开发型”向“市场开拓型”转变，由“单一型”向“综合型”转变，把威信打造成为全国重要绿色能源示范基地，打好威信绿色能源品牌。推动威信县页岩气综合利用智慧能源示范区建设，打造创新性智慧能源产业基地，充分发挥页岩气低碳、清洁、高效优势作用，积极推动页岩气在工业、民用、商业、CNG、LNG和分布式能源等行业的应用，不断丰富页岩气产业链条。

4. 打造“科技 + 文化旅游”发展的样板

坚持走数字化、特色化道路，依托现代新技术、新成果、新应用，培育发展具有长征之路标志和特色的文化旅游新模式，打造形成“科技 + 文化旅游”发展的样板。

充分发挥川滇黔渝红色旅游资源丰富，旅游市场互补性强，以及威信旅游产业发展潜力和广阔的市场前景优势，积极争取与遵义、泸定、巴中、綦江等红色旅游景点深化友好合作。加强红色旅游资源的数字化保护利用，联合打造区域“科技 + 旅游”融合发展模式，利用人工智能、VR/AR等技术展示文化、旅游资源，推进区域红色旅游业共同发展。建立“智慧旅游”“数字旅游”管理等信息化平台，推进景区数字化管理建设。联合打造红军长征之路旅游路线，推出沿线景区通票、联票优惠，打造长征之路特色旅游产品，推动川滇黔渝长征之路沿线地区的红色旅游产业发展。积极融入长征国家文化公园建设整体，加强长征国家文化公园（威信段）建设，把长征国家文化公园建设为一个集革命文物保护与利用、红色文化展示与体验、文旅融合发展为一体的区域性标志工程，着力打造长征精神保护传承典型样板。

5. 打造科教融合发展的样板

围绕区域科教发展不平衡不充分问题，构建开放融合的人才培养体系，着力打通职业技能、创新创业等人才流动的通道，打造形成科教融合发展的样板。

推动与川黔渝各类院校在人才培养、引进、使用等方面开展深度战略合作。建立县校定期互访交流机制，加强对接沟通联系、沟通协调，强化定向培养机制，联合培养优秀人才。开展职业教育合作交流，创办职业技术学校，引进优秀职业技术师资力量，根据区域产业发展的需求设置和调整专业学科培育本地优秀职业技术人才的同时，为川黔渝地区输送专业技能人才。围绕着科教融合的办学理念和培养模式，建立威信创新创业实习基地，为川黔渝职业技术学校学生提供良好实习平台，完善实习配套设施保障，吸引大批职业技术人才留在本地。加强扎西干部学院建设，把扎西干部学院打造成为川滇黔渝党员干部“补钙壮骨”的主阵地和主渠道，提高扎西干部学院知名度和影响力。

第五章　优化创新生态

第一节　推进项目与经费管理改革

科研项目与经费管理改革是优化科技领域“放管服”的重要内容。本节聚焦国家及各省（市）科研项目与经费管理改革的趋势和方向，凝练科研项目与经费管理改革的最新要求，对比分析云南省在推进项目与经费管理改革过程中存在的问题和不足，提出云南省贯彻落实中央改革要求和推进项目与经费管理改革的具体建议。

一、国家改革趋势

党的十八大以来，党中央、国务院先后出台了《关于进一步完善中央财政科研项目资金管理等政策的若干意见》《关于优化科研管理提升科研绩效若干措施的通知》《关于改革完善中央财政科研经费管理的若干意见》等一系列科研项目与经费管理改革的政策文件和改革措施，加快建立适应科技创新规律、统筹协调、职责清晰、科学规范、公开透明、监管有力的科研项目和资金管理机制，使科研项目和资金配置更加优化，财政资金使用效益明显提升，科研人员的积极性和创造性充分发挥，为实施创新驱动发展战略提供了有力保障。

2021 年 7 月 28 日，国务院总理李克强主持召开国务院常务会议，部署进一步改革完善中央财政科研经费管理，给予科研人员更大经费管理自主权。2021 年 8 月 5 日，国务院办公厅发布实施了《关于改革完善中央财政科研经费管理的若干意见》（国办发〔2021〕32 号），针对科研人员突出关切，大力破除不符合科研规律的经费管理规定，更好激励科研人员潜心钻研。

具体而言，本次科研经费改革提出了六大新规，包括简化预算编制、加大科研人员激励、加快项目经费拨付进度、创新财政科研经费支持方式、科研项目由相关方面配备科研财务助理、改进科研经费监管等六方面的具体措施。主要亮点包括：

一是创新体制机制。为进一步把科研人员从事务性工作中解放出来，简化预算科目类别，按照设备费相关科目和人相关的科目、消耗及知识产权相关科目三大类给予归集。不区别对待科目，给予项目承担单位全面的费用调剂权。

二是加大科研人员激励力度。围绕加大科研人员激励，在间接费使用、劳务费开支范围及科技成果转化现金奖励方面提出明确的操作措施，使经费分配比例更合理，更加符合科研实际情况。提高间接费用比例和用于“人”的比例，特别是纯理论基础研究中用于“人”的比例，让科研人员不再只坐“冷板凳”，让研究有成应该受到激励成为普遍认识，让基础研究发展成为前沿技术的基石和厚土。

三是加快项目经费拨付进度。明确项目完成后，结余资金留归承担单位使用，用于科研直接支出，将原来纳入行政事业单位资金统计范围的科研经费列支国际合作与交流费用明确为“不纳入”，破除了资金使用时间、与行政事业费联系等不合理的掣肘因素。

四是创新财政科研经费支持方式。推行经费承包制，为科研活动提供了更有利的环境，充分体现下放科研路线自主权为科研活动松绑、推进信任为前提的问效型科研管理体系建设导向，让科研经费都花在刀刃上，让科研人员的心思都花在学术成果上。

五是增强科研经费用于科研体系建设的合规性。允许配备财务助理、相关人力成本费用可开支等，多角度、全方位打造保障科研活动顺利进行的系统和体系。

六是改进科研经费监管。强调加强事中事后监管，依法依规开展审计监督。经费管理办法可以由财政部门、科技部门、审计部门联合发文，制定共同认可的经费管理办法，从根本上解决不同部门之间政策“不相洽”的问题，明确监管红线和负面清单，也使科研人员事前知规事中守规，给予科研人员全过程指导，提高科研经费使用效率。

二、部分省（市）改革趋势

（一）北京

2021年10月，北京市财政局联合市科委、中关村管委会修订实施了《北京市科技计划项目（课题）经费管理办法》，在全国率先实现“32号文”改革措施落地，《经费管理办法》提出了8项新的改革措施。

一是精简合并预算。将直接费用预算科目由原10项精简合并为3项，直接费用按设备费、业务费、劳务费三大类编制预算。

二是扩大劳务费和设备费支出范围。明确将科研财务助理支出纳入劳务费。将住房公积金纳入劳务费支出范围，项目组（课题）组聘用人员的“五险一金”都可以在劳务费中列支。计算类仪器设备和软件工具可在设备费科目列支。

三是进一步分类提高间接费用比例。间接费用比例由原来不超过直接费用扣除设备费（不含设备试制、改制、租赁支出）后的20%提高到30%，对数学、物理等纯理论基础研究项目，间接费用比例进一步提高到不超过60%。

四是优化科研仪器设备采购。缩短科研仪器设备采购周期，对科研急需的设备和耗材采取特殊管理政策，承担单位采用特事特办、随到随办的采购机制，可不进行招标投标程序。涉及变更政府采购方式的，财政部门实行限时办结制度，对符合要求的申请项目，原则上自收到变更申请之日起5个工作日内办结。

五是将预算调剂权全部下放至项目负责人。允许项目负责人可根据科研活动实际需要自主安排和调整全部科目的经费支出，每年年底或验收（结题）时通过科技项目管理信息系统备案。

六是进一步解决科研经费报销繁琐问题。对国内差旅费中的伙食补助费、市内交通费和难以取得发票的住宿费，承担单位可实行包干制。要求承担单位应加强财务数据的电子化建设，推动科研经费报销的数字化、无纸化。

七是取消结余资金使用时限。对按要求完成项目（课题）目标通过验收的，并且其承担单位和项目负责人无不良信用记录的，结余资金留归单位统筹用于科研活动直接支出。

八是全面落实科研财务助理制度。为科研人员在预算编制和调剂、资金支出、财务决算和验收等方面提供专业化服务，减轻科研人员事务性负担。

（二）广东

2022年5月，广东省印发实施《关于改革完善省级财政科研经费使用管理的实施意见》，提出5个方面的具体改革举措。

在赋予科研人员更大经费使用自主权方面，预算科目精简为设备费、业务费、直接人力资源成本费3项，精简费用测算说明。下放设备费和间接费用调剂权，由项目承担单位根据实际需要自主调剂。扩大“包干制”试点范围，将人才类、基础研究类、软科学研究类中部分实行定额自主的科研项目纳入“包干制”试点范围。扩大结余资金留用自主权，在结余资金留归项目承担单位统筹用于其他科研活动的直接支出的基础上，优先考虑原项目团队的科研项目需求。

在加大对科研人员激励力度方面，提高间接费用比例，统一提高科研项目间接费用比例至不超过30%，对数学等纯理论基础研究项目，进一步提高至不超过60%。开展稳定性科研经费提取奖励经费试点。扩大直接人力资源成本费开支范围，允许将科研辅助人员的社会保险补助、住房公积金等纳入直接人力资源成本费科目列支。动态调整绩效工资水平，允许省属高校、科研院所等可结合单位实际情况，向主管部门申报动态调整绩效工资水平。

在科研经费拨付环节方面，建立项目经费分类拨付机制。建立科研经费预拨机制，允许在部门预算批复前预拨科研项目经费，切实保障科研活动需要。明确科研资金拨付时限，要求各有关部门要在项目任务书签订后30日内，将经费拨付至项目承担单位。建立科研经费到账反馈机制。

在减轻科研人员负担方面，全面落实科研助理制度。改进财务报销管理方式，允许科研活动所需城市间交通费、国际旅费，可在业务费中列支；允许项目承担单位对国内差旅费中的伙食补助费、市内交通费和难以取得发票的住宿费实行包干制。推进科研经费无纸化报销试点，支持项目承担单位建立健全内部办公、科研、财务报销、资产管理等一体化信息平台。简化验收结题财务管理。

在实现有效监管方面，加强联动监管。强调审计监督、财会监督与主管部门日常监督的贯通协调，增强监督合力。创新监管方式，实行随机抽查，提高监管效率。强化项目承担单位法人责任，强化监管结果应用。

（三）浙江

2022年5月，浙江省政府办公厅印发了《关于改革完善省财政科研经费管理的实施意见》，提出了7个方面创新改革措施。

一是扩大科研项目经费管理自主权。直接费用预算按设备费、业务费、劳务费三大类预算科目编制，设备费预算调剂权全部下放给项目承担单位。在省“杰青”项目经费包干制试点基础上，进一步在人才类和基础研究类科研项目中推行经费包干制，同时开展省科技研发攻关项目包干制试点。

二是完善科研项目经费拨付机制。项目管理部门合理制定经费拨付计划，省财政厅、项目管理部门可在部门预算批复前预拨科研经费。项目管理部门在项目合同（任务）书签订后30日内将经费拨付至项目承担单位。

三是加大科研人员激励力度。提高间接费用比例，间接费用按照直接费用扣除设备购置费后的一定比例核定，由项目承担单位统筹安排使用。推行稳定支持科研经费提取奖励经费改革，允许省属科研院所在基本科研业务费中提取不超过20%作为单位科研奖励经费。扩大劳务费开支范围，项目聘用人员由单位缴纳的社会保险补助、住房公积金等，纳入劳务费科目列支。

四是创新科研经费投入与支持方式。积极探索覆盖科技企业全生命周期的科技金融服务体系。围绕浙江省重点战略领域，全面实行“揭榜挂帅”“赛马制”项目组织方式。

五是支持科研机构创新发展。省属高校、省属科研院所可根据自身特点制定内部分配制度，原则上向突出贡献科研人员倾斜。鼓励省实验室、省技术创新中心等新型研发机构采用与国际接轨的治理结构和市场化运行机制。开展单位赋予科研人员职务科技成果所有权或不低于10年的长期使用权的试点。科技成果转化现金奖励计入所在单位绩效工资总量，但不受核定的绩效工资总量限制，不作为核定下一年度绩效工资总量的基数。

六是减轻科研人员事务性负担。项目承担单位建立健全科研财务助理制度，科研财务助理所需人力成本费用，通过科研项目经费等渠道统筹解决。改进财务报销管理方式，项目承担单位建立健全单位内部科研、财务部门和项目负责人共享的信息平台。改进科研人员因公出国（境）管理方式，从科研经费中列支的国际合作与交流费用，不纳入单位的“三公”经费统计范围，不受零增长要求限制。

七是改进科研绩效管理和监督检查。加强审计监督、财会监督与日常监督的贯通协调。推进里程碑式关键节点管理，推进一个项目周期“最多查一次”改革。推进科研诚信信息平台建设，建立覆盖各类科技活动的诚信记录体系。

三、云南现行政策比较

近年来，云南省为落实好中央“放管服”部署要求，推动“32号文”改革措施落地落实，不断深化科研项目和科研经费管理改革，先后制定了《云南省财政科研项目和经费管理改革20条措施》《云南省科技计划项目管理办法》《云南省科技计划项目资金管理办法》《云南省科技厅科技计划项目验收管理办法》《云南省科技计划项目资金管理办法》等一系列改革文件，建立了以绩效为目标、诚信为前提、“放管服”有机结合的科研项目及经费管理体系，赋予科研人员更大的人财物自主支配权，“32号文”改革措施得到较好落实。

（一）60%以上措施已经得到执行

对照新规，云南省已经在执行的措施有：“科研单位可将间接费用全部用于绩效支出”“扩大劳务费开支范围，由单位缴纳的项目聘用人员社保补助、住房公积金等纳入劳务费列支”“科技成果转化现金奖励不受所在单位绩效工资总量限制，不作为核定下一年度绩效工资基数”“加快项目经费拨付进度，项目任务书签订后30日内，要将经费拨付至承担单位”“科研项目由相关方面配备科研财务助理，提供预算编制、报销等专业化服务，减轻科研人员事务性负担。相关人力成本费用可通过项目经费等渠道解决”“改进科研经费监管。加强事中事后监管，依法依规开展审计监督”等。其中“按照国家确定的重点和范围，由领衔科学家自主确定研究课题、科研团队和经费使用”“支持新型研发机构实行‘预算＋负面清单’管理模式，除特殊规定外，财政资金支持产生的科技成果及知识产权由新型研发机构依法取得、自主决定转化及推广应用”“改进科研经费监管。加强事中事后监管，依法依规开展审计监督”二条可以继续改进。

（二）部分措施落实还不到位

中央“32 号文件”中，简化预算编制、加大科研人员激励、加快项目经费拨付进度及创新财政科研经费支持方式四个方面中的六项新措施是云南省主要应贯彻落实好的政策，包括：“简化预算编制，将预算科目从 9 个以上精简为 3 个”“将设备费等预算调剂权全部下放给项目承担单位”“加大科研人员激励，提高科研项目间接费用比例，科研项目经费中用于‘人’的费用可达 50% 以上”“对数学等纯理论基础研究项目，间接费用比例可提高到 60%”“项目完成后，结余资金留归承担单位使用，用于科研直接支出”“从科研经费中列支的国际合作与交流费用不纳入‘三公’经费范围”。但以上政策内容在云南省还未得到全面有效贯彻落实。

四、措施建议

（一）加快科技体制改革步伐，优化科技项目及资金管理

本次科研项目与经费管理改革，不少省市已经结合实际制定了相应贯彻落实措施。如《四川省科技计划项目专项资金管理办法》间接费相关规定中“软科学、应用基础研究、软件开发、集成电路设计等智力密集型项目，可按项目专项资金总额核定，500 万元（含）以下的部分为不超过 40%，500 万元至 1000 万元（含）的部分为不超过 35%，1000 万元以上的部分为不超过 30%。对数学等纯理论基础研究项目，可由科技厅根据实际情况按不超过项目专项资金总额的 60% 核定”。上海交通大学已经把设备费、人员相关费（劳务、差旅、国际交流及会议咨询等），材料及消耗（材料、测试、信息及知识产权等）三类科目内部预算调整权直接下放给科学家。因此，云南省在贯彻的过程中需要坚持系统思维和问题导向，解放思想，从维护科研活动实际发生角度出发，与科技部做好对接，向先行先试地区学习，按云南情况优化相关管理办法。

（二）创新领衔科学家财政科研经费支持方式

目前云南省已经有《云南省科技厅院士自由探索项目》《云南省科技厅企业（云锡）基础研究应用基础研究联合专项》《云南省科技厅昆明理工大学“双一

流”创建联合专项》等计划项目，不同程度实施了领衔科学家自主确定研究课题、科研团队和经费使用。同期，江苏省 2019 年度前沿引领技术基础研究专项项目中明确，领衔科学家人选由各推荐单位负责审核并直接向省科技厅推荐，每个单位每个指南方向可推荐 1 位。这一做法可以参考，促进新一轮管理创新。

（三）完善新型研发机构科技成果转化的政策

依国务院部署，除特殊规定外，财政资金支持产生的科技成果及知识产权由新型研发机构依法取得、自主决定转化及推广应用。此条高度凝练《中华人民共和国科学技术进步法》《中华人民共和国促进科技成果转化法》及《国务院办公厅关于抓好赋予科研机构和人员更大自主权有关文件贯彻落实工作的通知》等法律法规及规范性文件精神，实施对象、条件及程序清晰明确。因此，建议完善相应政策措施，通过强化推动新型研发机构蓬勃发展的政策，为云南省新增一支科研队伍，促进科技创新高质量高效率转变。

（四）重视科研经费监管

在“加强事中事后监管，依法依规开展审计监督”上，现行《云南省科技厅科技计划项目管理办法》《云南省科技计划项目资金管理办法》《云南省财政科技支出绩效评价实施细则（试行）》《云南省科技厅科技计划科研失信行为记录管理实施细则（试行）》中均有体现，今后可以在如何依法依规开展审计及审计一致性原则等方面进一步深化。

云南省认真落实中央“32 号文件”要求，紧跟科研项目与经费管理最新方向和趋势，结合具体实际，及时制定了《云南省财政科研项目和经费管理改革 20 条措施》，提出了具体细化内容，科研项目和经费管理改革取得了一定实效，但比较国家“放管服”要求及发达省（市）先进做法还存在一定差距。因此，要在优化科研项目与经费管理方面下足工夫，实施项目、基地、人才、资金一体化配置，给予科研单位和科研人员更多自主权，完善科技评价机制，完善经费管理制度等，进一步推动科研项目与经费管理改革。

第二节　提升研发经费投入水平

研发投入是提升创新能力、激发创新活力、营造良好创新生态的重要内容。现阶段云南高质量发展基础还不牢固，制造业层次偏低，需要持续推动研发投入增长，提升全省研发经费投入水平，实现投入稳步增长，助力一流创新生态建设，推动进一步打牢发展基础、实现高质量发展。

一、研发经费投入现状

“十三五”时期，云南省不断加大研发经费投入，总量大幅增加，年均增长率居全国前列，财政科技支出持续增长，企业研发投入主体地位不断增强，优势特色领域创新水平明显提升，研究与试验发展经费投入达 525 亿元，每万人口高价值发明专利拥有量达 1.59 件。

（一）投入规模

“十三五”时期，云南省 R&D 经费投入总量大幅增加。全省研发经费支出共 943.86 亿元，2020 年支出总额排全国第 19 位、西部第 4 位，全国排位上升了 4 位、西部上升了 1 位。年均增长率达到 17.60%，比全国同期高 6.12 个百分点，位列全国第 4。

（二）投入强度

“十三五”时期，云南省 R&D 经费投入强度持续提高，全社会研发经费投入强度从 2015 年的 0.73% 提高到 2020 年的 1.00%，平均每年提高 0.05 个百分点，年均增幅 6.50%。2020 年研发投入强度全国排名第 24 位。

（三）投入结构

“十三五”期间，云南省企业技术创新主体地位进一步增强，R&D 经费投入占比不断提高，科技创新要素不断向企业集聚。全社会研发投入来源于企业的资金总额为 658.14 亿元，占比从 62.01% 提升到 72.24%；来源于政府的资金总

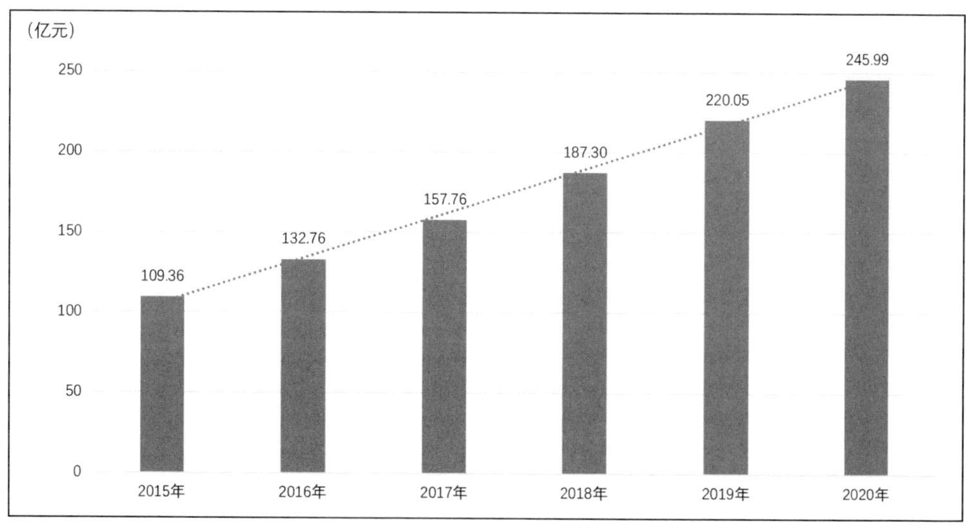

图 5-1　2015-2020 年云南省研发经费支出情况

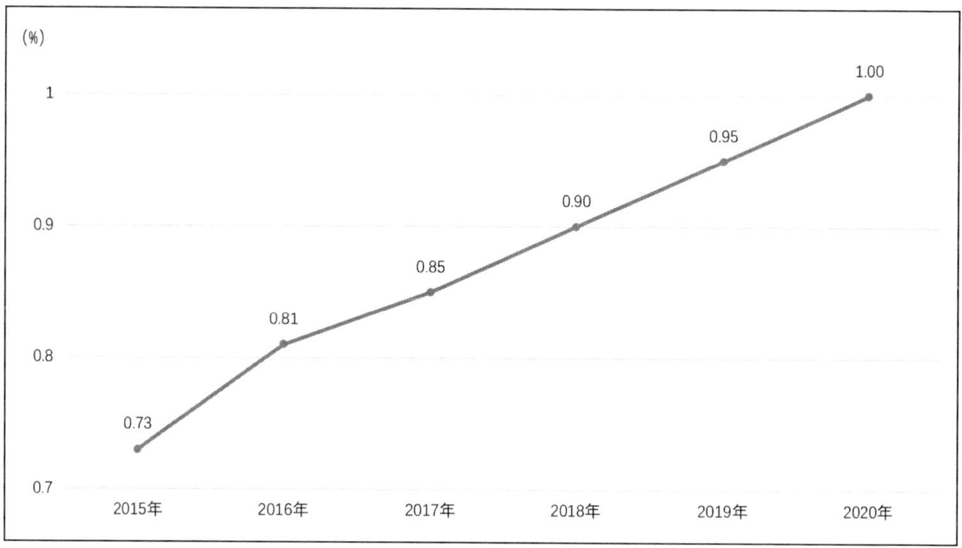

图 5-2　2015—2020 年云南省研发经费投入强度

额为 236.25 亿元，占比从 34.59% 下降到 23.07%。从基础研究投入看，云南省研发活动更加重视基础性、战略性研究，基础研究投入占比较高。全省基础研究经费投入总额为 100.34 亿元，占比 10.63%。从年度经费投入占比来看，2020 年，云南省基础研究经费投入占比为 11.08%，比全国 6.0% 高出 5.08 个百分点（2019 年在全国排名第 9 位）。

二、存在的问题

全社会研发投入严重不足，全省全社会研发投入强度增长速度跟不上地区生产总值增长速度，研发投入强度不到全国平均水平的一半，创新能力与高质量发展要求不相适应。

（一）研发投入结构不优

2020 年，云南省企业研发经费支出占比 71.48%，比全国平均（76.6%）低 5.12 个百分点，低于重庆（79.1%）、宁夏（78.8%）、贵州（76.6%）；规模以上工业企业研发经费支出与营业收入之比为 0.97%，比全国平均（1.41%）低 0.44 个百分点；有研发投入的规模以上工业企业占 27.4%，比全国平均（36.7%）低 9.3 个百分点。规模以上工业企业研发经费投入超过 5 亿元的行业主要集中在采矿、烟草、农副食品加工、冶金等传统产业，高新技术产业和战略性新兴产业规模较小，研发投入总量不足。全省基础研究经费投入主要集中高校和科研院所。

（二）研发产出效率不高

发明专利是衡量研发产出效率的重要指标之一。2020 年，全省有效发明专利拥有量 15575 件，仅为全国的 1%、贵州的 16.5%、广西的 61.9%；每万人口高价值发明专利拥有量为 1.09 件，全国平均值为 6.3 件。自主知识产权供给率不高，主要原因是产学研合作不够深入。一方面，高校、科研院所研发经费主要来自政府资金，“十三五”期间利用企业资金占比分别为 12.31%、4.28%，并呈逐年下降趋势。另一方面，企业创新人才缺乏，较少开展基础研究和应用基础研究，研发活动动力不足。

（三）政府科技投入不足

云南省全社会研发投入强度增长速度跟不上地区生产总值增长速度，2020年投入强度不到全国水平（2.40%）的一半，在全国排名靠后、西部第6。全省财政科技支出占财政支出的比重从2015年的1.03%下降到2020年的0.93%。各州（市）对财政科技投入不重视，与2015年相比，2020年有13个州（市）财政科技支出占财政支出比重下降。

三、提升云南省研发经费投入水平的主要措施

建议以需求和绩效为导向，建立研发投入稳定增长机制，巩固企业研发投入主体地位，强化产学研深度融合，打通研发经费投入向研发产出转化的途径，实现全社会研发投入量的合理增长和质的稳步提升。

（一）建立研发投入稳定增长机制

加强财政科技资金统筹管理，整合现有资金中的部分资金用于研发活动，增加用于研发活动的比重，支持企业、新型研发机构、创新平台、高新区的奖补资金原则上全部用于研发活动。以2021年财政研发经费为基数，实现省级财政科技投入年度增长25%以上。州（市）财政要把科技支出列入预算保障重点，争取财政科技投入增长幅度达到或超过省级水平。

（二）做大研发投入基数

支持工业企业加大研发投入，坚持“优化存量、带动增量”，增加有研发投入规模以上工业企业数量，确保规模以上工业企业研发经费投入规模逐年增加。组织实施好高新技术企业“三倍增”行动计划，发挥高新技术企业研发投入主力作用。引导高校加大研发投入，提高生均经费用于科研活动的比例。深化科技入滇，支持创新主体与国内外一流研发机构开展深度合作，吸引更多社会基金、海外资金投向研发领域。

（三）提高研发产出效率

建立促进产学研深度融合工作推进机制，加强跨部门统筹协调和横向联动，系统整合技术、人才、平台、资金。推广“企业出题，高校、科研院所解题，政府助题”的产学研合作模式，支持高校、科研院所设立校企、院企联合基金，开展定向研发。支持领军企业联合行业上下游企业、高校、科研院所建立创新联合体，共建云南实验室、技术创新中心、制造业创新中心、工程研究中心，开展产业关键核心技术攻关。建立健全研发投入考核评价体系，根据评价结果动态调整投入结构和支持政策。

（四）用好用足政策工具

推动“创新驱动 29 条”关于支持创新平台、高新区、企业、新型研发机构的政策措施落地生效，确保奖补经费高效投入研发活动。省财政、科技、税务与行业主管部门加强协调联络，执行好研发费用加计扣除、高新技术企业税收优惠、固定资产加速折旧、研发投入补助、企业投入基础研究税收优惠等政策，确保企业应享尽享。优化政府 – 企业基础研究联合基金，支持企业专注细分市场，研发“专精特新”产品。鼓励企业按照国家战略和市场需求先行投入研发，支持规上工业企业建立研发准备金制度。

（五）加强研发投入统计

做好各类主体研发投入季度统计监测工作。规范研发投入会计核算，针对规模以上工业企业开展跟踪服务，做好研发统计基础性工作。以政府购买服务等方式对重点企业提供“一对一”研发经费核算及统计服务，确保应统尽统、上报数据准确有效。提高研发投入信息化水平，做好专项培训，对各类园区及投入强度较低的州（市）、县（市、区）加强业务指导。各主管部门出台相关认定办法、奖补政策时，将健全研发财务制度作为重要内容。省科技、财政、税务、统计等部门加强对高新技术企业实际发生的研发费用进行核查。全面核实各部门对企业的研发扶持或奖励项目，确保项目不漏、支出不少。

“十三五”时期，云南省不断加大研发经费投入，加大财政科技支出，不断激发全社会创新创造活力，进一步巩固了高质量发展基础。但还存在投入总量不足、投入强度不大、投入结构不够优化、研发产出效率不高等问题。因此，要围绕全社会研发投入提升进行系统布局、统筹部署，进一步强化政府引导和服务作用，创新举措，加大政策落实力度，充分激发企业、高等学校、科研院所等创新主体和社会力量创新投入的积极性。

第三节　扩大科技对外开放

2016年，云南省人民政府印发实施《云南省“十三五”科技创新规划》，明确提出扩大科技对外开放，努力建设面向南亚东南亚科技创新中心，构建全方位开放创新格局，打造面向南亚东南亚的科技创新辐射源。“十三五”期间，云南省通过建机制、搭平台、引技术、促交流，国际科技合作取得实效，有力支撑了重点产业创新发展，面向南亚东南亚科技创新中心建设稳步推进。当今世界正经历百年未有之大变局，国内发展环境也经历着深刻变化，“十四五”时期我国将进入新发展阶段，越是面临封锁打压，越不能搞自我封闭、自我隔绝。云南省应当实施更加开放包容、互惠共享的国际科技合作战略，以更加开放的思维和举措推进国际科技交流合作，主动地融入全球创新网络，在开放合作中提升自身科技创新能力。

一、云南省国际科技合作总体情况

近年来，云南省围绕习近平总书记提出建设面向南亚东南亚辐射中心的目标任务，开展国际科技合作，取得积极成效，也存在一些问题和障碍。

（一）取得的成效

1.引进先进技术，支撑重点产业创新发展

围绕八大重点产业发展和打造世界一流“三张牌”，云南省通过深化与欧美发达国家科技合作交流，实施“引进来”项目，支持科研机构、高等学校和企业在疫苗、装备制造、基因大数据、干细胞、稀贵金属、现代农业等领域，与美国、意大利、俄罗斯、新西兰、澳大利亚、乌克兰、加拿大、德国、英国、奥地利、匈牙利等国家，开展共性关键技术研发、重大新产品开发、产学研合作、先进技术成果国产化研究和转移转化。

近年来，通过引进一大批先进技术成果，在支撑冶金、新材料、生物医药、装备制造、现代农业等重点产业创新发展方面成效显著。云南省与乌克兰、俄罗斯合作开发的大型电子束冷床炉集成制造及熔炼关键技术，实现冷床炉国产化制造，推动云南省冶金行业提质增效，为提升我国钛材产品质量和深加工水平发挥了重要作用。通过引进澳大利亚等国的 7 项镍铂靶材制备技术，成功突破靶材原料高纯化控制技术等关键技术 15 项，研发出 40 余个镍铂靶材新产品，替代进口产品并远销海外。成功引进锂电池设计技术、先进柴油机技术、疫苗核心技术、“免疫大师”公牛冻精品种、杂交柚品种等一批先进术成果，突破锗硫系光学材料及锗产品等一批重大创新产品，解决产业发展技术瓶颈，与国外先进水平差距不断缩小。痛舒胶囊成功获美国 FDA 批准，成为进入美国 II 期临床研究的第一个中国民族药。此外，云南省与德国、奥地利、匈牙利开展高原汽车技术标定合作，与意大利开展高原特色农业机械研发合作，与瑞典开展大学、园区科技交流合作，与美国等国家开展干细胞外泌体分离技术及多发性硬化症治疗研究，并积极推动在绿色食品、生物医药、疫苗研发与国际化等领域签约一系列合作项目。

2. 开展技术转移，推动技术产品“走出去”

启动实施服务国家“一带一路”科技创新行动计划，落实我国与各国的科技合作协议，代表国家在新能源、健康与生物医药和农业等多个重点合作领域承担国家任务。支持有条件的科研机构、科技型企业，在现代农业、新能源与可再生能源、生态环保、新材料、生物医药等领域与南亚东南亚国家开展互利合作，组织区域性重大问题研究、共建联合实验室、开展科技园区合作、建设新技术新产品试验示范基地等。依托金砖国家技术转移中心建设，加强与俄罗斯、印度等国家开展技术转移合作。

云南省大力推进国际技术转移，成功推动优势技术、产品、装备、服务向南亚东南亚输出。一大批企业赴孟加拉国、斯里兰卡、尼泊尔、老挝、越南开展技术合作与服务，在境外建成花卉示范基地、药材合作种植中心、食用菌栽培技术示范基地、茶叶技术示范种植基地。与缅甸合作开展水稻育种及相关研究，收集70余份稻种资源，建立200亩优质水稻示范基地。在越南建成优质饲料生产国际合作科技示范基地产品研发中心，研发出20个优合饲料产品，完成2条全自动畜禽全价配合饲料生产线、1条水产饲料专业生产线，实现30万吨/年的产能。在老挝建立茶叶新品种良种育苗试验示范基地，为当地无偿提供15万株茶苗，建成75亩茶叶试验示范园。在印度尼西亚建立1个中印杂交水稻育种站和1个万亩科技示范园，累计示范推广种植15万亩超级软米杂交稻。在泰国建立75亩花卉示范基地，在老挝开展肉牛产业化规模养殖示范，在尼泊尔开展植物药材示范。

3. 搭建合作平台，布局创新网络

推动中国—南亚技术转移中心建设。分别在巴基斯坦、尼泊尔、孟加拉国、斯里兰卡、阿富汗建成5个中国—南亚技术转移中心分中心，在印度建立双边技术转移中心，中国（云南）斯里兰卡农业高新示范园建成并运行，举办多双边技术转移对接活动，培养专业化的技术转移队伍，构建技术转移协作网络。

推动中国—东盟创新中心。建成中国－老挝可再生能源开发与利用联合实验室、云南—老挝建筑工程质量检验检测联合实验室、云南—老挝热带亚热带天然药物资源调查研究联合实验室、中老冶金与能源新技术联合实验室，建立面向东盟国家的研究和产品开发实验、检测、中试平台。

推动金砖国家技术转移中心建设。在昆明举办第二次金砖国家科技创新创业伙伴关系工作组会议，组织金砖国家技术转移项目路演对接、科技创新与技术转移合作论坛及示范培训等活动，促进技术成果转化交易。

推动国际科技合作基地建设。2016—2019年，新认定省级国际科技合作基地14个，截至2019年共认定的省级国际科技合作基地达69个。通过发展“项目—人才—基地”相结合的国际科技合作模式，推动高新技术企业、科研机构、技术转移机构和高新技术产业园区国际化，发展成为云南省国际科技合作的骨干和中坚力量。

4. 推动人文交流，促进科技合作

举办中国—南亚技术转移与创新合作大会、中国—东盟科技论坛、中国—东盟创新论坛、中国南亚科技部长高端论坛、中国—东盟新能源论坛、东亚峰会新能源论坛、中国—印度创新合作与投资大会、金砖国家科技创新创业伙伴关系工作组会议、云南—以色列合作论坛、云南—新西兰科技合作对接会、南亚科学家创新中国行等具有影响力的国际会议、论坛等活动，累计参加人数超过3000人。举办云南国际人才交流会，40多个国家超过6000人次参会，签约150余项人才智力入滇交流合作项目。

作为主体省份参加中国与斯里兰卡、尼泊尔、老挝、菲律宾、巴基斯坦等国家的科技双边会、科技联委会会议。与老挝科技部部长、菲律宾科技部副部长、瑞典布莱金厄省、意大利翁布里亚大区、美国哈佛大学、法国居里大学等数十个来访代表团开展交流。昆明海关与省科技厅签订战略合作协议，统筹推动中国（云南）自由贸易试验区建设人才和科技领域工作。

百余名南亚东南亚国家杰出青年科学家到云南省科研机构、高校、企业等开展科研工作。选派国际科技特派员136人次，赴南亚东南亚国家开展技术示范、服务与培训。2016—2018年组织实施国家级引智项目59项，省级引智项目287项，邀请外国专家800余人次，新增省级引智成果示范推广基地10个。组织实施发展中国家技术培训项目，在境内外举办先进适用技术和能力培训班100余次，培训人数超过5000人，覆盖南亚东南亚18个国家。

（二）存在的问题

国际合作动力不足。云南省大部分国际科技合作是在政府间签订的协议基础上推进，呈现自上而下的趋势。创新主体国际开放度不够，企业参与积极性不高、动力不足，创新资源集聚、技术成果引进消化吸收再创新等方面的能力有限，具有研究与开发能力且能胜任国际科技合作工作的高端科技人才相对较少。重点产业与国际高端市场的关联度有待提升，具备国际竞争力的高附加值产品不多。引进海外高端人才存在“重引进、轻服务”现象，缺乏留住、用好海外优秀人才的支撑手段。国际科技合作呈现区域发展不平衡趋势，获取国际合作资源以昆明为主，其余州（市）基础十分薄弱，沿边州（市）对外科技合作能力和水平有待提升。

国际合作渠道不畅。国外创新主体对云南的省情、政策、需求等信息了解的渠道有限，技术供给与需求缺乏对称性和有效性，尚未建立起统一、高效、便捷、畅通的信息服务平台。国际科技合作基地有一定数量，但缺乏高水平、国际化和专业化的国际合作平台，组织的国际合作项目和技术转移活动缺乏统筹性，对接不够精准。现有的一些国际科技合作平台难以满足一些产业技术领域垂直化、专业化、细分化的要求，技术供需对接、平台共建共享、创新网络构建等方面存在较大提升空间。

国际合作机制不顺。国际科技合作对象、范围、领域、平台仍然存在低水平重复和交叉现象，造成资源浪费和分散。科技人才流动、因公出国（境）审批、国际人才创新创业等政策体系不够健全，科研资金跨国（境）使用存在制度障碍，现行国有资产管理体制难以实现国际化投融资，外籍科技人员来华参与合作的相关政策未能有效落实，尚未建立符合国际人才发展需求的薪酬体系和社会保障体系，缺乏针对国际化的创新主体进行评价、激励的制度体系。

二、面临的形势

当前，对外开放环境发生深刻变化，百年未有之大变局加速演进。全球经济已经进入智能化转型加速期，未来创新竞争将主要在中国、美国、欧盟、印度四个经济体之间展开，知识融通正在开辟新的学科增长点，信息技术不断跨界赋能，美国等创新大国在信息通信、生命健康、高端制造领域的主导地位没有改变，创新最活跃企业来自于未来产业，全球经济的成长性主要来自美国和中国。开放与合作仍是时代发展大势所趋，云南省需要继续鼓励各类主体积极开展国际创新合作，营造良好的合作环境与氛围，促进技术、人才、资本实现双向流动，提升重点产业发展的对外开放度，链接全球一流创新资源，进一步融入全球创新网络。

然而，中美经贸摩擦、科技竞争加剧及“逆全球化浪潮”，对国际科技合作提出了新的挑战，影响云南省国际科技创新合作的思路和方式。中美、俄美、美欧、俄欧关系发生了前所未有的变化并带动世界局势改变。全球治理的体制机制作为政治的上层建筑，远远落后于先进科学技术的快速发展，“供应链”与“需求链”不相匹配的差距越拉越大。中国崛起以及“金砖国家”等新兴经济体的整体跃升势不可挡，与美国不遗余力占据各类物质财富生产和研发的制高点产生的结构性矛盾愈加突出。疫情全面爆发，一些全球性的会议活动取消，很多国家采取“封城”或进入紧急状态，国际间人才往来、高层次专家交流合作受到严重阻碍，各国对于国际科技合作的需求发生重大转变。同时我们也应当看到，亚洲的新兴国家和潜力国家创新活跃，东亚—东南亚—南亚经济体已经成为全球研发最密集的创新区域。中国在为全球合作抗击疫情树立标杆，作为一个新兴大国创造更多机会去争取国际话语权的同时，也为我国疫情后在相关领域开展国际科技合作打下了良好的基础。内外环境倒逼我们用前所未有的思路，去理解新时代的全球化、国际化与国际科技创新合作，我们需要比任何一个时期都要清醒地认识到开放合作对于提升自身科技创新能力的重要意义，准确研判国际形势变化对云南省国际科技合作造成的影响，适时调整国际科技合作的主攻方向、合作的策略和手段、合作的国家和区域、合作的领域和途径，制定适应当前形势的国际科技合作战略和政策。

2019 年 5 月中央全面深化改革领导小组审议通过的《关于加强创新能力开放合作的若干意见》，对新时期国际科技创新合作提出新要求。习近平总书记提出“四个面向”要求，并提出“要推动形成以国内大循环为主体、国内国际双循环相互促进的新发展格局”，为我国“十四五”时期以及更长一个时期推动创新驱动发展、加快科技创新步伐指明了方向。“十四五”期间，云南省国际科技合作应坚决贯彻落实习近平总书记对云南提出的“一个跨越”“三个定位”要求，主动服务和融入国家发展战略，正确认识和把握云南在全国创新版图中的地位作用和使命担当，从长线部署国际科技合作战略，从落实党和国家的外交大政方针、提升全球资源配置能力、促进人才交流、加强平台建设、引导企业积极“走出去”、完善合作政策、优化合作环境等方面，多角度谋划合作布局，更加主动地融入全球创新网络，在开放合作中提升自身科技创新能力，推动全省科技创新取得全方位突破。

三、扩大科技对外开放的举措

积极服务国家科技外交战略，坚持全方位对外开放，主动融入全球创新网络，聚集全球国际创新资源，强化国际科技合作在各领域的布局，有效对接“一带一路”沿线国家发展战略和科技创新需求。拓展空间与渠道，打造创新共同体，以自由贸易试验区建设为契机创新科技对外开放合作机制与模式，持续提高“引进来”的吸引力和“走出去”的竞争力，深层次畅通国内大循环和联通国内国际双循环，加快推进面向南亚东南亚科技创新中心建设。

（一）优化升级平台载体

优化升级国际科技合作基地，对标国际规则和惯例，重新整合各类现有国际科技合作基地的优势资源，支持成效显著的省级国际科技合作基地申报国家级国际科技合作基地。支持企业设立境外合作研发机构，鼓励有条件的科技园区和企业“走出去”，在海外通过自建、并购、合作共建等多种方式建立海外研发中心、科技企业孵化器、先进适用技术示范推广基地。充分利用科技发达国家先进技术资源，在先进装备制造、生物技术药、化学药、疫苗、新材料等领域与科技发达国家开展研发合作。探索在中国（云南）自由贸易试验区内建立国际人才创新园、国际离岸孵化器、众创空间，开展国际科技合作项目经费和设备跨境使用试点，开展异地研发孵化、技术合同外包、驻地招商引智等业务。深化与缅甸、老挝、柬埔寨、尼泊尔、孟加拉国等国家的合作，在绿色能源、农林资源保护开发、传染病联防联控等技术领域共建国际联合实验室。扩大高新区、经开区等载体的对外开放力度，围绕生物技术、信息技术、智能制造等前沿领域，依托现有企业和园区组建跨国交叉研究团队、孵化交叉创新项目。加快与欧盟、俄罗斯、以色列等发达国家、地区及国际组织合作，在生物医药、生物防控、农业生物制剂、新材料、新型光电仪器、矿产能源冶炼等技术领域设立联合研发平台。强化企业在国际合作中的主体地位，加大高新技术企业精准培育力度，推动一批高新技术企业成为具有创新能力的国际化排头兵企业。鼓励相关科研机构、企业与欧盟及以色列等国家和地区合作建设疫病研究及临床实验基地及临床实验基地，加强与发达国家和地区开展药物、疫苗、检测等领域的研究合作，推进全球疫情防控和公共卫生领域国际科技合作。

优化升级国际科技合作基地。根据我省重点产业发展需求，进一步优化国际科技合作基地的领域布局，合理制定省级国际科技合作基地认定指南。构建政府引导、协同创新、产学研紧密联合的基地发展机制，建设国际科技合作人才库、项目库和成果与技术需求库，形成动态的国际科技合作资源库，促进国际创新资源向国际科技合作基地的流动和聚集。以市场为导向，吸引各类资本、基金、风投进入国际科技合作基地，加速推动国际技术转移转化，鼓励和支持产业化活动，并建立相应的容错机制。引导国际科技合作基地依托单位高效利用财政资金，委托第三方对投入到国际科技合作基地的财政资金进行绩效考核，参考《国家国际科技合作基地重大事项调整实施细则》完善考核评价机制，探索动态管理和退出机制，优化评估体系。进一步完善国际科技合作基地管理人员和科研人员激励、保障机制，建立灵活多样的用人机制。极鼓励国际科技合作基地之间形成联盟，在创新合作理念、创新要素、科学仪器、科学装置、创新链条、人员交流等方面进行共建共享。

推动海外研发中心建设。围绕先进装备制造、生物技术药、化学药、疫苗、新材料等产业发展需求，通过并购、独立投资或与外方合作创建等方式，在科技发达国家设立海外研发中心，推动海外研发团队与国内机构实现产学研整合，嵌入当地研发、生产和营销网络，探索研发本地化的发展模式。充分利用科技发达国家一流创新资源，根据国内需求开展研发活动，确保海外技术来源多元化，吸纳海外知识产权和品牌资源，实现与国际技术、标准、生产、市场等接轨。紧密跟踪发达国家技术前沿，承接国内科技人才培养任务，将“研”和“学”放在海外。

建设中国（云南）自由贸易试验区国际人才创新园。加大自由贸易试验区总部经济推广力度，实施更精准的人才服务。建立柔性引进高层次人才基地，以多种方式柔性汇聚海内外人才资源。争取国家有关部委支持，在自贸区试行具有国际竞争力的人才税收政策。探索设立外籍人才就业创业扶持资金，将外籍人才纳入我省就业创业扶持范围。建立促进人流、物流、资金流更便捷的国际化管理机制，规范国际高层次人才引进和聘用制度，加强海外人才风险防控。拓展人才引培领域，把高层次人才集聚范围从专业技术人才拓展到政府治理领域、技能人才领域、农村人才领域、青年人才领域。引入国际人才寻访机制，激活人力资源市场活力，把更多国际人才集聚到优势产业。

探索建立“离地孵化器”和飞地“技术研发外包中心”。与金砖国家、南亚东南亚国家构建互利共赢的创新共同体，按照“技术在滇、转化在外”的模式，研究合作建设离地研发联合体和众创空间，重点承担“异地研发孵化、技术合同外包、驻地招商引智”等功能，就地吸引科技人才、创投基金和尖端项目进驻。

（二）引进先进技术成果

围绕“五个万亿级、八个千亿级”产业发展，组织全省科技部门、科研机构、高校和有关行业，重点挖掘先进制造业、绿色能源、数字经济产业、生物医药产业、新材料产业等产业的技术需求。聚焦产业发展的“卡脖子”问题和产业化瓶颈，结合重大科技专项的实施，形成科技需求库，按照“需求征集→梳理凝练→发布需求→精准对接”的实施路径，明确引进国外先进技术的重点领域，凝练产业“链补链强链”国际科技合作重大项目清单，形成供需精准对接的技术引进项目形成机制。借鉴深圳、浙江、珠海搭建国际路演平台的经验做法，链接国外创新创业全景地图和行业独角兽、隐形冠军、微型总部、投资基金目录，实现项目同屏路演和在线评估，通过“线上项目征集+线下路演对接+专项落地指导”形式，筛选引进国外先进技术的最佳方案和科研团队，实现精准对接、快速落地。对接国外重点科创产业发展平台，争取在云南建立跨境或分支科技孵化产业园、联合科技城、产业转移区，优先将大院大所成熟的技术引进项目进行成果转化和产业化，在引进先进技术的同时，充分利用科技合作成果，实现产业核心技术国产自主可替代，争取在重点领域实现“弯道超车”。

引进先进制造业“卡脖子”技术。绘制先进装备制造、新能源汽车、电子信息、领绿色铝绿色硅等先进制造业和高新技术产业的技术路线图，强化顶层设计，形成明确的、清晰的技术供给体系框架。依托重点园区和企业、新型研发机构、产业技术创新平台等，与国外一流创新团队和机构开展合作，形成集聚全球一流领军人才、产学研紧密结合的关键技术攻关团队和强有力的研发联合体。引进前沿先进技术集中力量攻关，着力解决“卡脖子”问题和产业化瓶颈，增强自主创新和自主制造能力。

引进细胞产品和生物技术药研发技术。与全球领先的生物技术公司或研发机构合作，加强细胞产品应用基础研究和转化研究，加快新型疫苗研发、注册及产品国际化，开发针对肿瘤、免疫系统疾病、心血管疾病和感染性疾病的抗体药物。与国际一流研发机构合作建立抗体药物一站式研发平台、生物技术药物非人灵长类安全评价平台、非人灵长类动物实验研究技术服务平台等，高质量开发生物技术药物，推动生物技术药走前沿化、科技化之路。

引进先进基础材料制造技术。聚焦高端装备制造、绿色低碳环保、新能源及其应用、新一代信息技术等产业对先进材料的需求，以关键短板新材料为突破口，支持重大技术引进，在消化吸收的基础上，联合开展再创新活动，培育壮大高端钛合金、铝合金、稀贵金属、稀土催化功能材料、关键电子材料等一批关键战略材料，重点引进液态金属、新型显示材料、3D 打印等前沿新材料制造技术。

（三）联合研发共性技术

发挥中国－东盟创新中心的平台作用，聚焦基础前沿，重点选择在生命科学、新材料、天文物理等学科领域，与南亚东南亚国家共同开展联合研究项目，创新科学研究投入机制、管理机制与组织模式，组织开展东南亚地区毒性药材分子资源和药物研究、生物多样性热点区域两栖动物多样性等联合调查及国际性学术活动。在澜沧江—湄公河区域合作机制下，围绕生物育种、生物多样性保护、跨境水资源科学调控与生态安全、生物质能源、高原特色现代农业、智能电网、新型基础设施建设等领域，与老挝、缅甸、柬埔寨等南亚东南亚国家共建国际联合实验室。结合中国（云南）自由贸易试验区建设，借鉴四川省的成功经验，建立仿制药研发公共平台，引进国外仿制药公司和技术人员，通过成果转化项目及科技金融等多种形式进行支持，整合仿制药产业链的优势科技资源，提供成果孵化转化、安全性评价、中试生产和药物临床试验等支撑与服务。深化与缅甸、老挝、柬埔寨、尼泊尔、孟加拉等国在公共技术产品、行业技术标准、资源利用与生态保护等方面的科技合作，共建建筑和农产品质量安全检测、疫病防控等创新合作平台。

共建国际联合实验室。支持我省高校、科研院所和企业与南亚东南亚国家共建国际联合实验室，选择优势学科和领域，共建相对独立的科研实体，明确发展目标、具备可行的实施方案和具有相对稳定的资金来源，面向国际科学前沿和国家重大需求开展国际化科学研究。创新选拔聘用机制，聚集一流学者和培养拔尖创新人才，探索建立与国际接轨的博士后和访问学者制度。建设高水平技术支撑队伍和专业化管理服务队伍，实行国际一流实验室的运行和管理机制、人才评聘、学术评价和支撑服务。积极争取国内外大型企业、科研机构参与联合实验室建设。

（四）推动技术转移输出

继续推动实施中国—南亚科技伙伴计划，紧密服务各国科技发展重点，充分发挥中国—南亚技术转移中心的平台作用，凝聚和培养一批专业化的技术转移机构和人才，挖掘中国及南亚各国企业合作需求，组织企业对接交流洽谈，开展适用技术培训和先进技术示范等，促进中国与南亚各国企业深入合作，推动中国与南亚各国之间先进适用技术的转移。通过积极争取承办和参与中国跨国技术转移大会、科技外交官信息对接会以及各种多边和双边国际科技对接活动，积极探索跨国技术转移的新模式，打造中国—南亚技术转移中心、金砖国家技术转移中心的高端品牌。选取 5 ~ 8 个南亚东南亚国家为重点合作对象，在自然灾害监测预报、防震技术、医疗及疾病预防技术、生物多样性保护、通信基础设施等民生领域开展技术转移。重点以老挝、缅甸、柬埔寨为合作对象，建立海外科技示范园区，在现代农业、绿色能源、智慧城市、跨境电子商务、智慧旅游等领域开展技术应用示范、转移与产业化。结合跨境重大交通基础设施和新型基础设施建设，在越南设立锡材海外深加工基地，推进缅甸皎漂经济特区工业园数字园区、智慧园区建设及中老联合信息科技产业园建设，与南亚东南亚国家共建商务创新创业中心、信息科技产业园。

推动中国—南亚技术转移中心、金砖国家技术转移中心提质增效。聚集高校、院所、园区等的科技资源，紧密围绕重点产业领域，优先引进海外大学技术转移机构、海外工程技术研究中心、国际许可贸易机构等从事专业国际技术转移服务的机构，以及来自欧美发达国家、拥有较成熟的国际技术转移运营模式、对区域有较强的辐射和带动能力等相关机构。培育发展国际化、数字化的技术市场，促进高端科研资源向产业集群优化配置。强化“互联网+”的运用，探索“线上信息传递+线下专业服务”的模式，整合国内外技术供给、国内外权威专业数据库、多个开放存取资源和国内技术需求，实现线上信息同步众端共享，项目流程追踪可控，国际技术转移多语言信息服务、供需信息自匹配和对接等功能，有力支撑技术转移工作。培育一批与国际接轨的技术转移示范机构、科技成果登记机构、技术合同认定登记机构、创新驿站、科技金融服务机构等专业服务机构和技术经纪人。打造开放共享的第四方平台，提供法律、商务、财务、知识产权等专业科技中介服务。搭建优秀海外毕业生创新创业平台，引进重点发展的战略性新兴产业领域的前沿技术和项目。

（五）促进人文交流合作

继续办好中国（云南）国际人才交流会、中国—南亚技术转移与创新合作大会、中缅创新创业大赛等活动，积极争取国家级国际性会议在云南举办或设立分论坛。将南亚东南亚联盟青年科技人才国际论坛、生物科技与转化医学高峰论坛、国际技术转移论坛等合作交流机制常态化，围绕云南省重大工程实施组织高分子生物论坛等国际会议。实施智汇云南计划，充分利用中国（云南）自由贸易试验区制度优势，创新国际人才引进、使用和评价机制，吸引南亚东南亚国家青年科学家、企业家和青年技术人才来云南开展科学研究、创新创业和技术培训。积极推进国际杰青计划，鼓励高校、科研院所与“一带一路”沿线国家合作培养青年科技领军人才。继续派遣国际科技特派员（含法人特派员），重点赴缅甸、老挝、越南、菲律宾、斯里兰卡、巴基斯坦、尼泊尔、孟加拉国等南亚东南亚和环印度洋国家，在农业、新能源、信息技术等领域为我省“走出去”提供技术支持和服务。持续组织发展中国家技术培训，建立发展中国家技术培训业务管理平台，实现培训流程电子化、标准化管理，建立管理流程数据库、师资力量数据库、学员信息数据库、项目效果追踪数据库。结合引智计划，引进南亚东南亚国家优秀人才及团队。支持高校、企业设立针对周边国家优秀人才赴滇学习的奖学金，来滇攻读硕士与博士学位。与周边国家联合开展科学考察与科学普及等，共同应对卫生医疗、疫病防控、跨境河流保护与治理、生物资源、地质灾害等区域公共安全挑战。加快培养一批既掌握国内外科技发展态势和政策，又熟悉国际科技创新合作规则的、具备国际视野的青年科技人才与科研管理人员队伍。

实施智汇云南计划。通过国际人才交流大会等平台招贤纳才，加强与跨国公司、一流科研机构和知名人才中介服务机构合作，建立人才发现、使用、评价机制，引进全球知名猎头企业，建设按国际惯例运作的人才市场。充分依托国家植物博物馆、景东120米脉冲星射电望远镜等大科学装置建设，吸引国外高端科技人才和一流科学家团队参与科学研究。采取“互联网+”等柔性方式与境外机构开展人才、技术和项目合作。广泛吸引南亚东南亚国家高端科技人才、商务精英和留学生在滇创新创业。积极推进国际杰青计划，鼓励高校、科研院所与“一带一路”沿线国家合作培养青年科技领军人才。借鉴发达国家和地区的人才激励机制，构建具有竞争力的国际人才制度体系和国际人才评价体系，汇聚具有全球资源配置能力的产业领军人才、与国际接轨的创新型人才和高科技人才。加强与国际创新智库的交流与合作。

（六）拓展科技合作渠道

主动承接国家国际合作重大科研任务，支持我省疫苗研发领域的人才团队、科研机构积极参与“新冠疫苗实施计划”（COVAX），与世界卫生组织（WHO）及参与该计划的各国建立高效的合作机制，推进在疫苗研发、生产和分发方面的合作。推动“内联外合”，通过科技入滇、沪滇合作、京滇合作等渠道，与北京、上海、江苏、广东、浙江、广西、天津、吉林、黑龙江等国际科技合作成效突出的省（市、区）建立联动机制和资源共享机制，借力各省（市、区）成熟的合作平台和渠道，拓展我省国际科技合作的对象国、范围、领域和新渠道，进一步深化我省与欧盟、日本、韩国、新加坡、马来西亚等国家的合作。积极落实国家多边外交战略，以“滇日+”“滇韩+”“滇以+”“滇欧+”的模式推动先进制造业、先进材料产业、新能源产业、生物医药等产业领域的核心关键技术引进和联合攻关，以“滇＋日＋印”或“滇＋韩＋印”等模式推进仿制药、信息技术等领域的国际交流与合作。

打通中印之间省邦合作渠道。积极推动我省与印度泰米尔纳杜邦、卡纳塔克邦建立政府间合作机制，拓展先进制造、信息技术、智慧城市、基础设施建设等领域合作，深化民间交流，促进双边贸易及产能合作。充分利用昆明—邦加罗尔航线、金奈—邦加罗尔高速通道优势，构建昆明—班加罗尔—金奈（3 个省会城市）经济技术合作圈，加强产业园区合作，开展技术交流与联合研究，推动青年科学家互访。

拓展云南与东南亚岛屿国家合作空间。积极对接中马钦州产业园区、中新苏州工业园区、中新天津生态城等产业合作项目，推动我省企业参与园区产业技术合作，拓展我省与马来西亚、新加坡、印度尼西亚等东南亚岛屿国家的合作空间。

探索“云南＋‘东三省’＋俄罗斯”合作模式。充分利用图们江国际合作机制下建立起的中俄各类开放合作平台，与辽宁、吉林、黑龙江加强交流对接，建立协同创新机制，建立“民间科技合作”纽带，积极参与中俄科技合作项目，推动我省与俄罗斯的科技交流与合作实现新突破。

（七）加强与国际组织合作

加强与联合国教科文卫组织、联合国粮农组织、世界卫生组织、亚投行、金砖国家组织、东盟等国际组织及相关国际行业协会建立常态化联络机制，支持我省科研人员在国际组织任职。积极争取世界动物保护协会等专业性的国际组织在云南设立分支机构，支持总部设在昆明的国际热带生态系统与生物多样性协会等国际组织开展学术交流、联合研究、人员培训等活动。以金砖国家技术转移中心为抓手，依托技术转移与创新合作论坛、技术转移经理人培训、项目对接与创新创业竞赛等形式，积极推进与金砖国家的科技交流合作。鼓励我省病毒学、基因工程、流行病防治等领域人才参与国际大型医疗卫生科研项目，加强我省与发达国家和地区的医学、医务、公共卫生管理等领域人才交流。在政策、资金、人员等方面加大对我国参与国际科技组织的支持力度，吸引国际科技组织赴滇召开国际会议。

第四节　加强科技伦理治理

科技伦理是指为实现科技目标，科技活动应当遵循的价值观和行为准则①。随着人工智能、大数据、基因编辑等技术的迅猛发展，在推进科技领域取得了重大进步的同时，也引发了系列的科技伦理争议，如“基因编辑婴儿事件”，开启了生殖系基因编辑的危险先例，引发了世界性的伦理争议，等等。诸如此类事件，对科技创新发展提出了重大挑战。为此，唯有加强科技伦理治理，完善科技伦理治理体系，提升科技伦理治理能力，有效防控科技伦理风险，才能不断推动科技向善，实现高水平科技自立自强。

一、国家科技伦理治理现状

随着我国科技创新事业不断发展，部分科技活动频繁引发伦理问题，引起广泛热议，社会各界对加强科技伦理治理的呼声持续走高。党中央高度重视科技伦理治理问题，积极迎合民意需求，2019 年以来，推动我国科技伦理治理体系建设取得了较好进展。

一是健全工作机制。2019 年 7 月 24 日，中央全面深化改革委员会第九次会议审议通过了《国家科技伦理委员会组建方案》，组建了国家科技伦理委员会，并成立了人工智能、生命科学、医学三个分委员会，推动相关部门成立了科技伦理专业委员会。

二是完善法律法规。2022 年 3 月 20 日，中共中央办公厅、国务院办公厅印发实施了《关于加强科技伦理治理的意见》，对科技伦理治理作出顶层设计和系统部署，为推动科技伦理治理，推动科技向善提供了基本遵循。同时，在《科技进步法》等相关立法中对科技伦理作出明确规定，在国家中长期科技发展规划和“十四五”科技创新规划等制度性安排中将科技伦理与科技创新同谋划、同部署、

① 于雪、凌昀、李伦：《新兴科技伦理治理的问题及其对策》，载《科学与社会》，2021（04）：51-65。

同布局。在《中华人民共和国民法典》中，明确研制新药、医疗器械或者发展新的预防和治疗方法科技伦理审查要求，对从事与人体基因、人体胚胎等有关的医学和科研活动，明确不得危害人体健康，不得违背伦理道德，不得损害公共利益。此外，《中华人民共和国生物安全法》《中华人民共和国数据安全法》《中华人民共和国人类遗传资源管理条例》《人体器官移植条例》等法律法规中都提出了开展科技活动过程中的伦理要求。

三是强化伦理监管。明确要求开展科技活动应进行科技伦理风险评估或审查，特别是开展涉及人、实验动物的科技活动，应当经科技伦理委员会审查批准。制定科技伦理高风险科技活动清单，建立科技伦理高风险科技活动伦理审查结果专家复核机制。对科技伦理高风险科技活动按规定进行登记。建立科技伦理应急审查制度，比如，在新冠疫情爆发后，提出应急科技伦理审查原则，对新冠疫情科研应急攻关项目开展全覆盖伦理审查，严守审查标准，提高审查效率，确保受试者权益。

四是加强国际交流合作。积极参与国际科技伦理规范的制定，加强与国际社会的交流，先后组织力量参加世界卫生组织《卫生健康领域人工智能伦理与治理指南》，联合国教科文组织《人工智能伦理问题建议书》等的起草工作，与欧盟科技创新委员会联合举办中欧科技伦理和科研诚信研讨会等。

二、云南省重点领域科技伦理治理现状

2021 年 3 月，云南省成立了云南省科技伦理委员会，初步构建起了云南省科技伦理治理体系。2022 年 10 月，云南省委办公厅、省政府办公厅印发了《关于加强科技伦理治理的实施意见》，提出了健全科技伦理治理体制、强化科技伦理审查和监管、加强科技伦理研究与宣传教育培训 3 个方面 14 条重点任务。同时，围绕生命科学和医学两大重点领域，云南省进行了积极探索，这两方面的科技伦理治理取得了较好实效。

（一）生命科学领域

云南是我国生物多样性最丰富的省份，物种的多样性为生命科学科研活动

带来丰富资源的同时，也带来一系列不确定性和风险，甚至引起一些伦理和社会问题的讨论。为了控制和减少生命科学科研活动中带来的负面效应和种种伦理问题，云南省相关单位制定了相应的伦理审查机制。云南华大基因的科技活动均由其总部成立的生命伦理委员会进行审查（该伦理委员会经深圳市卫生健康委批准备案），该委员会制定了《华大集团生命伦理管理办法》；云南农业大学、昆明理工大学成立了相应的伦理委员会，严把科技伦理关。

（二）医学领域

医学领域是科技伦理治理的重点领域，医学伦理研究也是科技伦理的重要方面，同时也是科技伦理的先行者。国家出台了多项规范性文件和规范，有《人体器官移植条例》《涉及人的生物医学研究伦理审查办法》《医疗技术临床应用管理办法（2018 版）》等。

云南省医疗卫生领域科技伦理治理方面走在了全省科技伦理治理的前列，2017 年成立了云南省医学伦理专家委员会，建立了全省各级医学伦理委员会备案及监管自查工作机制。截至目前，全省 82 家三级医院均成立医学伦理委员会并对科研项目进行了医学伦理审查，429 家二级医院已有 200 家二级甲等医院成立了医学伦理委员会；二级乙等医院及二级未定等级医院仅有 25 家开展医学科研项目，成立医学伦理委员会并开展医学伦理审查工作；1421 家其他医疗机构中的省级和州市级疾控中心、妇幼保健院和急救中心均成立了医学伦理委员会。医学伦理涉及生殖伦理、药物临床试验伦理、干细胞临床研究伦理等不同技术领域，各医院结合科研实际，成立医学伦理审查总会和不同专业（科室）伦理审查委员会，每个委员会根据实际工作设置主任委员 1 名、分别由从事临床医学、法学、管理学等专业 11 ～ 15 人组成，按相关要求制定本单位医学伦理审查委员会章程和医学伦理审查办法。昆明理工大学、云南师范大学等大学也成立了医学伦理委员会，对校内各类涉及生物医学伦理的研究进行严格审查和管理。

三、云南科技伦理治理存在的主要问题

（一）管理体制不健全

云南省除医疗卫生、药物、实验动物等领域按国家和行业相关规定基本建立了科技伦理委员会制度外，涉及医学、生命科学研究领域的高校也积极探索，初步建立了科技伦理委员会，但缺乏统一部署。另外，由于经济发展不平衡，部分州（市）科研活动较少，项目伦理审查处于起步阶段，其管理及从事人员对科技伦理相关知识认知不充分、对伦理审查登记备案系统流程不熟悉。

（二）科技伦理管理机构不健全

科技伦理审查监督、宣传教育等工作任务覆盖全省各领域科学研究工作，涉及部门多、领域广。目前云南省并未设立省级统筹性的科技伦理专门工作机构，各州市和各行业主管部门科技伦理管理机构还未建立，在促进云南省科技创新筑牢科技伦理风险防范机制方面还缺乏抓手。

（三）审查监管机制不完善

审查的基础是伦理委员会，目前云南省除卫生健康系统建立了医学伦理委员会备案制度外，其他部门尚未建立起伦理委员会备案制度。如实验动物领域伦理审查监管还不够完善，细胞、人机交互等新兴学科或交叉学科缺乏统一标准和规范进行审查监管。最重要的是，由于缺乏具有公信力的部门对各伦理（审查）委员会的认定，造成科技伦理审查结果互认难的问题。

四、加强云南省科技伦理治理的建议

（一）建立健全云南省科技伦理治理体系

加快构建云南省科技伦理治理体系，要建立起省、州（市）和相关行业主管部门、责任单位齐抓共管、共同治理的科技伦理治理体系，加强对前沿科技领域科技伦理敏捷治理，建立与国际接轨的科技伦理体系。高等学校、科研机构、医疗卫生机构、企业等要承担好科技伦理管理的主体责任，建立科技伦理常态化工作机制。在体系建设中还要充分考虑省内发展的不平衡可能带来的科技伦理治理

具体实施中的实际困难，如开展具有科技伦理风险的科研活动单位不具备成立科技伦理委员会条件，各州（市）可探索依托驻地高校、医疗机构设立科技伦理审查中心，一是为行政区域内提供科技伦理审查，二是为就近区域提供审查服务；亦可探索由辖区内高新区或产业园区成立科技伦理审查中心，服务当地科技伦理审查，给予一定的经费保障和支持。

（二）完善审查和监督机制

在国家统一的科技伦理委员会设立标准、运行机制、登记制度、监管制度尚未出台前，云南省各高等学校、科研机构、医疗卫生机构、相关企业等可参考借鉴《涉及人的生物医学伦理审查办法》，结合科技活动涉及的领域特点，成立科技伦理委员会。在开展科技活动前应由本单位进行科技伦理风险评估，涉及人、实验动物的科技活动，以及经评估涉及科技伦理风险的，应当按规定由本单位科技伦理委员会审查批准。单位要切实履行主体责任，建立健全科技活动全流程科技伦理监管机制和审查质量控制、监督评价机制，加强对科技伦理高风险科技活动的动态跟踪、风险评估和伦理事件应急处置等。

（三）成立科技伦理管理专门机构

为进一步促进全省科技创新工作健康有序开展，必须扎实推进科技伦理治理工作。在各级科技管理部门新设科技伦理管理专门工作机构，在科技活动密集的地方可组建专门的执法队伍，按国家统一部署开展全省各级各类科技伦理委员会管理、科技伦理高风险活动的审查备案登记、组织开展宣传教育、高风险科技活动的动态跟踪管理以及科技伦理专家管理和服务工作，保障云南省科研伦理治理持续有效地进行。各州、市及相关行业主管部门新设立科技伦理专门管理机构，加强科技伦理管理，对生命科学、医学、人工智能、数据算法、实验动物等重点领域科研活动中的科技伦理风险进行有效控制和防范。

（四）加强人才队伍建设

要加快建立健全科技伦理人才培养机制，培养能够胜任科技伦理工作的专业人才队伍，使他们能够在科技伦理治理领域发挥持久作用。各高校根据学科与培养层次要求不同，科学分层制定与之对应的科技伦理人才培养方案，尤其是在基础学科拔尖人才培养工作时，要将科技伦理教育贯穿其研究，让科研创新积极向善。

（五）加强科技伦理理论与实践研究

推动省内相关机构、科技组织、学者深入开展科技伦理领域研究，加强科技伦理学科建设，造就一批高水平的科技伦理专业人才队伍，在科技伦理的内涵挖掘、边界划定、规范制定以及可行性治理路径的探索等方面开展深入研究，为云南省科技伦理治理提供前瞻性谋划。搭建学术交流平台，积极参与南亚东南亚科技治理。

（六）加强宣传教育

加强对公众普及科学知识，提高社会公众科技伦理意识，鼓励公众参与科技伦理问题的讨论以及科技伦理敏感领域研究和技术应用的监管。利用广播、电视、报刊和互联网等媒体及时向社会公众宣传普及科技伦理有关规范和相关知识、典型案例，把好舆论关，营造科技向善的良好社会氛围。鼓励各类学会、协会、研究会等搭建科技伦理宣传交流平台，传播科技伦理知识。

（七）严肃追责问责

任何单位和个人开展科技活动不得危害社会安全、公共安全、生物和生态安全，不得对人的生命安全、身心健康、人格尊严等造成伤害，不得侵犯科技活动参与者的知情权和选择权。有关部门要加大对《中华人民共和国生物安全法》《中华人民共和国数据安全法》《中华人民共和国人类遗传资源管理条例》《人体器官移植条例》《中华人民共和国实验动物管理条例》等科技伦理相关法律法规的执法力度。及时开展科技伦理违规行为调查，依法依规严肃追责问责。

当前，我国科技伦理治理还处于探索的初级阶段，加之科技伦理具有不确定性、隐象性、系统复杂性、伦理滞后性等特点，增加了科技伦理治理难度。云南省要在落实好国家科技伦理治理部署要求的同时，要围绕生命科学、医学、人工智能等重点领域加强探索研究，完善制度体系和工作机制、加强审查和监督、细化问责措施、强化宣传教育，构建完善的科技伦理治理体系，推动科技向善，促进云南科技创新健康有序发展。

后　记

本书是对过去一段时间云南实施创新驱动发展战略的总结回顾和未来一段时期加快实现高质量发展的思考与探索。2016 年 7 月，习近平总书记在宁夏考察时指出："越是欠发达地区，越需要实施创新驱动发展战略。"云南是西部典型的欠发达地区，本书也试图通过案例、数据、理论分析，探索欠发达地区实施创新驱动发展战略的"云南方案"。

书稿有三个特点：

其一，本书不是以学术著作的风格写成的，而是采用了相对严谨务实的决策咨询研究报告风格，目的在于使内容更有可读性和参考价值。

其二，本书不是某一领域的专著，而希望适用于不同领域的读者。书中的关注面较为宽泛，涉及的内容涵盖了经济、文化、社会、外交等各个领域，也充分体现了参与编写著作的研究人员多年的专业积累。

其三，本书的很多内容是作者们亲自深入田间地头、工厂车间、科研一线实地调研后，认真梳理分析后的成果，其中不乏一线科研人员的看法和思路。

谨以本书献给老一辈科技工作者。你们为科学研究和培养新人做出了重大贡献，为我们树立了榜样。

谨以本书献给年轻的科技工作者，科技创新事业需要你们的继承和发展，期待你们的崛起。

谨以本书献给正在求学的莘莘学子，愿你们兼备科学素养与人文情怀，未来的希望寄托在你们身上。

谨以本书献给云岭大地上的芸芸众生，希望科技发展给你们带来福祉。

图书在版编目（CIP）数据

云南省高质量发展之路 / 黎晟沅, 汪燕, 耿凯著. -- 北京 : 民族出版社, 2024.3
ISBN 978-7-105-17231-3

Ⅰ. ①云… Ⅱ. ①黎… ②汪… ③耿… Ⅲ. ①区域经济发展 – 研究 – 云南
Ⅳ. ①F127.74

中国国家版本馆CIP数据核字（2024）第066500号

云南省高质量发展之路

策划编辑 欧光明
责任编辑 康厚桥
封面设计 孟龙
出版发行 民族出版社
地　　址 北京市和平里北街14号
邮　　编 100013
网　　址 http://www.mzpub.com
印　　刷 北京中科印刷有限公司
经　　销 各地新华书店
版　　次 2024年3月第1版　2024年3月北京第1次印刷
开　　本 787毫米 × 1092毫米　1/16
字　　数 300千字
印　　张 16
定　　价 68.00元
书　　号 ISBN 978-7-105-17231-3 / F・500（汉393）

该书若有印装质量问题，请与本社发行部联系退换
编辑室电话：010-64228001　发行部电话：010-64224782